航空機と空港の役割

航空機の発展とともに進歩する空港

唯野 邦男 著

成山堂書店

はじめに

1903年にライト兄弟によって成し遂げられた人類初の動力固定翼機による飛行は、広々とした平坦な草地で行われました。その時離陸のために敷かれたレールは初めて使用された滑走路と言えるかもしれません。空中にやっと飛び上がれるだけの道具でしかなかった簡素な、しかしとても偉大な飛行機が、次第に戦争の武器や旅客・貨物の輸送手段としての航空機に進歩し、それとともに、航空機が離着陸するための飛行場が必要となりました。そしてその飛行場も航空機・航空輸送の発達に合わせて機能や規模を次第に向上・拡大し、やがて巨大な近代空港へと変貌を遂げて行ったのです。

今や航空機・航空輸送と空港はお互いに切り離すことのできない関係にあります。空港の様々な施設は、航空機の運航や安全対策に必要な機能・形状・規模・強度などを持つように作られ、特に離着陸や地上走行の安全に関わる施設は、就航する航空機に合わせた国際基準が定められています。また、現代の航空輸送には確実性・効率性が要求されており、そのための支援施設が空港に備えられています。さらに、万が一の航空機事故発生に備えた対応やセキュリティ対策のための施設も空港に欠かすことができません。

本書においては、このように密接に結びついた航空機・航空輸送と空港施設の関係を、様々な視点から説明しています。

それぞれの空港は、様々な、時には知られざる物語を持っています。それらの物語が現在の空港の姿に反映されているのです。12の空港物語をご紹介したいと思います。

2020年2月

筆者

contents

1 航空機の進歩と空港の変遷

空港は航空機の進歩と歩調を合わせながら発展を遂げてきました。航空機は、より安全な乗り物として、より快適に、より多くの旅客・貨物を乗せて、より速く、より長距離を飛べるように進化を続け、また空港は、それを可能とするために、滑走路・誘導路・エプロンを整備し、航空無線・航空灯火を備え、十分な大きさのターミナルビルと快適な設備を提供してきた歴史があります。さらに近年では、低燃費、低騒音、高度なセキュリティなどの新たなニーズが生まれて、航空機と空港双方の改善がなされてきています。

ここでは航空機と航空輸送の進化を振り返りながら、空港がどのような変遷を遂げて来たのかを説明したいと思います。

(1) 航空輸送前史

(1-1) 黎明期の航空機

人類の祖先が直立二足歩行を始めたのが700万年程前と言われています。地上を移動する速度は四足歩行の時よりも遅くなったのでしょうが、これによって手を自由に使えるようになり、また大きくなる脳を支えることができるようになりました。その結果、生存のための技術を少しずつ手に入れ、地上の様々な気候や生態系に適応して、その居住範囲を広げて行ったのです。やがて、船という海上を移動する手段を得た人類は、その居住範囲を海洋の島々や遠隔の大陸にまで広げていきました。

しかし、人類が空を飛ぶ手段を獲得したのはつい最近のことです。フランス人のモンゴルフィエ兄弟が開発した熱気球が初の有人飛行に成功したのは1783年のことでした。そして1852年には、フランス人のアンリ・ジファールが開発した、葉巻型ガス気球に蒸気機関を搭載した軟式飛行船が初飛行し、史上初の操縦可能な飛行機となりました。ドイツ人フェルナント・フォン・ツェッペリンが開発した硬式飛行船が初飛行に成功したのは、20世紀に入った1900年のことです。

ツェッペリン号

多くの挑戦者が、空気より重い飛行機（固定翼機）に乗って地上から浮上し、大空を自由に飛ぶことを夢見ていましたが、模型飛行機あるいは滑空機の域を脱することはなかなかできませんでした。

ライトフライヤー号

航空の世界にとって画期的な年となる1903年がついにやって来ました。その年、ライト兄弟（ウィルバー、オーヴィル）が動力搭載の固定翼機（ライトフライヤー号）で人類史上初めて空を飛ぶという偉業を成し遂げました。その飛行機は複葉機で、動力はガソリンエンジン、直径2.6mの２つのプロペラで推進し、昇降舵や方向舵といった操縦装置を備え、離陸にはレールを、着陸には橇（そり）を使用しました。安定性の確保と空気抵抗を減らすためでしょうか、パイロットが機上で腹ばいになって操縦するスタイルでした。翌年にはウィルバーは38分間39kmの飛行を果たしています。その後08年になると、ウィルバーが乗った改良型飛行機は、高度115m、飛行時間２時間余りを記録するまでになったのです。

この間、各国の開発者によって様々な飛行機が製造され、それを使った飛行が行われるようになりました。1909年にはルイ・ブレリオがドーバー海峡横断飛行に成功し、10年になると高度1,000mに達する飛行機（パイロット：ユーベル・ラタム）が現れました。世界初のエアラインであるドイツ飛行船運輸株式会社（DELAG）が09年に設立され、11年には世界初の航空機・エンジンメーカであるユンカース社が設立されて、各国がこれらに続き始めたのです。12年には、最初の全金属製飛行機（単葉機ツバビオン）が飛行し、13年になるとロシアにおいて世界初の４発大型旅客機イリヤー・ムーロメツ（乗員２名、乗客10名）が飛行したのです。

イリヤー・ムーロメツ

日本に目を向けると、陸軍の日野大尉と徳川大尉が初飛行したのは1910年（明治43）です。グラーデ単葉機やアンリ・フルマン複葉機が使われました。

グラーデ単葉機

1914年７月に第１次世界大戦が始まりました。ドイツは1,200機を有する空軍を設立し、偵察、対地上支援、爆撃、空中戦などにそれらの飛行機を投入しました。イギリスをはじめとする連合国も戦争の武器として飛行機の投入を始めます。14年までには、飛行機の軍事上の価値が証明され、参戦各国は大量の軍用機を生産し、数多くのパイロットを育成していきました。日本陸軍も青島にあったドイツ軍要塞を爆撃しています。

1917年（大正６）には、後に航空機メーカー中島飛行機(株)になる飛行機研究所が設立され、我が国の飛行機生産の基礎が築かれます。

(1-2) 黎明期の空港

そのような時代の飛行機が使用する離着陸場は、まだ飛行場とも言えないような施設でした。周囲に障害物のない平坦で広々とした用地を使って、風向きに応じて離着陸の方向を選びながら運航を行っていました。機体が軽いため横風に弱く、またエンジンの力が十分にないためできるだけ向かい風で十分な揚力を得ようとしたのです。一方で、機体が軽いことは草地上の滑走でも車輪が地面にめり込むことはありません。もちろん、駐機場も草原の上でした。その姿はまさに草地飛行場という表現がピッタリだったのです。世界最初の飛行場は、1909年にオープンしたフランスのランス飛行場（第112ランス＝シャンパーニュ空軍基地）で、数週間遅れてドイツのヨハニスタール飛行場（ベルリン）が開設されています。

ヨハニスタール飛行場（ベルリン）

なお、日本で最初の飛行場は1911年（明治44）に所沢に作られた所沢陸軍飛行場です。そして初の民間飛行場は15年（大正４）に沖野が原（現在の滋賀県東近江市）に建設されました。

(2) 航空輸送幕開けの時代（1920年代）

(2-1) 20年代の航空機と航空輸送

第１次世界大戦は1918年11月に終戦を迎えました。旅客機の歴史が幕を開けたのは翌19年で、主な戦場であった欧州の地においてでした。大戦終結により大幅な軍備縮小が行われ、多くのパイロットが軍籍を離れました。彼らが、民間に払い下げられた軍用機を改造して使用し、航空輸送を行い始めたのです。使用された飛行機は、木製骨組に羽布張りの複葉機や片持翼の単葉機で、乗客はパイロットと同様、安全ベルトと防風眼鏡を着用してむき出しの座席に座ったのでした。そのような飛行機に乗る旅客は、緊急目的でやむを得ず利用せざるを得なかった一部の政治家や外交官、また大金を払うことのできる民間人等に限られていたようです。多少命がけだったのかもしれません。主な輸送対象は、初めの頃は人間よりも郵便物という時代でした。

1919年に、世界初の定期路線としてベルリン－ワイマール間が、また国際航空便のパリ－ロンドン間が開設されています。

1927年にはリンドバーグが単葉機スピリッツ・オブ・セントルイス号でニューヨークからパリまで単独・無着陸の大西洋横断飛行（飛行時間約34時間）を行っているので、飛行機性能の急速な進歩を見ることができます。

スピリッツ・オブ・セントルイス号

航空機メーカーは、デ・ハビラント社が1920年に、ダグラス・エアクラフト社が21年に、セスナ社が27年に、またグラマン社が29年に設立されるなど、飛行機の生産体制が次第に整っていきました。また航空会社では、カンタス航空が20年に、デルタ航空の前身のハフ・ダランド・ダスターズが24年に、26年にはノースウエスト航空とユナイテッド航空が、29年にはパンアメリカン航空がそれぞれ設立されるなど、現代の航空輸送業界に繋がる芽が開き始めた時代です。日本では、28年（昭和３）に日本航空輸送が設立されています。

ユンカース F13

この時代の飛行機の巡航速度

は時速150km 前後で、座席数は３～15席程度でした。世界で初めて旅客輸送を目的に製造されたユンカース F13が1919年に初飛行しましたが、全金属製の機体で、巡航速度時速130km、座席数４席の性能を持ち、300機以上が生産されています。

（2-2）20年代の空港

空港はいまだに離着陸場という呼び方が似合う貧弱なもので、航空機が離着陸する滑走路のほとんどは相変わらず草地でした。横風を受けると飛行機が離着陸できないため、草地の滑走路３本を三角形に配置するなど、方向を変えて複数設置することが多かったのです。航空機運航を支援する空港施設はなく、飛行はパイロットの目だけが頼りでした。

クロイドン空港（ロンドン）

1920年ロンドン近郊に国際空港として開港したクロイドン空港も、当初は草地滑走路など施設の貧弱な空港でした。

（3）贅沢で優雅な乗り物の時代（1930年代）

（3-1）30年代の航空機と航空輸送

1930年代初めの機体は大戦当時と大きくは違わず、巡航速度も時速200km 以下でしたが、それでも航空機に対する信頼性・安全性は向上し、もはや「命がけの飛行」ではなくなっていました。そして、この時代に旅客機の構造や性能が飛躍的な発展を遂げていきます。

特筆すべきなのは米国の動向です。1930年代に入ると、以前から始められていた法整備や組織体制づくりなど、航空輸送や航空機製造産業に関する米国政府の後押しが効果を出し始め、広い国土を有する同国において航空輸送が急速に発展を始めました。すでに30年には世界の航空旅客輸送量の約半分が米国国内での輸送になっていたのです。そして米国主導による航空旅客輸送が世界的な広がりを見せ始めました。民間航空用航空機の製造も、性能・数量ともに急速な発展を始めたのです。この年代の中期には、ボーイング社とダグラス社が、全金属製セミモノコック構造で流線型ボディという、現代の旅客機と同様な形態の航空機を飛行させました。旅客機は巡航速度時速300km前後、航続距離約5,000km、座席数30席程度を有するまでに向上したのです。また、防音・暖房が施され、機内環境も格段に向上しました。旅客輸送の主流は胴体全体が金属で覆われた快適な航空機(飛行艇・陸上機)によるものに変わったのです。

大洋を横断する長距離航空路が開設されていましたが、それには飛行艇が使用されていました。長距離を飛行するためには大量の燃料を搭載する必要がありますが、滑走距離が長くなるので距離制限のない水面が有利です。陸上飛行場の数が少なく、あっても未整備で狭く、また舗装滑走路が珍しかった時代なので、長距離飛行には飛行艇の方が都合良かったのです。それに、飛行艇ならば万一不時着しても無事に着水して救助されることが期待できました。この飛行艇が大洋横断長距離路線の主流であった時代は、第二次大戦の遺産として世界中に長い舗装滑走路を持つ民航機用空港が作られるまで変わりませんでした。

この時代、旅客機を利用する旅客は高額な運賃を支払うことのできるほんの一部の人間に限られていました。白いテーブルクロスが掛けられた食卓で、銀製食器使用による料理が提供されるなど、現在のファーストクラスを上回る贅沢で優雅な乗り物だったのです。当時の欧州においてはそれまで飛行船が航空旅客輸送の主役でしたが、37年の飛行船ヒンデンブルク号爆発事故の影響によってその危険性が認識され、より高速な航空機にシフトしました。

1934年に初飛行したマーチンM130（Martin model 130）は、大型4発飛行艇（パンナムの1号艇チャイナ・クリッパーが有名）で、巡航速度時速262km、航続距離5,150km、座席数43席（寝台使用の場合は18席）の性能でした。また1936年に就航した陸上旅客機ダグラスDC3は、巡航速度時速266km、航続距離2,420km、座席数21～32席の性能で、607機が製造されています。DC3は、第二次世界大戦中に軍用輸送機C47スカイトレインとして生産された機体も含めると1万機以上が製造され、不朽のベストセラー機となったのでした。

マーチンM130

ダグラスDC3

日本では、1935年（昭和10）に、我が国初の国産旅客機中島AT2が飛行を開始しました。陸上旅客機で、巡航速度時速310km、航続距離1,200km、座席数8～10席でした。

中島AT2

また飛行艇型旅客機としては、川西式四発飛行艇（海軍軍用輸送機九七式飛行艇の民間型）が36年（昭和11）に初飛行し、日本の統治領であったサイパン・パラオ方面の定期便に使用されました。巡航速度時速222km、

川西式四発飛行艇

航続距離約5,000km、座席数８～10座席でした。

（3-2）30年代の空港

すでに説明したように、この時代にはまだ陸上飛行場の数が少なく、その飛行場さえも狭くて施設が粗末なものが多かったのです。面積１ヘクタール程度の敷地で、航空機の離着陸に必要な滑走路は短く、舗装されていないものがほとんどでした。一方、より経済的に、より遠くまで、より速く、そしてより快適に旅客を輸送するためには、座席数が多く、航続距離が長く、巡航速度が速く、金属のボディで覆われた航空機が求められ、技術の進歩とともにそのような性能を持つ航空機が開発されていきました。それに伴い航空機の重量が増え、離陸するための長い滑走路長が必要になりました。また、航空機の重量に耐える強度を有する舗装された滑走路も必要でした。しかしまだ、それらの要件を満足する陸上飛行場はほとんどなかったのです。

着目されたのは飛行艇です。フロートを付けるため航空機重量はさらに重くなりますが、水上であれば容易に十分な滑走路長を確保できますし、水に浮かんでいるのですから滑走路強度を気にすることはありません。この時代には、できるだけ静穏な海や湖沼の岸辺に桟橋を作るだけで、長い滑走水面を、風向きに応じて様々な方向に使用できる水上飛行場が数多く作られ、多くの飛行艇型の旅客機が就航していました。

1928年、マイアミに水上空港のパンアメリカン国際空港（現在のマイアミ国際空港の前身）が開港しました。パンアメリカン航空の本拠地として運営され、当時世界最大の規模を誇っていました。この時に建設された旅

パンアメリカン国際空港（水上空港：マイアミ）

パンアメリカン航空専用ターミナル
（航空機はシコルスキー S-40）

客ターミナルビルは、貧弱な小屋掛けのターミナルが一般的だった米国において、初めての近代的なターミナルビルでした。

この頃の日本においては1940年（昭和15）に、大日本航空株式会社によって作られた、日本初の飛行艇専用民間飛行場である根岸飛行場（横浜）が開港しています。飛行場の陸上部分の敷地は400m×900m 程で、海上に水上滑走路が設けられていました。近代的な旅客ターミナルビルには待合室、食堂、通信室、管制室などが設けられていました。この飛行場と当時日本の統治下にあったサイパン・パラオ方面が、定期航空路として飛行艇で結ばれていて、サイパンまで10時間、パラオまでさらに7時間の所要時間でした。

根岸飛行場（横浜水上飛行場）

根岸飛行場から飛び立とうとする二式大艇
出典：『むかし磯子に戦争があった』葛城 峻／編集・制作

（4）長距離国際線確立の時代（1940年代）

（4-1）40年代の航空機と航空輸送

1941年（昭和16）12月8日、日本海軍がハワイ真珠湾を攻撃し、太平洋戦争が始まりました。空母を飛び立った艦載機が米戦艦を襲い撃沈するという戦闘でしたが、この時代の航空機性能が格段に向上していたことを窺わせます。

米国においては第二次世界大戦中も民間用旅客輸送機が大量に生産され、主として国内線用に使用されました。その中で、4発のプロペラエンジンを持つ大型旅客機の安全性が確認されていったのです。その結果、それまでの飛行艇に代わって、大洋横断路線にも陸上機が大量に進出し、4発陸上機による長距離国際線が確立されていきました。旅客機としての飛行艇は衰退していくことになります。

第二次世界大戦後、米国国内では航空旅行の需要が増大し、新しい航空機の開発が活発に行われて、より速く、より快適な機体が作られました。この時代までの旅客機は客室内の与圧を行うことができず、旅客が通常の呼吸ができるよう低空を飛行せざるを得ませんでした。しかし、高空でも快適な環境を提供できる与圧装置が実用化され、これを客室に備えた航空機が、空気の乱れの少ない高々度を高速で飛ぶことができるようになったのです。これにより巡航速度500km/時で、航続距離5,000～9,000kmを飛行する旅客機が出現しました。座席数は60～90席が確保されるようになったのです。世界大戦以降、民間の旅客輸送機は一層の安全性と経済性が求められるようになり、軍事性能を求める軍用輸送機と別れて、異なる機種になっていきます。

1943年に初飛行したロッキード049コンステレーションは4発レシプロ航空機時代の幕開けを告げた航空機と言うことができます。巡航速度毎時500km、航続距離6,400km、座席数81席と、まさに当時の最新鋭機でした。45年にトランスワールド航空がワシントン－パリ間に就航させ、その後米国、欧州の各航空会社が大西洋、太平洋の横断路線に投入していきました。

これを追いかけたのが、1946年に初飛行、47年に就航した、レシプロ機の傑作と言われるDC 6(巡航速度500km/時、航続距離7,400m、座席数48～68席)でした。

ロッキード049コンステレーション

ダグラスDC6

この時代に、民間航空にとって大変重要な国際機関が作られました。国際民間航空条約（シカゴ条約）が1944年に締結され、その条約に基づいて47年、国連の専門機関として「国際民間航空機関（ICAO）」が設立されたのです。その目的は、「国際民間航空に関する原則と技術を開発・制定し、その健全な発達を図る」ことでした。航空機が世界中を結んで就航するようになり、世界的な統一ルールが必要になってきたのでした。日本は、占領軍による航空禁止令が解除された53年にICAOに加盟することになります。

一方、世界の航空会社で構成される業界団体として国際航空運送協会（IATA）が1945年に設立され、航空会社の活動を支援し、業界の方針や統一基準制定を行っています。(2019年（令和元）現在、117か国の290航空会社が加盟)

(4-2) 40年代の空港

第二次世界大戦の間、当事国は国内及び国外の各地に舗装された滑走路、誘導路、駐機場を有する数多くの航空基地（飛行場）を建設しました。終戦によってそれらの多くが不用となり、民間空港に転用されて世界中に旅客機を受け入れる空港が配置されるようになったのです。民間空港への転換に当たっては離着陸の安全性、運航の安定性、快適性、旅客・手荷物の取扱い、便利な地上交通などが要求され、このため滑走路の改修・延長、エプロンとビルが一体となった旅客ターミナルの新設、構内道路・駐車場とアクセス道路の整備などが行われました。ロンドン・ヒースロー国際空港（1946年）、パリ・オルリー国際空港（1946年）、ニューヨークJFK国際空港（1948年）などがこの時期に開港しています。また、航空灯火、30年代末に実用化されたILS(計器着陸装置)、大戦中に開発され改良された航空管制レーダー等が各主要空港に次第に設置され始めました。

具体的に、ヒースロー国際空港を例として、大戦後に開港した空港の動向を見てみます。1945年5月にナチスドイツが降伏し、欧州における大戦が終結しました。戦争中、飛行場は英空軍基地として使用されていましたが、44年5月から新滑走路の建設が開始され、終戦時には工事中でした。英国政府は戦時中からすでに、戦後における同基地の国際民間空港への転用を計画していたのです。46年1月には飛行場の所有と管理が空軍から民間航空省へ移管され、直前に完成した第1滑走路（2,800m）を使っての運用が開始されました。第1便はオーストラリアに向けて飛び立ちました。正式な開港は5月で、ロンドン国際空港と命名され、完全な民間空港となったのです。当時の施設は、滑走路が47年に完成した第2（1,900m）、第3（2,000m）を含めて3本で、三角形に配置されていました。この配置は、当時の就航機がまだ横風に弱く、就航率向上が図られたことを窺わせます。旅客ターミナルは当初テント（後でプレファブ建物に変更）で、管制塔は煉瓦造りの3階建てでした。さらにその後、第2滑走路が西側に平行移転し、新たな三角形配置の3本滑走路の内側に旅客

ロンドン国際空港（1955年）

ターミナル地域が確保され、エプロン・旅客ターミナルビルなどが建設されていったのです。こうして、４発レシプロ機による長距離国際線の時代に対応したロンドン国際空港（66年ヒースロー空港に改名）が形作られていきました。

ロンドン国際空港旅客ターミナル（1950 年代）

(5) ジェット旅客機誕生の時代 (1950年代)

(5-1) 50年代の航空機と航空輸送

第二次世界大戦中ドイツとイギリスで開発されたジェット機が、この時代にジェット旅客機として登場しました。従来のプロペラ機に比べて２倍近い速度を持ち、振動の少ないジェット旅客機は、高速で快適な航空機として迎えられたのです。

最初に登場したのは1949年に初飛行し、52年に就航したイギリス製のデ・ハビラント・コメットでした。時速７～800km の巡航速度と約10,000m の飛行高度は、それまでの旅客機性能をはるかに凌駕し、前人未到の領域を飛行する初のジェット旅客機でした。そのため、地上支援体制を始め運航システムのほとんどすべてを新規開発する必要があり、ローチンカスタマーの英国海外航空などと協働の上、航路開拓も含めて２年間の入念な準備期間が置かれたのです。その間に２機の試作機が製造され、両機

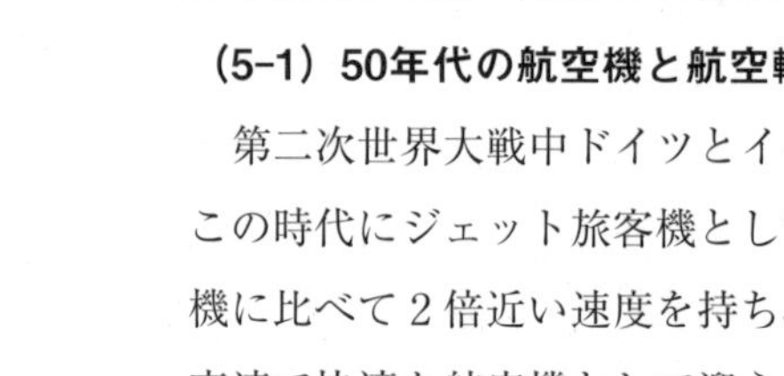
デ・ハビラント・コメット

は世界各地の空港にデモフライトを行い、先々で羨望を浴びたのでした。52年５月、満を持した初の商用運航が英国海外航空のコメット機によってヒースローとヨハネスブルグ（ローマ、カイロ、ハルツーム、エンテベ、リビングストン経由）間で行われ、所要時間を一気に半減させました。しかし、54年に発生した連続爆発事故や36～80席という座席数の少なさなどから次第に敬遠されるようになり、生産は120機でうち切られたのでした。

本格的なジェット旅客機の時代は1957年に初飛行（58年に路線就航）した米国製 B707（生産機数1,010機）によって開かれました。巡航速度約980km／時、航続距離約7,000～10,000km、座席数概ね140～190席の４発ジェット旅客機は画期的で、それを運航する航空会社にとって利益に結びつく航空機となりました。同機の、エンジンを主翼下ポッドに懸架する装備方式、どんな座席間隔でも窓なし座席が発生しないよう小窓を多数並べるキャビンスタイル、また亜音速の巡航速度など、それ以降に開発されるジェット旅客機の基本的なスタイルを確立したのでした。B707はその高い完成度から世界各国の民間航空会社に広く採用され、多くが太平洋や大西洋横断路線、アメリカ大陸横断路線などの長距離で需要の大きい路線に投入されました。1991年までの長期にわたって1,000機以上が生産され、商業的成功を収めたのでした。

B707

DC8

1958年には、ライバル機であるダグラス社の DC８（生産機数556機、巡航速度895km／時、航続距離約約6,000～10,000km、座席数180～260席程度）が初飛行し、59年に就航を開始しました。

1950年代の日本の航空界におけるトピックとして、51年（昭和26）の日本航空設立、52年（昭和27）の日本ヘリコプター輸送・極東航空（57年（昭和32）合併して全日空）の設立をあげることができます。戦後の占領下にあった日本は連合国による航空禁止令があり、航空会社設立が認められない時代でした。当時日本の空港に乗り入れていた航空会社はすべて外国の、７つのエアラインでした。50年（昭和25）になるとこれら航空会社７社によって日本の国内線を運航する航空会社が設立されようとしたのですが、日本側の要求をGHQが受け入れ、日系航空会社の設立につながったのでした。その時代が来ることを見越して、民間パイロットを公職に置いて温存していたという秘話があります。日本航空は51年（昭和26）10月から国内線を、53年（昭和28）10月から国際線を就航させたのでした。

（5-2）50年代の空港

ジェット旅客機の就航は本格的な旅客輸送時代の幕開けとなり、この時代を迎えて世界の主要空港では受け入れのための施設整備が行われ始めたのでした。座席数と燃料搭載量が増加して在来機に比べて離陸滑走距離が増えたため、より長い滑走路の整備が行われました。また空港に就航する航空機の増加に対応するため、離着陸をより効率的に行うための誘導路整備や滑走路の増設、また航空機を駐機させるためのエプロンの増設が行われ、さらに増加した旅客や貨物を取り扱うターミナル施設の拡張も行われたのでした。一方、航空機運航の安全性や確実性を向上させるための航空無線・航空灯火の施設整備が普及しました。また都市によっては、様々な事情から既存空港の拡張が難しく、ジェット旅客機就航に対応する新空港の建設を行っています。

1955年に、ジェット旅客機時代に対応する新空港として開港したシカゴ・オヘア国際空港はその典型的な事例です。42年にダグラス社の輸送機製造工場用に建設され飛行場でしたが、同社の移転後、新たな国際空港として整備されたのでした。シカゴには以前からミッドウェイ空港がありましたが、用地が狭く、滑走路は最長のものでも2,000m以下で拡張は困難でした。将来の航空需要の増大に対応するという考え方の下に、同地が新空港用地に選定されたのは46年のことでしたが、その後空港マスタープランが作成されました。それは「スプリット・フィンガー・ターミナル」と呼ばれる先駆的な旅客ターミナルコンセプトで、一体化した3棟のターミナル本館からそれぞれ先分かれしたフィンガーが伸び、旅客歩行動線距離を短く押さえながら多数の搭乗ゲート/駐機スポットの配置を可能にするものでした。また多数の駐機航空機に効率よく給油することが可能なハイドラント給油システム、旅客の円滑な地上アクセスを可能にする高速道路アクセス・鉄道アクセスの旅客ターミナルへの接続など、革新的な技術が取り入れられました。これらは今日、世界中の空港で利用されています。58年には、世界で初めて搭乗橋を導入しています。滑走路には継ぎ目のないコンクリート舗装が採用されたのでした。オヘア空港の運用は55年に始まりましたが、航空会社はミッドウェイ空港からの移動に消極的で、当初は利用の伸びが鈍かったのです。オヘア空港の施設は開港後も続けられ、国際線専用旅客ターミナルの58年供用の後も、格納庫、ターミナル、駐車場、その他の施設が次々とオープンし、60年には高速道路の接続が、62年には新しいターミナル

シカゴ・オヘア国際空港(開港時)

2と3のオープンが行われました。航空会社がオヘア空港へ移動を始めたなによりの要因はジェット旅客機の出現でした。ミッドウェイ空港の短い滑走路では新型機の就航ができないからでした。

第二次世界大戦前の1931年（昭和6）に開港した東京飛行場（面積53ha、滑走路1本：羽田）は、大戦後米軍の占領下に置かれて同軍が使用する基地となり、ハネダ・アーミー・エアベースと呼ばれていました。米軍は隣接する市街地を強制収容して基地の拡張工事を行い、A滑走路（2,133m×45m）とB滑走路（1,676m×45m）の2本の滑走路を建設したのです。日本占領が終結に近づいた51年（昭和26）10月、航空活動が解禁され、戦後初の国内民間航空定期便として日本航空のマーチン202型機「もく星号」が、羽田空港—伊丹空港（大阪）—板付空港（福岡）間に就航しました。そして52年（昭和27）7月、飛行場施設の一部がアメリカ軍から返還され、名称が現在の「東京国際空港」に変更されたのです。同月、デ・ハビラント・コメットが飛来し、その後ヒースロー空港との間で定期就航を開始しました。55年（昭和30）、近代的な設備を持つ新旅客ターミナルがオープンし、A滑走路は、同年8月2,550mに、61年（昭和36）には3,000mに延伸されました。なお、羽田空港は58年（昭和33）に全面返還されています。

運航初日の「もく星号」と客室乗務員

羽田空港旅客ターミナル（50年代）

(6) 航空機大衆化の時代（1960・70年代）

(6-1) 60・70年代の航空機と航空輸送

中短距離路線用に開発されたB727（生産機数1,832機、巡航速度約900km／時、最大座席数約160席）が1963年に初飛行し、64年に就航して先進国の短・中距離路線のジェット化に貢献しました。またB747（生産機数約1,500機、巡航速度約900～940km／時、座席数約280～520席、初飛行69年、就航70年）に代表される座席数の多い２通路型のワイドボディ機が登場し、航空機の新たな時代を切り開きました。これにより、乗客一人当たりの運航経費が大幅に引き下げられ、先進国の経済成長という後押しもあり、従来一部の富裕層や会社重役の出張にしか使用されなかった航空機が一般人の乗り物に変わったのです。それがまた航空機の相対的な製造コストや運航コストを下げ、国際線・国内線を問わず航空輸送は一般大衆に広く普及し、先進国に続く多くの国々も巻き込んで世界の航空需要が急激に拡大したのでした。民間航空輸送の歴史を飾る画期的な出来事と言えます。70年代に入り、ダグラスDC10、ロッキードL1011、エアバスA300等のワイドボディ機も次々に就航しました。

B727

B747-400

航空機エンジンの改良に着目すると、1962年から始まった米空軍による新輸送機開発プロジェクトが高バイパス比ターボエンジンの開発につながり、そのバイパス比率を次第に高めながら、燃

コンコルド

YS11

費効率の向上と航空機の低騒音化に貢献するようになっていきます。

一方、それらの亜音速ジェット旅客機とは一線を画した超音速機コンコルド（マッハ2）が英国・仏国共同で開発され、1976年に就航しました。しかし航続距離が7,000km程度で太平洋横断飛行ができず、座席数が100席と少なく、ソニックブームを含む大きな騒音から就航可能空港が限定され、また大陸上空飛行ができない等の理由から航空会社から敬遠され、2度の墜落事故も影響して、2003年に退役を余儀なくされました。

1960年代からボーイング社を中心とする米国企業による旅客機製造の世界的な独占状態が続いていました。これに危機感を抱いたヨーロッパ諸国を背景に、フランスのアエロスパシアルと西ドイツDASAが共同出資して、70年12月にエアバス社が設立されました。A300が最初に開発された旅客機でしたが、その後ボーイング社の製造する航空機ラインナップに対抗する航空機種を次々に投入し、近年はボーイング社と市場を二分する巨大航空機メーカーに成長し、両者は激しい市場競争を繰り広げています。

一方日本においては1965年（昭和40）に、戦後初めての国産旅客機となるYS11が運航を開始しました。双発ターボプロップエンジン方式で182機が製造されています。

(6-2) 60・70年代の空港

世界の空港は、大型ジェット旅客機の就航と航空需要（旅客数・航空機離着陸回数）の飛躍的増加という時代を迎え、これらに対応するための空港施設整備が行われました。

①滑走路

滑走路は大型ジェット旅客機の離着陸が可能な長さ・幅・強度を有するものに改修されるか、それを満足する新たな滑走路が建設されました。一方で、既存の滑走路だけでは航空機の離着陸回数を取扱えない場合には、新滑走路が増設され、複数の平行滑走路が配置されるようになったのです。特に大都市の大規模空港では小型プロペラ機を他の周辺小型機用空港（補完 GA 空港）に移転することによって同空港の旅客ジェット機用の容量を増やす処置が取られました。その結果、小型プロペラ機に必要であった横風用滑走路を廃止して主滑走路の離着陸能力を高める一方、従来の横風用滑走路を誘導路に転用する等の整備が行われた空港もあります。

②誘導路

１本の滑走路処理能力を向上させるには、離着陸する１機の航空機が滑走路を占有する時間を短縮することが大変有効です。このため、航空機をできるだけ早く滑走路外に移動させるための平行誘導路・取付誘導路・高速脱出誘導路の整備が行われました。

③旅客ターミナル（旅客ターミナルビル・エプロン）

大規模空港では、駐機する航空機数が多くなり取扱旅客数が増加するため、効率的で便利な航空機の乗降を考慮した上で、多数のローディングスポットと大規模な旅客ターミナルビルを一体的に整備する必要がありました。ターミナル規模拡大に伴い、一定の便数・旅客数を取扱うために必要なスポット全体の横幅総延長が増加しますが、その増加量は、旅客ターミナルビル本館の間口長さの増加量に比べて相当大きいのです。またターミナルビルの無用な拡大を防ぎ、旅客の歩行移動距離を一定限度以下に抑えなければならないのです。そのため、各空港においてエプロンと旅客ターミナルビルを一体的に組み合わせた形態（ターミナルコンセプト）について、様々な工夫がなされ、新しいコンセプトの旅客ターミナル建設が行われました。また旅客の上下移動を少なくし、安全・快適に乗降させるために搭乗橋（ボーディングブリッジ、PBBとも呼ばれる）が60年代初めに導入され、次第に普及していきました。

④新空港建設

シャルル・ドゴール国際空港

ダラス・フォートワース国際空港（1973年）

既存空港の拡張では十分な対応ができない場合、適地を選定して新空港の建設がなされました。この時期には、円形のビルとサテライトが斬新なパリ・シャルル・ドゴール国際空港（1974年）、半円形のターミナルビルを並べたダラス・フォートワース国際空港（1974年）、長いコンコースを並列したハーツフィールド・アトランタ空港の新ターミナル（1980年完成）などの建設例があげられます。アムステルダム・スキポール国際空港の開港もこの時代（1967年）です。

我が国でも1970年代から新空港が開港し始めました。日本の空港建設の先駆けである熊本空港は71年（昭和46）、鹿児島空港は72年（昭和47）、長崎空港は75年（昭和50）に、旧空港に代わる新空港として開港しています。首都圏国際線需要を担う第2空港として開発された新東京国際空港（のちに成田国際空港と改名）は大きな用地問題を抱えて建設が大幅に遅れましたが、78年（昭和53）に開港しました。第1滑走路の長さ4,000m（羽田空港の最長滑走路長は当時3,000m）の完成により、長距離国際路線の大型ジェット旅客機就航を可能にしたのでした。

⑤空港施設基準等への影響

2007年にA380が出現するまで、大型ジェット旅客機の代表格はB747でした。1969年に初飛行した後、様々なタイプが投入されて、約1,500機が生産され、世界中の主要空港に就航しました。国際線長距離路線を担う航空機として長い間世界の空に君臨し、この間大規模空港の施設基準をB747が決めてきたと言っても過言ではありません。その離着陸性能、形状、座席規模などは、滑走路の長さや幅、エプロンスポットの形状、旅客ターミナル諸施設・設備の規模などに大きな影響を与えてきたのでした。

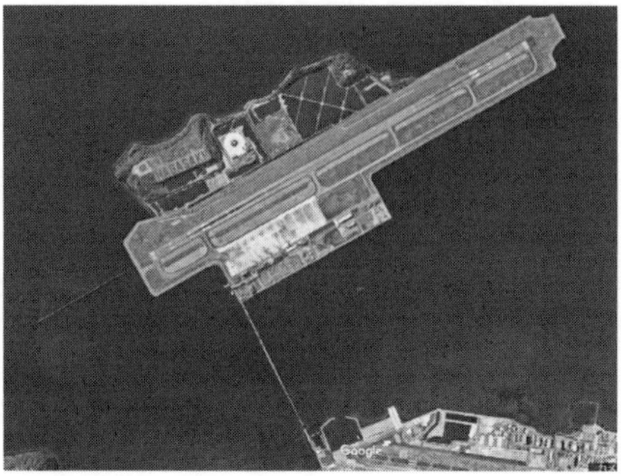

長崎空港

(7) 経済性・環境調和の時代（1980・1990年代）

(7-1) 80・90年代の航空機と航空輸送

この時代の航空機に求められる方向は、運航コストの低廉化、低騒音化及び機内の快適性とセキュリティの向上でした。航法と操縦装置の電子化が進み、操縦要員の負担軽減と減員（４人体制→３人体制→２人体制）が可能となりました。低騒音・高出力でありながら低燃費の高バイパス比ターボエンジンが開発・搭載され、また機体の改良（軽い機体、効率的な翼の形等）も低燃費に貢献しました。従来はジェットエンジンの信頼性が低く、洋上飛行は３発機以上の航空機に限定されていましたが、信頼性が向上し２発エンジン搭載機でもそれが可能となり、メンテナンスコストの低減に繋がったのです。この時代に出現したB767（初飛行1981年、就航82年、巡航速度約850km／時、航続距離6,000～12,000km、座席数170～410席）、B777（初飛行94年、就航95年、

B767

B777

巡航速度約890km／時、航続距離9,000～17,000km、座席数300～550席）、A330（初飛行92年、就航94年、巡航速度時速1,000km、航続距離11,000～11,300km、座席数253～375席）はそのような新技術により開発された航空機でした。これらによって運航の経済性が格段に向上し、また航空機自体が発生する騒音が著しく低下したのです。また、ワイドボディ化によってキャビンスペース・座席間隔が拡大し、室内気圧が調整され、多様な娯楽機器が搭載されるなど快適性が大きく向上したのもこれらの航空機です。

一方で、ハイジャック事件の発生から航空機のセキュリティ対策の強化が求められることとなり、この点はコスト面でも旅客の煩わしさの面でも負担が増加するようになりました。

(7-2) 80・90年代の空港

航空の大量輸送時代を迎え大型ジェット旅客機就航と航空機離着陸回数急増の波が既存空港に襲いかかりました。これに対して世界の各空港において行われたのは、大型ジェット機が離着陸できる長い滑走路の整備、離着陸容量の大幅な拡大、駐機スポットの確保、ターミナルビルの旅客取扱能力の拡大とサービスレベルの向上などでした。空港によっては空港施設の拡張が行われ、それができない場合には新空港が建設されたのです。そして大都市圏においては複数の大規模空港が立地するようになりました。

1978年（昭和53）の新東京国際空港（成田空港）開港により国内線専用となった東京国際空港（羽田空港）ですが、需要の増加は著しいものでした。首都圏の将来的な国内需要の増大の予測の下に進められていた羽田空港沖合展開事業ですが、88年（昭和63）に第1期事業の新A滑走路（3,000m×60m）が供用開始し、従来の2本と合わせて3本となって、離着陸容量が向上しました。93年（平成5）には第2期事業として第1旅客ターミナルがオープンし、中央部を縦貫する高速道路アクセス、2本の軌道アクセス（モノレール・京浜急行。後者は98年（平成10）開業）を備えた近代的な空港に生まれ変わったのでした。97年（平成9）旧C滑走路の新C滑走路への移転（新A滑走路とオープンパラレルを形成）が完了し、離着陸容量が飛躍的に増加しました。第2旅客ターミナルは2004年（平成16）に供用開始しています。一方成田空港は、1992年（平成4）に第2旅客ターミナルがオープンし、2002年（平成14）には2本目であるB滑走路が供用しました。こうして、日本の首都圏における2大空港体制が、この時代を経ながら整っていったのです。

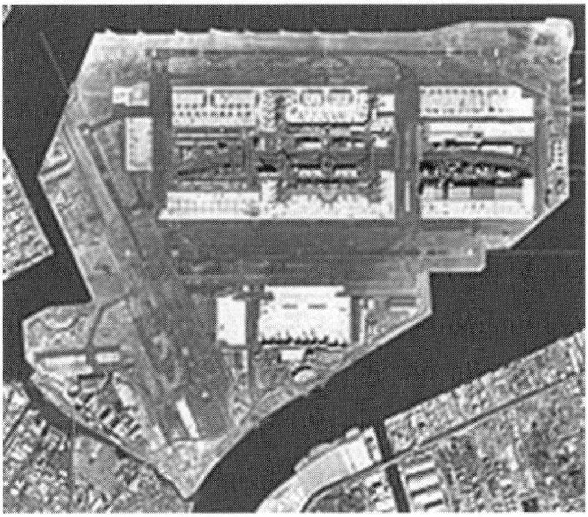
羽田空港沖合展開事業

成田空港

一方、航空機低騒音化は周辺市街地への騒音影響を減少させ、空港の離着陸容量拡大の受け入れに大きく貢献しました。騒音が完全に無くなったのではありませんが、初期のジェット旅客機に比べて格段に小さくなった航空機騒音は、世界中の市街地内空港に対する住民の理解を助長したのでした。

1964年（昭和39）６月のジェット機乗り入れ開始を契機に、市街地の中に立地する伊丹空港に深刻な航空機騒音問題が発生し、周辺自治体や住民団体から飛行の差し止め、空港の廃止を求められる時代を迎えました。その後環境対策として、厳しい使用時間帯制約と便数制限の中で、空港運用が続けられたのです。そのような環境問題と社会的要求を背景に、同空港に代わる新空港が泉州の沖合の海上に建設され、関西国際空港として94年（平成６）に開港しました。第１滑走路は海岸から５km 離れた位置に配置され、離着陸の飛行経路は低高度では陸域に全く掛からないように設定されました。伊丹空港については、国と地元との間で事前に、関空開港後の取り扱いが話し合われ、廃止から存続へ大きな方針の転換が行われました。30年の間にジェット旅客機の低騒音化が大きく進行し、地元が伊丹空港と共存していく環境が整っていたことが要因のひとつでした。こうして関西においても、２つの大規模空港を有する状態が形成され、航空需要増大への対応と制約時間帯のない空港運用が可能となったのです。

航空機セキュリティ対策については、ハイジャックを防止するため、旅客ターミナルビル内に保安検査場を設けて搭乗客検査（金属探知機）と機内持込手荷物検査（X 線探知機）を行う対策が、多くの空港で一般化しました。

関西国際空港

(8) 豪華化と低廉化の時代（2000・2010年代）

(8-1) 00・10年代の航空機と航空輸送

21世紀に入ると総2階建ての巨人機エアバスA380（初飛行2005年、就航07年、巡航速度1,040km／時、航続距離15,000km、座席数550〜850席）が登場し、空の旅に画期的な快適性と豪華さを提供しました。一方ボーイングは、低燃費と快適性をさらに向上させた中型ジェット機B787（初飛行09年、就航11年、巡航速度1,040km／時、航続距離15,000km、座席数約210〜290席）を航空市場に投入しました。両メーカーの戦略は異なり、前者は、ハブ・アンド・スポーク型航空ネットワークの拡大に対するハブ空港間輸送を担う航空機の投入であり、後者はポイント・ツゥ・ポイント型航空ネットワークの拡大を担う航空機だったのです。

A380-400

A380 客室

一方、サウスウエスト航空やライアンエアのLCC（格安航空会社）ビジネスモデルの成功を受けて、1990年代後半から2000年代初頭にかけて、アジア・オーストラリア・中南米などでLCCの起業が相次ぎました。LCCは航空運賃の安さを武器に新たな航空需要も掘り起こし、すさまじい勢いで世界の航空市場を拡大したのでし

B787

た。単一航空機（通常、B737やA320のような小型ジェット機）の使用、国内・短中距離国際路線の就航、多頻度運航等を特徴としています。

一方で、2001年に米国で発生した9.11同時多発テロ以降、セキュリティ対策強化の要求が格段に高まりました。

世界経済のグローバル化、国際交流の活発化を背景に、航空運賃の低廉化が後押しをして、世界の航空需要（旅客、貨物）は急激な増加を続けています。（因みに、世界の国際線旅客数は1986年の198百万人が28年後の2014年には1,322百万人と6.7倍に、国内線旅客数は760百万人が1,981百万人と2.6倍に増加。）

（8-2）00・10年代の空港

この時代、世界的な航空需要の増大、アジア各国の経済成長、中東各国のハブ空港化戦略などを背景に、これらの国における巨大空港の建設が飛躍的に進められました。

07年に就航を開始した総２階の巨人機A380は、空港の施設に様々な影響を与えることになります。主脚外縁間距離は14.34mとB747の12.60mよりも1.74m長く、翼幅は79.8mとB747（64.9m）よりも15m程長いため、A380の就航に当たっては滑走路幅60mが求められ、その就航は、B747後の超大型機投入を見越して従来の滑走路幅45mよりも広い60m幅を確保していた空港に限定されることになりました。あるいは空港によってはそのための拡幅改修が行われたのです。また、使用誘導路にも幅の制約があり、空港によっては拡幅が必要となったのでした。翼幅の増大は、従来の大型ジェット機用よりも幅の広いスポット確保の必要性に繋がり、そのための改修を行う必要が発生しました。また、２階デッキ乗降用の搭乗橋の増設が必要になりました。主要空港においては、フルサービスキャリア（FSC）が争って豪華な搭乗待合ラウンジを建設し、高額負担旅客の囲い込み行うようになったのでした。

韓国では、首都ソウルの金浦国際空港の混雑を解消するため新空港（仁川国際空港）が計画され、1992年に建設に着手し、2001年に開港しました。4,000m×60m 1本、3,750m×60m 2本、計3本の平行滑走路（将来更に2本の平行滑走路増設が可能）と2棟の近代的な旅客ターミナルを有する大規模国際空港で、近隣諸国との間に多数の近距離国際路線を形成し、中長距離国際線への乗り換え拠点空港としての役割を果たしています。金浦国際空港と合わせて、首都の2空港体制が形成されたのでした。

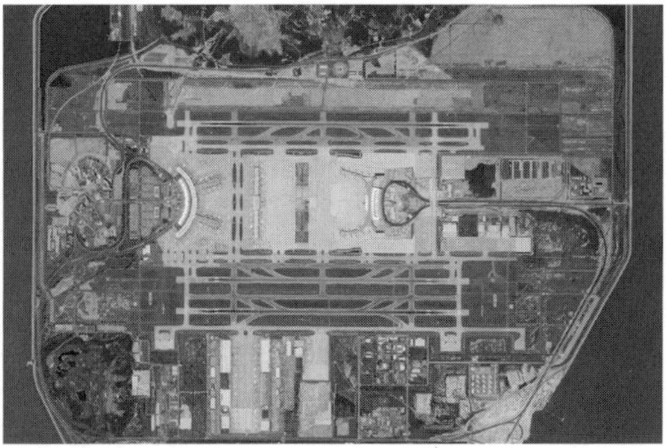
仁川（インチョン）国際空港

中国ではその経済発展を背景に、巨大な空港が次々に建設されました。北京首都国際空港は、2008年の北京オリンピック大会開催に合わせて、従来の平行滑走路2本（3,800m×60m、3,200m×50m）に、平行滑走路3,800m×60mが増設され、既存のターミナル1、2に加えて、99万㎡と当時世界最大の規模であった巨大な旅客ターミナル3（コンコース長3km）が建設されました。既存の北京南苑空港、19年9月に開港した北京大興国際空港（滑走路4本：3,800m×45m、3,400m×60m、3,800m×60m、3,800m×60m。将来滑走路8本とする計画。単体で世界最大の103万㎡のヒトデ型旅客ターミナルビル。）と合わせて、この時代に首都3空港体制が形成されたのでした。

北京大興国際空港

また中国経済を牽引す

る最大都市上海では、既存の虹橋国際空港に加えて、新空港の上海浦東国際空港が建設され、1999年に開港しました。４本の平行滑走路（4,000m×１本、3,800m×２本、3,400m×１本。すべて幅60m。５本目を建設中。）と２棟の旅客ターミナル（１棟は2008年供用開始）で形成されています。

一方、格安運賃を売りにする航空会社であるLCCが空港に求めているのは、可能な限り安い施設使用料です。世界の空港はこの要求に対応するため、安価なLCC専用ターミナルの新設、使用されていなかった古いターミナルのLCCターミナルとしての再利用等を行いました。母都市から遠隔の地にあったため、近距離にある空港との競争に負けて衰退していた空港が、LCCの就航によって活気づいた空港もあります。

ロンドン・ルートン空港は、ロンドン郊外約50kmに位置して他の空港に比べて遠く、滑走路は2,162m １本で、1980年代までは活気のない空港でした。しかし90年代後半のLCCのイージージェット就航を機に、他のLCCも就航を開始し、現在では14の航空会社が130空港へ就航するまでになりました。99年末にLCC用の旅客ターミナルがオープンしています。

ロンドン・ルートン空港

セキュリティ対策の強化のために、旅客ターミナルビル内でクリーンエリア（保安検査後エリア）とダーティエリア（保安検査前エリア）をより明確に区分し、また精密な旅客搭乗客・手荷物検査装置や爆発物・揮発物等検査装置の導入あるいは搭乗前検査の追加導入等が行われるようになりました。

羽田空港の起源

(1) 羽田干潟の干拓

江戸時代後期の話ですが、現在羽田空港が立地する多摩川河口付近には、扇状の広大な干潟（扇ヶ浜）が広がっていました。その扇の要（かなめ）に当たる位置、現在の海老取川との合流部に要島と呼ばれる突き出た州があり、羽田弁財天の社が祭られ、海上守護神として江戸商家や廻船問屋の信仰を集めていました。歌川広重は寛永3年（1850年）にその風景を浮世絵に残しています。天命年間（1781～88年）、干潟を臨む羽田猟師町の名主の鈴木弥五右衛門はその扇島を譲り受け、干潟を干拓して新田開発を行う事業に乗り出しました。文化12年（1815年）には一部の干拓が完了し、新田としての開墾が始まりました。年を経てしだいに広がった干拓地はやがて羽田猟師町から分かれ、鈴木新田と呼ばれるようになりました。天保14年（1843年）には江戸幕府は鈴木新田の東側に砲台用地（海門内之御備場）の建設を決定し、東貫川を挟んだ干潟の干拓を開始します。その土地は後に羽田御台場と呼ばれるようになります。こうして、将来羽田空港の一部になる土地が形成されていったのです。

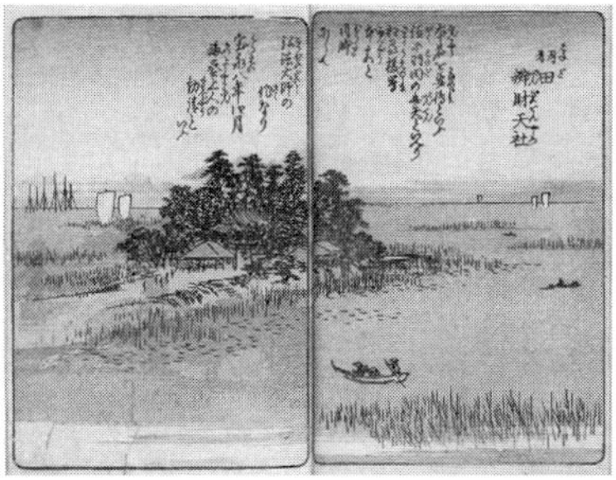

歌川広重　羽田弁財天社（要島：1850年）

この頃要島の周囲には干拓によって農地が形成されていたはずです。海面に孤立した浮島として描かれているのは広重のデフォルメと考えられます。

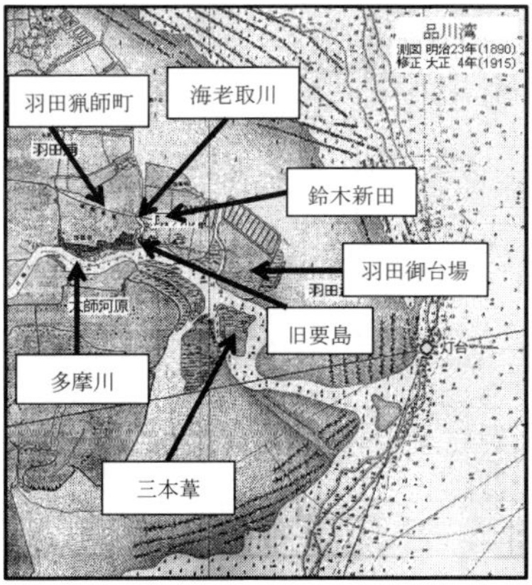

多摩川河口の状況（大正4年）

(2) 穴守稲荷を中心とする観光地化

鈴木新田の開発時、高波によって堤防に大きな穴が開いたそうです。こ

穴守稲荷神社参道
写真提供：曽我誉旨生

の守り神として建てられたのが鈴木家の私的な社である穴守稲荷社でしたが、新田住民や周辺住民に崇められ、大切に扱われたのでした。しかし時代が江戸から明治の世に代わり、新政府は新たな政策として、伊勢神宮を頂点とする社格制度を設け、神社の体系化を進めました。そのため、私的な穴守稲荷社のままでは大衆の参拝対象とすることが禁止されるようになったのです。そこで当主鈴木嘉之助は1885年（明治18）、東京府知事の許可を得て、立派な社殿を持つ穴守稲荷神社へと変貌させたのでした。

明治期以降、穴守稲荷神社を中心とする一帯には、たくさんの海水浴場や潮干狩り干潟が生まれ、また1894年（明治27）には鉱泉が掘られて鉱泉宿ができ、ここは東京の一大観光地・保養地へと変わって行ったのでした。1902年（明治35）には穴守線が京浜電鉄（現在の京浜急行）によって海老取川対岸部の稲荷橋駅まで敷かれ、13年（大正2）には海老取川を越えて穴守駅まで延伸されました。こうして、この一帯は大変な賑わいを見せるようになったのでした。穴守駅から穴守神社へ延びる参道にはたくさんの料亭、旅館、土産物屋が立ち並び、無数の鳥居が並んでいました。そして駅前には、戦後に「祟りの鳥居」と言われるようになる大きな赤鳥居が、ウェルカムゲートとして建っていたのでした。

1932年（昭和7）鈴木新田は、多摩川沿いの羽田鈴木町、その北側の羽田穴守町、更に北側に位置する羽田江戸見町の3町に再編されます。海老取川を挟んで対岸部には、かつての羽田猟師町が羽田町の名称に変わっていました。

(3) 空の先駆者と東京飛行場

1910年（明治43）12月、徳川大尉と日野大尉が代々木練兵場で我が

羽田における初飛行
出典：『写真でみる郷土のうつりかわり（風景編）』
（東京都大田区教育委員会）

国初の動力固定翼機での飛行を行って以来、それに続く空のパイオニア達が東京湾の遠浅海岸や埋め立て地を使って離着陸に挑戦していました。羽田で初めて飛行機が飛んだのは1916年（大正5）10月5日のことです。パイロットの名は玉井清太郎（24歳）。彼は自作の「玉井式2号機」に自動車エンジンを積み、羽田の地から飛び立ったのです。そして日本飛行学校を設立しました。校舎は空屋となっていた羽田穴守町の鉱泉宿要館で、多摩川河口部にあった三本葦（さんぼんあし）と呼ばれる中州を天然の飛行場としました。飛行練習生達は要館近くの船着き場から船に乗り、飛行場に通ったのでした。17年（大正6）、彼は日本初の3人乗り飛行機「玉井式3号機」を製作し、東京上空飛行を目差しますが、芝浦海岸で墜落死します。清太郎の意思を受け継いだのが弟の玉井藤一郎で、日本飛行機製作所、付属飛行学校、飛行練習場を羽田に整備し、18年（大正7）羽田飛行機研究所を設立して、羽田飛行場の基礎を作ったのです。

玉井清太郎
出典：「馬込文学マラソン」ＨＰ

1928年（昭和3）逓信省所管の日本航空輸送株式会社が発足し、翌29年（昭和4）に、立川陸軍飛行場（旧東京飛行場）を使った運航を開始しました。しかし、立川陸軍飛行場は東京の中心部から遠く、共用飛行場（実は間借り飛行場）で制約が多かったため、民間航空輸送の今後の発展を見据えた逓信省航空局は、東京に民間航空専用の公共飛行場を建設することを決めました。その場所として鈴木新田の北側にあった埋め立て地（現在の羽田空港の整備場付近）を選定しました。当時の飛行場として適当な規模の取得しやすい用地があり、気象条件に恵まれ、障害物がなく、近くに穴守駅があってアクセスが良いことなどが考慮されたのです。民間航空の先駆者の玉井兄弟や日本飛行学校・羽田飛行機研究所の存在、またそこで育った日本の航空黎明期の幾多の人材の影響もあったのだと思います。30年（昭和5年）1月、逓信省は埋立地約48haを買収して飛行場建設に着手し、翌31年（昭和6）8月に工事が完成し、「東京飛行場」が開港したのでした。飛行場の総面積は52.8ha、滑走路は長さ300m、幅15m（南北方向）で、当時の航空機の就航に適した規模の飛行場でした。

こうして、現在の羽田空港の礎が築かれたのでした。私たちは往々にして、羽田空港が先にあって後から京急線が乗り入れてきたと思いがちですが、実際には当時先にあった穴守駅の存在が羽田に空港を立地させる誘因のひとつになったのです。もう少し遡ると、穴守稲荷神社の存在が羽田空港の起源と言えるのかもしれません。

東京飛行場

空港物語 ②

羽田空港の接収と返還

⑴ 戦時下の東京飛行場

1937年（昭和12)、日中戦争が始まりました。その後も民間航空輸送は国内線、国際線共に継続しましたが、戦時下の統制が始まり、日本航空輸送や他の航空会社は合併して国策会社の大日本航空に一本化され、日本の民間航空輸送は同社によって統一的に運営されるようになったのです。

航空輸送の重要性が増し、逓信省はその輸送を支える東京飛行場の機能強化に取り組みます。1938（昭和13）～39年（昭和14)、隣接する羽田運動場を買収し、東京飛行場の拡張整備を行ったのです。飛行場面積は72.8haに増え、滑走路は長さ800m、幅80mを有する十字形に配置された2本（南北及び東西方向）に増加したのでした。こうして東京飛行場は当時としては近代的な民間飛行場に変貌し、日本の中心飛行場としての成長を始めたのでした。

1941年（昭和16）10月、霞ヶ浦海軍航空隊の一部が東京飛行場に移駐してきました。海軍の航空要員の訓練を行う部隊です。米国との交戦が避けられない見通しの中で、東京飛行場の軍用飛行場としての使用が開始されたのでした。そして12月に太平洋戦争が始まると、日本の民間航空輸送は事実上停止してしまったのです。それ以降終戦を迎えるまで、陸軍の特務航空輸送部が大日本航空を徴用し、委託運航する形で定期便を運航するようになったのです。その航空輸送は福岡第一飛行場（雁ノ巣飛行場）を基点に、朝鮮・満州・台湾、また日本軍が占領した東南アジアや南洋の国々に対して行われていました。そして大戦末期になると、東京飛行場は米軍機によって爆撃や機銃掃射の目標となったのでした。

⑵ 占領時代のハネダ・アーミー・エアベース

太平洋戦争が終わりました。1945年（昭和20）8月15日正午、炎天下に玉音放送が流れ、日本中の他の場所と同じように羽田でも多くの人々が涙

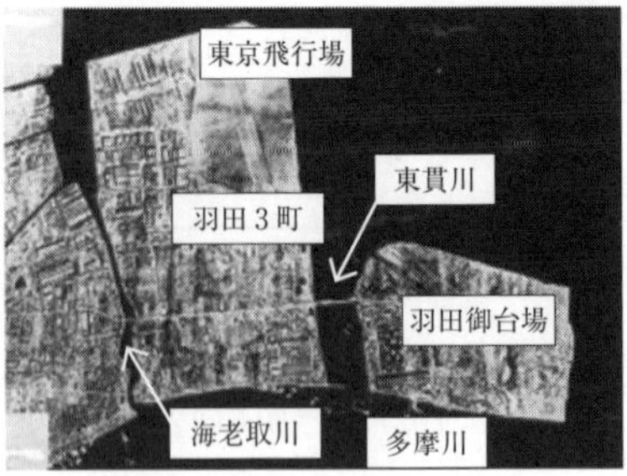

接収直後の東京飛行場周辺（昭和 25 年）

を流しました。そして日本は連合国の占領下に置かれることになります。連合国は日本各地の飛行場を良好な状態で保存するように命じたのでした。

終戦から 28 日が過ぎた 9 月 12 日、東京飛行場を連合国へ引き渡すことが命じられ、翌 13 日には自動小銃で武装した米軍兵士らがジープで乗りつけて、飛行場にいた日本人を追い出して接収しました。この時から東京飛行場は連合国軍が使用するハネダ・アーミー・エアベース（羽田陸軍航空隊基地）になったのです。12 日の引き渡し命令の対象は東京飛行場だけではなく、隣接する 3 町（羽田鈴木町、羽田穴守町、羽田江戸見町）と東貫川を挟んで 3 町の東側に位置する羽田御台場も含まれていました。3 町には 1,200 世帯、3,000 人の住民が焼け残った家屋や焼け跡に建てられたバラックに住んでいたのですが、彼らは 21 日警察から、米軍により 12 時間以内の町からの退去を求められていることを知らされたのでした。12 時間で退去することなどとても無理なことです。その時間は 48 時間に延長されましたが、それでも住民は着の身着のまま家財をリヤカーや船に積んで、海老取川対岸の羽田町などに住む親戚や知人を頼って立ち退いたのでした。住民にとっては、戦争が終わり少しでも落ち着いた生活を取り戻そうとしていた矢先に襲って来た突然の出来事だったのです。

これは想像ですが、米国は終戦前から既に日本の占領方法を研究していたのではないかと思うのです。日本を何年間も占領するためには、飛行場はとても重要な施設だったはずです。多くの米軍将兵が日本に駐留するのですから、米国本土と日本の間を結んで、人、物資そして郵便物の大量で高速の輸送が必要になると考えたことでしょう。米国では大戦中も旅客機の開発が進められていました。与圧された客室が備えられ高空を快適に高速で飛行できるようになりました。また 4 発のプロペラエンジンを持つ大型旅客機の安全性が確認され、太平洋上空を横断する飛行が可能になっていたのです。1943 年（昭和 18）に初飛行した旅客機ロッキード 049 コンステレーションや 46 年（昭和21）初飛行を目標に当時開発中のDC6は巡航速度約500km／時、航続距離5,000～9,000km、座席数60～90席の性能を持っていました。当然これらの航空機の就航のためには東京飛行場の既存の800m滑走路長では全く不十分で、舗装強度も不足していました。これらの航空機が長距離路線に就航するためには2,000m程度の滑走路が必要でした。敗戦直後の日本とはいえ、都心の近く、長い滑走路とその他の基地施設を建設可能な規模の用地、周辺には障害物がなく飛行場に最適、また短期間での土地取得と建設工事の実施という条件を満足する場所はかなり限られていたはずです。そして目を付けたのが、東京飛行場とその周辺の3町及び羽田御台場だったのでしょう。この地区にはもうひとつ占領軍基地として大きな利点がありました。海老取川と多摩川によって周辺市街地から隔絶されていることです。基地を守るためには最適の土地と考えたのではないかと思うのです。

住民の退去後、3町は海老取川に架かる稲荷橋に設置されたゲートと武装した米軍憲兵によって封鎖されました。旧住民達は、自分たちの街が米軍の巨大なブルドーザーやショベルカーによって壊されていく様子を海老取川の対岸部から見守るしかなかったのです。11月に入ると、米軍808飛行場建設部隊による大規模な飛行場建設工事が開始されました。東貫川が浚渫土で埋め立てられ、羽田御台場と繋いで広大な飛行場用地を造成したのでした。六郷川や海底の土砂をサンドポンプで送って盛土し、その上に二子多摩川付近からトラックで運んだ土を載せブルドーザーで固めました。そしてそこに滑走路、誘導路、エプロンを建設したのです。建設工事には占領米軍の重機が使用され、大林組・間組などの建設業者と日本人労務者約2,000人が投入されて、一日3交替、24時間休みなく工事が続けられたのでした。また飛行場の建設工事には大量の建設資材が必要でした。このため米軍は省線蒲田駅と飛行場工事現場間を繋ぐ輸送用鉄道ルートを確保しました。省線蒲田駅・京浜蒲田駅間、また稲荷橋駅・工事現場間に新しい線路を敷設し、京浜蒲田駅と稲荷橋間の既存線の上り線を接収して省線と同じ幅の鉄道に変更を行ったのでした。こうして省線本線から工事現場まで繋がった占領軍の鉄道の上を蒸気機関車に曳かれた軍用列車が走り、砂利・セメント・航空機やエンジンの部品、また兵員などの輸送に使用されたのです。

新たな飛行場が1946年（昭和21）6月に完成しました。総面積は260haに拡張され、東南－北西方向のA滑走路（長さ2,133m、幅45m）と西南－東北方向のB滑走路（1,676m×45m）を持つ飛行場が完成したのでした。管制塔、事務所、宿舎などが合わせて建設されています。

GHQ（連合国軍最高司令部）はこの飛行場を日本における出入国空港と定め、米軍航空輸送部隊が駐屯するようになります。そして46年（昭和21）から順次、ノースウェスト航空、パンアメリカン航空、英国海外航空、フィリピン航空、カナダ太平洋航空、民航空運公司などの連合国7社の民間航空定期便の乗り入れが行われ、この飛行場は極東路線の拠点として使用されたのでした。日本は航空活動が禁止され、日の丸を付けた航空機が日本の上空を飛行する姿はなくなりました。

(3) 羽田空港返還と民間航空再開

1951年（昭和26）9月8日、米国など48カ国と日本がサンフランシスコで「日本国との平和条約（通称、サンフランシスコ講和条約）」を締結しました。冷戦を背景に共産圏の旧ソ連、旧チェコスロバキア、ポーランドは署名を拒否しましたが、それでも発効日の52年（昭和27）4月28日をもって、連合国による日本占領が終わったのでした。沖縄、小笠原諸島、奄美群島はその後の本土復帰までの間米国の施政下に残りましたが、日本はやっと独立を回復したのでした。同条約は27ヵ条よりなっていて、日本の主権を承認する一方、それ以降の外国軍の日本駐留継続を認めるものとなっていました。

10月25日、禁止されていた日本の航空活動が解禁され、戦後初の国内民間航空定期便として、日本航空の「もく星号（マーチン202）」が羽田空港・伊丹空港（大阪）・板付空港（福岡）間の定期旅客運航を開始しました。当初、既に乗り入れていた連合国7社で国内航空会社を設立し、日本の国内航空定期便を就航させるという構想があったのですが、

羽田空港返還セレモニー

日本国の強い申し入れによって、国策会社の日本航空による運航が連合国に認められ、51年（昭和26）8月に設立されたのでした。航空に明るい復員軍人や学徒出陣兵、また英語が堪能な日系二世を多数採用し、即戦力の航空会社が作られたのです。

1952年（昭和27）7月1日、羽田飛行場管理権限が米軍から日本国政府に返還され、米軍が建設した2本の滑走路等の主要飛行場施設が運輸省に引き渡されました。そして飛行場の名称が現在の東京国際空港に変更され、発展を始める羽田空港の幕開けとなりました。羽田空港は新たな時代を迎えたのです。しかしこの時点では管制権や一部施設は在日米軍の管轄下に置かれ、羽田空港全面返還は1958年（昭和33）6月を待つことになります。

返還された羽田空港（昭和27年頃）

航空機の種類と空港

航空機には、短・中・長距離路線に就航するジェット旅客機、地域内路線に投入されるプロペラ旅客機、貨物だけを輸送する貨物専用ジェット機、プライベートな国際間旅客輸送に使用されるビジネスジェット機、写真撮影・航空測量・農薬散布・飛行練習等を担うゼネラルアビエーション用の一般小型プロペラ機、フロートの付いた水上機と様々な種類があります。空港（飛行場）の中には、これらの航空機の種類に対応して、特長のある形態を持つものがあります。

(1) ジェット旅客機と空港

航空機と言えば、まずジェット旅客機を頭に思い浮かべる人が多いのではないでしょうか。A380、B747、B777、A340のような主として長距離国際線を担う大型ジェット旅客機、B787、B767、A350、A330のような国際線・国内線に投入される中型ジェット旅客機、またB737、A320といった国内線やLCC国際線でよく使用されている小型ジェット旅客機などがあります。またさらに小型の100席以下のジェット旅客機として、エンブライエルE-JETやボンバルディアCRJを挙げることができ、三菱航空機が開発中のMSJ（三菱スペースジェット。MRJから改名）もこの範疇に入ります。

(1-1) 大型ジェット旅客機とハブ空港

大型ジェット旅客機のメリットは一度に大量の旅客を運ぶことができることです。このため、遠く離れた大都市間のような航空旅客需要の多い路線での使用に適しています。

かつて日本においては、羽田空港や伊丹空港といった拠点空港の離着陸容量が不足し、羽田－新千歳などの幹線の航空需要を少しでも満足させようと、大量のB747-SR（座席数を増やした短距離路線用のB747型機）が投入された時代がありました。本来は国際線長距離路線における大量輸送航空機として開発されたB747が国内線に使用された現象は世界的にも珍しいことでした。羽田空港の沖合展開や関西国際空港の開港で空港の離着陸容量不足はやや緩和されましたが、B747後継機で座席数のやや少ない大型ジェット旅客機B777型機が現在も国内幹線に投入されています。

世界に目を転じると、大規模空港の航空旅客需要はその空港の都市で発生した需要だけではなく、他の空港から来て他の空港へ乗り継ぐ需要がかなりの割合を占めている空港のあることが分かります。これらの拠点空港とそこに集まる路線の関係は、自転車の車輪の中心部（ハブ）とスポークの形状（ハブ＆スポーク）になぞらえられ、空港はハブ空港と呼ばれます。ハブ空港には2つの種類があり、ひとつは特定の航空会社による「航空会社ハブ空港」であり、もうひとつは様々な航空会社によって形成される「航空ネットワーク中継ハブ空港」です。両方のハブ空港の性格の片方だけを持つ空港もありますし、両方を持つ空港もあります。そのようなハブ空港に就航する大型ジェット旅客機は、同空港を目的地とする旅客だけではなく、その先の様々な空港へ乗り継ぐ大量の旅客を、一度に効率よく輸送する役割を担うことができるのです。エアバス社の超大型ジェット旅客機A380はそのようなコンセプトで開発され投入さた航空機です。

「航空会社ハブ空港」では、特定の航空会社が特定の時間帯に、多数の路線をその空港に集中させ、到着した旅客を短時間のうちに別の路線に乗り換えさせて、次の、あるいは最終目的地の空港に出発させる輸送形態が取られます。航空会社が多数の航空ダイヤの集中接続を行うことに対して、空港は特定時間帯における多数の航空機の離着陸や駐機、大量旅客の短時間乗り継ぎなどを可能にするための施設を用意することになります。離着陸容量確保のための複数滑走路、大量同時駐機のための多数のスポット、乗り継ぎ時間短縮のための効率的な旅客移動システム・案内システム・保安検査システム、効率的な受託手荷物分配システムなどが必要となります。この種類の空港の事例としては、アトランタ国際空港（デルタ航空）、シカゴ・オヘア国際空港（ユナイテッド航空）、香港国際空港（キャセイパシフィック航空）、ソウル・仁川（インチョン）国際空港（大韓航空とアシアナ航空）、マニラ・ニノイ・アキノ国際空港（フィリピン航空）、バンコク・スワンナプーム国際空港（タイ国際航空）、シンガポール・チャンギ国際空港（シンガポール航空）、ドバイ国際空港（エミレイツ航空）、フランクフルト空港（ルフトハンザドイツ航空）などを上げることができます。

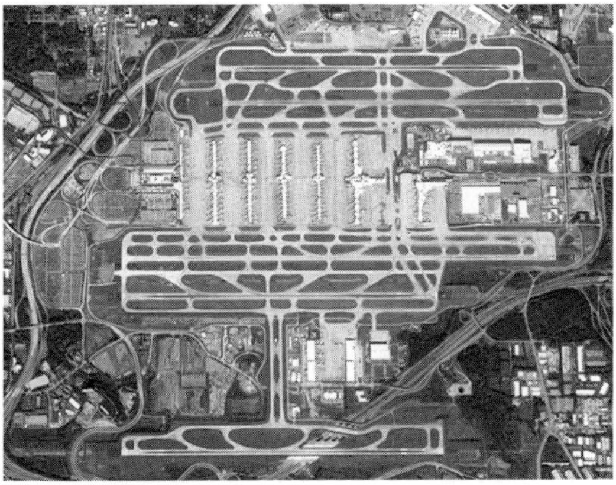
アトランタ国際空港

これに対して「航空ネットワーク中継ハブ空港」で行われるのは、様々な航空会社の路線が集中し相互の乗り継ぎが行われる航空輸送形態です。その路線の集中が、乗り継ぎ需要への期待から更なる路線集中を発生させることになります。たくさんの航空会社の存在により航空ダイヤの集中接続は難しいため、旅客の乗り継ぎ接続時間は長くなる傾向にあり、旅客ターミナル内での滞在時間を快適なものにすることが求められることになります。豊富な飲食店、アミューズメント施設、また各航空会社ラウンジの充実がなされる傾向にあります。路線集中に対し、離着陸回数や駐機数の増加を受け入れることのできる十分な容量の滑走路・スポットが必要です。また仮に旅客ターミナルビルが分かれていたとしても、どの航空会社間の乗り継ぎでも分かり易く移動しやすいシステムが求められるのです。この種類の空港の事例はたくさんありますが、チャンギ国際空港、フランクフルト空港などはこの種の性格も合わせ持つ空港と言うことができるでしょう。

アジアを代表する国際ハブ空港であるシンガポール・チャンギ国際空港を事例として、国際線の「航空ネットワーク中継ハブ空港」として成立している実態を見てみたいと思います。同空港は、都市国家（人口560万人）というシンガポールの事情を反映して同空港に就航しているのは国際線だけですが、100以上の航空会社が世界の約100か国・地域にある約400都市と結んでいます。年間の国際航空旅客数は、2017年には人口の11倍の62百万人を越えていて世界6位にランクされています。10年前の07年には37百万人でしたので、10年間に1.7倍近く増加したことになります。17年の離着陸回数は37万回で、07年の22万回に対してこれも1.7倍の伸びを示しています。ハブ空港として大きな成長を続けていることが分かります。

国際ハブ空港として成立し、また航空会社や航空旅客から認知されて成長し続けるために必要な要件を再整理すると、①十分な滑走路長と離着陸容量、②十分な駐機スポット数と旅客ターミナルビル容量、③乗継ぎの利便性と待ち時間の快適性を挙げることができます。

①十分な滑走路長と離着陸容量

チャンギ国際空港はオープンパラレルに配置された、長さ4,000mの滑走路を3本備えています。滑走路長4,000mは、国際線に使用されている大型ジェット旅客機が最長航続距離路線に就航するために必要な最大離陸重量で離陸するのに十分な長さで、国際ハブ空港には不可欠と言えます。またオープンパラレル配置の滑走路3本は相互に独立運用が可能なので、1本の3倍の離着

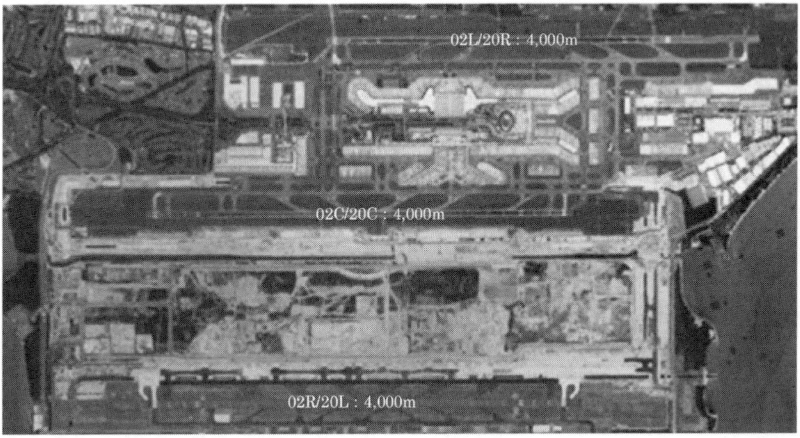

シンガポール・チャンギ国際空港

陸容量を持っていることになります。それぞれの滑走路に高速脱出誘導路が両方向に設置されているので、滑走路１本当たりの容量は最大限確保されていることになります。それらの滑走路がすべて4,000m の長さを有しているのです。

②十分な駐機スポット数と旅客ターミナルビル容量

本空港には４つの旅客ターミナルに合計110を越える固定スポット（搭乗橋付き）があり、また40余りの遠隔スポットがあります。また、４つの旅客ターミナルビルは合わせて年間8,200万人を取扱う能力の規模を持っています。さらに滑走路02C/20Cと02R/20L の間の用地に世界最大の規模となるターミナル５（年間5,000万人対応）を建設する計画があり、将来にわたって国際ハブ空港として十分な駐機スポット数と旅客ターミナルビル

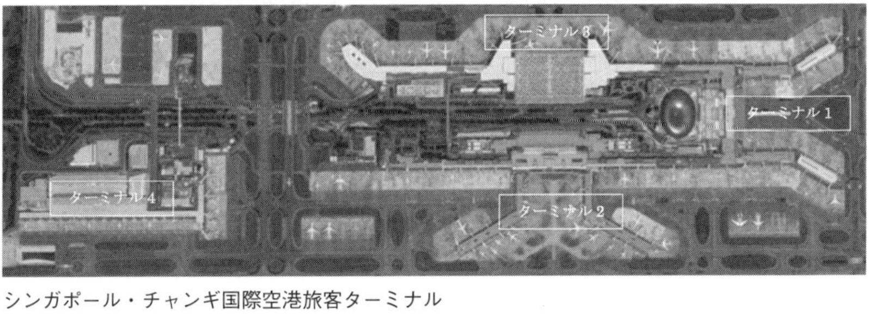

シンガポール・チャンギ国際空港旅客ターミナル

規模を有することになります。

③乗継ぎの利便性と待ち時間の快適性

駐機スポット数が多くまた旅客ターミナルビル規模が大きいということは、到着後の乗継ぎ旅客は、数多くのゲートの中から新たな搭乗ゲートを確認し、遠く離れたそのゲートに移動する必要が発生することになります。従って、搭乗ゲートの位置を容易に知ることができ、また移動歩行距離が短いこと、つまり乗り継ぎの利便性が確保されていることが重要になります。チャンギ国際空港には、主要箇所に設置された乗継ぎ案内所、搭乗券読み取りによる自動案内表示器、分かり易いターミナルエリア区分と案内標識等、容易な搭乗ゲート把握を可能にするための工夫が随所になされているのです。また、ターミナル１～３は全自動運転・高頻度運行のスカイトレインで結ばれ、それらとターミナル４との間はシャトルバスで連絡され、歩行距離の短縮が図られています。一方、長時間の乗り継ぎ待ち時間を飽きさせない、物販・飲食・ラウンジ・アミューズメント施設等の高品質の施設がビル内の随所に配置されています。英国の航空サービス調査会社スカイトラックスによって、2013年以来６年連続で「世界最高の空港」という評価を受けているのはその現われといえます。

スカイトレイン

旅客ターミナル内ラウンジ

(1-2) 中型ジェット旅客機と国内拠点・国際空港

中型ジェット旅客機は、大都市間の航空旅客移動を直行便で結ぶ役割に適していると言って良いでしょう。B787、B767、A350、A330などの航空機があります。最新鋭のB787型機は、「乗客は面倒な乗り換えを好まず、中型機による目的都市空港への直行を求めるようになる（ポイント・トゥ・ポイント運航）」と予測し、そのコンセプトの下に開発されました。これは、エアバス社によって、「ハブ・アンド・スポーク運航」のハブ間旅客輸送用というコンセプトで開発された超大型ジェット旅客機A380とは対立する考え方です。2011年の初就航から7年後の18年の段階においてすでに700機を越える航空機が就航し、さらに700機が発注されている状況を見ると、B787の経済性・性能の高さとともに、「ポイント・トゥ・ポイント運航」というコンセプトが航空会社の支持を得ているようです。A350同様、中型ジェット機の割には航続距離が15万 km 程度と長く、長距離輸送の国際路線にも適する航空機です。

これらの中型旅客ジェット機に対応する空港は、世界中に多数存在します。長さ2,500～3,000m 程度の滑走路を持つ空港であれば、国内線・国際線を問わず就航できることになります。

(1-3) 小型ジェット旅客機と国内地方空港・LCC空港

B737や A320は、大型ジェット旅客機ほど話題性はありませんが、世界の航空輸送事業を支えている主要な航空機と言えます。B737は1968年に第1世代のジェット旅客機（B737-100：座席数136席、航続距離約3,000km）として初就航しましたが、その後改良が重ねられ、現在の第4世代機（B737-MAX 200：座席数約200席、航続距離約5,000km）まで、10,000機以上が生産されています。ジェット

B737MAX200

A320neo

旅客機のひとつのシリーズとしては史上最多の生産機数であり、屈指のベストセラー兼ロングセラー機と言えます。A320（座席数150～180席、航続距離約6,100km）はB737の対抗機として開発され、88年に初就航しました。同じシリーズの発生型で短胴機（A318、A319）や長胴機（A321）も生産されており、生産機数は7,000機を越えています。また、従来のA320機に比べて燃費面で15%低減、騒音面で50%低減がなされた、新シリーズのA320neo（派生型のneo型も存在）が14年に初就航し、航空会社70社から合計4,500機以上の発注がなされているとの発表があったほど、世界の航空旅客運送への普及が見込まれています。

これらの小型ジェット旅客機は、施設が貧弱な地方の中小空港や騒音規制の厳しい大都市の空港間を頻繁に離着陸する短距離路線において使用されることが想定されています。このため、短い滑走路での離着陸を可能とし、また短時間のうちに巡航高度へ上昇するために、主翼に比較的強力な高揚力装置を装備しています。また機体内蔵タラップをオプションで装着できるなど、短距離路線での低コスト運航を実現するために、様々な技術や装備が導入されているのです。このコンセプトで作られている両機は格安航空会社（LCC）の要求にピッタリ合う航空機で、この2機種がLCC運航の多くを占めていると言うことができます。

LCCは、運航コストを可能な限り削減することによって、従来の航空会社（FSC）に比べ大幅に廉価な航空料金で輸送サービスを提供し、それにより旅客需要を自分の方に惹きつけ、また新たな需要を開拓しようという戦略です。運航コストの削減方法として、燃料代削減のための燃費の良い小型ジェット旅客機の使用、機材償却費を割安にするための航空機のフル活用（短距離・多頻度運航）、乗務員育成費・機体整備費削減のための単一機種の使用、使用料が廉価な空港施設の利用、地上職員削減のためのチェックイン時間の制約などが採用され、旅客サービスよりもコスト削減が優先されています。このようなビジネスモデルのLCCの要求に十分に対応するため、LCC用の空港また空港施設は従来とは異なる発想で計画されるようになりました。

ロンドン・ルートン空港のように、大都市圏の遠隔地に立地していたため都心部に近い空港との競争に負けて閑散としていた空港はむしろ、多数のLCCの多頻度運航を受け入れられる状態にありました。また搭乗橋などが設置されていない簡素な旅客ターミナル施設を安い使用料で提供することができ、その結果LCC基幹空港としての地位を獲得することになったのです。関西国際空港のように離着陸容量と用地に余裕がありながら航空需要を増やせずにいた空港にとっても、LCCの受け入れは幸いでした。アクセスの不便な2期島の一画に建設したLCC専用旅客ターミナルをLCCが使用し、旅客需要と航空機発着回数が大幅に増加しました。また成田空港では、都心部から近く多数の国内路線を持つ羽田空港との競争に負けて国内路線がなかなか定着しませんでしたが、LCC専用ターミナルを建設し、その導入を図ったことにより、全国の様々な空港との間にLCC国内路線網を形成することに繋がったのです。

関西国際空港LCC旅客ターミナル

(2) 地域航空機とローカル空港

プロペラ旅客機にはDHC8、ATR42などの航空機があり、主として離島などの地域航空路線（コミューター路線とも呼ばれる）に就航しています。DHC8を例に取るとQ200、Q300、Q400の型があり、Q400型は座席数68～78席で、航続距離約

DHC8-Q400

南大東空港

2,500km、巡航速度670km 程度です。

これらの路線の片側は、日本で言うと福岡空港や那覇空港といった大規模空港が多いのですが、もう片方の空港は、天草空港、南大東空港のような大変小規模な空港です。このような空港は、就航する航空機が基本的に離着陸距離の短いプロペラ旅客機に限られることになります。離島によっては路線距離が長く搭載燃料量が多くなるため、少し長い離陸距離となる空港もあります。滑走路長は800～1,500m 程度です。一日の発着回数が少ないことからエプロンスポット数は少なくそのエプロンと滑走路とを繋ぐ1本の取付誘導路という形状の空港がほとんどです。また航空機は、自走して斜めに駐機する形態を使用するためトゥーイングトラクターは不用で、タラップが機体に内蔵されておりタラップ車もいりません。航空旅客は、平屋の旅客ターミナルビルとの間を歩行で乗降します。

(3) 貨物専用機と貨物ハブ空港

航空貨物の輸送には、旅客機下部にある貨物室を利用して運ぶ方法（ベリー貨物）と、貨物専用機を使用する方法（フレーター貨物）があります。貨物専用機は通常、旅客機に使用されている航空機の貨物専用機タイプで、A380-800F、B747-8F のような大型機や B757-200PF などの中型機が就航しています。貨物専用機を運航するのは、フォアダー（航空貨物混載業者）からの受託貨物を運送する大手航空会社の他、日本貨物航空のような貨物専用航空会社がありますが、FedExやUPSのような貨物運送専門の企業が自ら所有する貨物専用機を運航する形態もあります。

B777-F

貨物専用機を使用する貨物輸送は国際路線が多いのですが国内路線もあり、B787Fを使用した夜間貨物便運航が行われています。貨物輸送は集荷を日中に行い、空港間を夜間便で輸送して、翌日の日中に配送するという形態が理想的です。このため24時間運用空港を利用した大都市間の夜間貨物航空便が運航されているのです。

国際的な貨物運送を展開する企業の航空輸送ネットワークは、旅客輸送と同じハブ＆スポークの形態を採用しています。その中心となる空港は、特定会社の大型・中型貨物専用機が集中するハブ空港を形成し、世界中から集まった貨物がそこで積み替えられ、世界中に運ばれていきます。FedExの貨物ハブ空港であるメンフィス国際空港はその代表格のひとつで、316万㎡の広大は貨物ターミナル地域を備えています。同空港の旅客数は年間400万人と鹿児島空港の500万人余にも及びませんが、貨物取扱量は年間430万トンであり、これは成田空港の210万トンの２倍以上で、その99.5％をFedExが占めています。多数の貨物輸送航空機を一定時間帯に集中させ、大量貨物の積み替えを行うため、十分な滑走路離着陸容量（長さ約3,390mを最長とする滑走路４本）、多

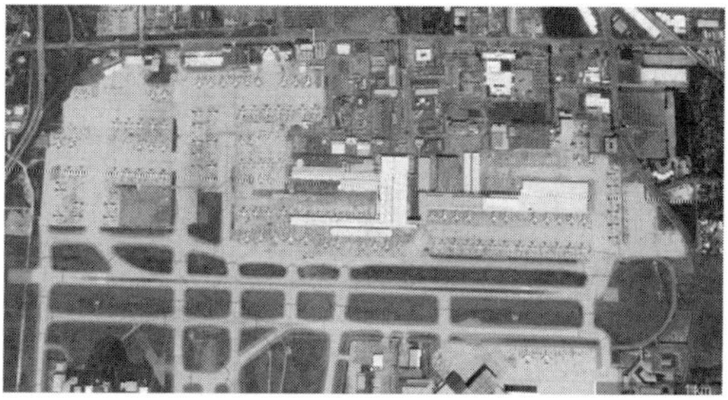
メンフィス国際空港貨物ターミナル

ルイビル国際空港貨物ターミナル

数の駐機スポット、大規模で迅速な貨物分配システムが備えられています。

UPSの貨物ハブ空港のひとつはルイビル国際空港で、年間240万トンの貨物を取り扱っています。３本の滑走路に面する空港中心部に、巨大な貨物ターミナル施設が、合理的に配置されています。

(4) ゼネラルアビエーション航空機とGA空港

ゼネラルアビエーション（GA）を直訳すると一般航空ですが、一般航空という言葉は日本においては定期航空を指していると勘違いしそうです。そのため、ゼネラルアビエーションという用語がそのまま使用されています。本来の意味は、定期路線航空と軍事航空を除いた航空の総称で、報道、操縦訓練、航測、航空写真撮影、連絡、遊覧飛行、企業の社用機、個人の自家用機、定期便以外の輸送（チャーター機やエアタクシー）などが含まれます。プライベート使用か商業使用かは問いません。GA航空機は普通の空港を常駐場所にしているケースも多いのですが、例えば羽田空港や伊丹空港のような定期便で一杯の大規模空港では、原則離着陸をさせません。その代わり、調布空港や八尾空港のような、GA機専用の空港（GA空港）が母都市近郊に設置されているのです。

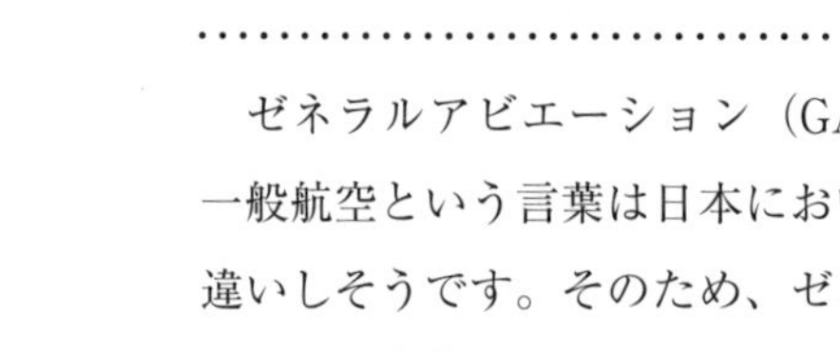

ゼネラルアビエーション航空機

日本においては、GAはそれほど発達していない分野ですが、外国によっては大きな役割を占め、全土に普及しています。例えば広大な国土を持った米国では、自家用GA機が耕作地における種まきや農薬散布用などに普通に使用され、そのまま大都市へのアクセス手段としても使用されます。地域によってはGAが輸送手段として大きな地位を占めており、その地域はまさにGAに依存している状況なのです。米国には小規模なものも含めて13,000以上のGA空港があり、そのうちの2,500余のGA空港が米国の重要な空港システム計画である国家総合空港システム計画（NPIAS）の対象空港として位置付けられています。GA空港によってその特性は大きく異なるのですが、多くのGA空港は小型航空機が使用するのに十分な長さの滑走路1本を持つ小規模な空港で、少数の航空機の基地として使用されています。一方で、大規模なGA空港では、通常の空港に匹敵する施設と活動を持っているものもあり、複数の滑走路のうち1本はビジネスジェット機の使用に対応する長さを有し、航空機整備、給油、レンタカー、レストラン、ホテルなどのサービスを提供しているのです。米国においてはGA空港のうち、主要空港から比較的近い距離にあって、混雑する同空港の補完機能を提供するGA空港は特に、「補完GA空港（Reliever Airport）」に位置付けられています。同地域における大量のGA航空機運航を引き受けることによって、主要空港の旅客機発着枠ができるだけ確保されるようにする役割を担っているのです。

リパブリック空港（米国の補完GA空港）

ニューヨークJFK空港の東約30kmに位置す

るリパブリック空港はそのような補完GA空港のひとつです。交差する2本の滑走路（2,083m×46m、1,681×46m）があり、GA機によって一日平均500回程度の離着陸が行われています。2階建ての旅客ターミナルビルが設置されていて、近隣都市へのチャーター便運航が行われ、年間3,000人程度の旅客が利用しています。常駐するGA機は約500機で、内訳は単発プロペラ機72%、双発プロペラ機15%、ジェット機9%、回転翼機5%です。

(5) 水上機と水上空港

水上機は脚部にフロートの付いた水面で離着陸するタイプの航空機で、ほとんどが小型のプロペラ機です。フロートの下に車輪が出ているタイプもあり、この場合は水陸両用が可能です。かつては胴体が水上に浮くタイプの大型飛行艇が中距離旅客輸送の主役であった時代もありましたが、現代ではジェット旅客機にその座を譲りました。水上機が活躍をする場は、静穏な水域に恵まれた海、湖、川にある水上空港（水上飛行場）間を結ぶ短距離の輸送です。米国・カナダや欧州をはじめとする世界の沿岸域、島嶼地域、湖沼などで旅客輸送が行われています。

水上空港のメリットは、施設建設に費用が掛からないこと、及び陸上空港のような広い土地が必要のないことです。水上機基地空港では滑走路・誘導路は水域で、せいぜい滑走路を示す目印のブイが設置されている程度です。水上機への乗降、手荷物積み卸しに使用される桟橋が必要ですが簡便な施設です。航空機運航上のセキュリティに気を遣う必要がないことから、旅客ターミナルビルに求められるのは最小限の快適性だけです。末端空港側では、岸辺に水上機を横付けする小さな固定桟橋か、あるいは水面上にポツン浮かぶ小さな桟橋（陸・島との間は小舟で連絡）を設置するだけですむのです。

インド洋に位置するモルディブ共和国は東西200km、南北

モルディブリゾート島の水上機用浮き桟橋

900kmほどの海域に26の環礁とその中に点在する約1,200の島々で形成されています。各島はひとつのリゾート施設を整備する程度の広さしかなく、陸上飛行場を建設する余地はありません。代わりに周りの海面は環礁内という立地から穏やかで、水上飛行機の使用に大変適しています。リゾート島の近くに旅客乗降用の浮き桟橋を設置し、水上機はその周辺の海域を使用して離着陸します。島と浮き桟橋の間はボートによる連絡です。首都のマレ国際空港には、陸上空港施設の他に海上空港施設が併設され、そこを基地に数多くのリゾート島との間を水上機が結んでいるのです。

モルディブ・マレ空港（水上機ターミナル）

カナダも水上機による輸送が発達していますが、バンクーバー市のコール港にあるバンクーバー・ハーバー水上空港はその拠点空港となっています。中心市街地の交通結節点であるウォーターフロント駅に近接と立地条件に恵まれ、7社の水上機会社が就航し、カナダ第1位の離着陸回数（年間約5万回）を誇っています。

バンクーバー・ハーバー水上空港

成田新空港用地の選定と反対闘争

(1) 首都圏第2空港の必要性

1964年(昭和39)に一般旅行者の海外渡航が自由化され、日本人の国際旅客が増加します。また地方空港が整備されたことにより就航航空機が大型化して航空運賃が低廉化します。これらを背景に、高度経済成長の後押しもあって航空輸送が大衆化していきました。羽田空港の旅客数、航空機離着陸回数が急激に増加し、既存の施設ではそれらの需要を捌けない状態となりました。特に駐機エプロンの不足がボトルネックとなり、苦肉の策としてA滑走路の使用を停止し誘導路として使用することによって隣接地における駐機エプロンの増加が行われましたが、それは滑走路の離着陸容量の減少に繋がり、乗り入れ機をそれ以上増やすことが不可能になったのでした。しかし羽田空港の潜在需要は大変大きく、将来に向けて重大な問題となりました。この問題を抜本的に解決するため、政府は1962年(昭和37)には首都圏第2空港の建設を閣議決定していました。その当時でも海外には複数の空港が設置されている大都市がかなりあり、世界的な大都市圏である東京圏においても、羽田空港だけでは急増する航空需要に対応することができないことは明らかだったのです。

(2) 三里塚闘争

運輸省はその候補地を検討し、紆余曲折の末に、1966年(昭和41)7月4日成田市三里塚地区を新空港(新東京国際空港:現成田国際空港)の位置とすることを閣議決定しました。そして30日には、新空港を設置・管理する組織の新東京国際空港公団が設立されました。

新空港の敷地面積は1,065ヘクタールで、当時の羽田空港の約3倍の規模でした。しかしその用地には、国有地(旧下総御料牧場等)395haの他に民有地670haが含まれていて、この取得を巡り大きな社会問題へと発展してしまいました。民有地を所有する農民を中心とする住民の中には新空港建設に反対する人達も大勢いて「三里塚芝山連合空港反対同盟」を結成し、外部からの支援組織を巻き込んで反対運動を展開しました。成田空港の建設地は、国・空港公団と空港建設反対派が実力で対立する大きな反対運動（三里塚闘争）の場になってしまったのです。民有地の取得については、1970年（昭和45）時点では全体の88パーセントに当たる588haの買収を終えていましたが、反対派は土地所有者を分散して買収を難しくする一坪運動等の手段で反対運動を強化していました。これに対して国は、1969年（昭和44）12月建設大臣による事業認定の告示を行い、残る民有地の強制収容を進めましたが、対立はますます激化し、多大な犠牲を出しながら空港公団は第一期工事用地の取得を完了したのでした。

(3) 成田空港開港と国際線移転

成田空港の第1期工事が進められ、A滑走路（4,000m）、旅客ターミナル、貨物ターミナル、管理施設等が整備されて、1978年（昭和53）に第1期の開港を迎えることになりました。当初は3月30日を開港日として準備が進められていましたが、その直前の26日に管制塔が襲撃される事件が発生し、5月20日に延期してようやく成田空港が開港したのでした。当初予定の1971年（昭和46）から7年遅れての開港でした。

成田空港の全体計画は、国際線旅客数1,600万人、貨物量140万トンの航空輸送需要に対処できるようにするとの前提で、4,000m及び2,500mの2本の滑走路が2,500mの間隔をおいて平行に配置され、更にこれらと交差する3,200m滑走路が配置されていました。羽田空港の最大滑走路長3,150mに対して、成田空港に4,000m滑走路が計画されたのは、当時の政府が考えた、羽田空港は国内線専用空港とし成田空港は国際線用空港とするという2空港の使い分けを表しています。大型ジェット機がその機能を最大限発揮して長距離国際路線に就航するための滑走路長は4,000mというのが国際的な標準になっていたのです。こうして、成田空港開港によって、ほぼ全ての国際線が成田空港に移転し（政治的な問題から台湾の中華航空などだけが羽田空港に残りました）、羽田空港は空いた国際線容量を国内線に転用することによって一息つくことができたのでした。

(4) 第1期開港後の成田空港

その後成田空港の第2期工事が進められますが、一部の用地取得は引き続き難航しました。政府はこのような状況の打開を模索し、過去の地元対応を反省して空港と地元地域の共生を目指すことに方針転換しました。そして、成田空港問題（三里塚闘争）の原因を究明し現状を明らかにして解決の途を見出すことを目的に結成されていた「隅谷調査団」が主催し、反対同盟、運輸省、空港公団、千葉県、成田市、芝山町、多古町、若干名の地元民間代表を構成員とする「成田空港問題円卓会議」が設置されました。円卓会議は成田空港問題を対話によって解決するために開かれた会議で、過去に流血を伴いながら続けられた新東京国際空港の建設が、その後民主的手続きで進められることになったとして、大規模公共事業を進める上での1つのモデルとされることになります。円卓会議は1993年（平成5）9月から翌94年（平成6）10月まで12回にわたって開催され、最終の第12回円卓会議において隅谷調査団の所見「成田空港問題円卓会議終結に当たって」が提示されました。その内容は、対立構造の解消、共生懇談会の設置、平行滑走路（B滑走路）用地の取得に強制的手段を用いず話合いにより解決、平行滑走路完成時点で横風用滑走路の環境影響を調査しその取扱を提案、関係地域社会と十分話し合いを重ねその賛意を得て進める、航空機騒音問題および落下物対策について国が約束した各対策および取り組みの確実な実施等でした。そして国は地元に対して従来の対応を陳謝したのでした。その後、国の姿勢を評価した住民による土地売却が進み、一部の反対住民所有地があって2期工事に影響（平行滑走路短縮供用、平行誘導路の不整形など）が出たものの、2002年（平成14）4月には2本目の滑走路（暫定平行滑走路）が供用開始するなど次第に施設整備が進み、現在の姿になっていったのです。

3 航空機の性能・形状と空港施設

空港には様々な施設があり、それらは航空機の性能や形状と密接に結びついた機能や形態を持っています。この章では、空港の施設に着目して、航空機との関係を説明したいと思います。

1944年に締結された国際民間航空条約（通称：シカゴ条約）に基づいて設立された国際民間航空機関（ICAO：国連の専門機関）は、民間航空に関する世界的な統一ルールが必要な事項について、すべての締結国に原則的に適用される「標準」（Standards)、及びすべての締結国に統一的に適用されることが望ましいとされる「勧告」（Recommended Practices）を採択しています。それらは条約の附属書（Annex）として採択され、現在第1附属書から第19附属書までが制定されています。第10附属書「無線航法援助施設」、第14付属書「飛行場の設計及び運用」、第16附属書「航空機騒音」、第17附属書「セキュリティ」などが空港に拘わりますが、特に第14付属書は、各国における空港の各施設設計に当たって大きな指針となっていて、国際基準として認識されているのです。

（1）航空機離着陸距離と滑走路長

空港において最も空港らしい施設は、航空機が離着陸する滑走路ではないでしょうか。滑走路があるから航空機が離着陸でき、一方、航空機の離着陸に使用されない滑走路は無用の長物です。

空港によって滑走路の長さが違いますが、航空機の性能との関係で滑走路長は決まります。重たい大型ジェット機が使用する空港の滑走路は長く、軽い小型プロペラ機しか使用しない滑走路は短いということは分かりますが、もう少し具体的に説明しましょう。航空機の離着陸性能と空港の諸条件から求められる、航空機の「必要滑走路長」という考え方があります。

「必要滑走路長」を求めることには2つの意味があります。1つ目はこれから建設あるいは延長しようとする滑走路の長さを計画するための基礎として使用します。その空港の近い将来において最も長い滑走路長を必要とする航空機を設定し、その「必要滑走路長」を算定し、多少の余裕を加味した上で建設する滑走路長を計画します。2番目は一定の長さを持ったすでにある滑走路を使用して、その航空機が安全に離着陸できるかどうかを判別するために「必要滑走路長」を使用します。

では、ある航空機の「必要滑走路長」はどのように求めるのでしょうか。手順は2段階です。まず1段階目として、その航空機と就航路線を考慮して離陸重量・着陸重量を設定し、標準条件（空港標高：0m、気温：15℃、風：無風、滑走路勾配：0度、滑走路表面状態：乾燥）下における「必要滑走路長」を算出します。2段階目は算出した標準条件下での「必要滑走路長」に、当該空港の諸条件を考慮した補正を行って、最終的な「必要滑走路長」を求めるのです。

(1-1) 標準条件下での必要滑走路長の算出

標準条件下での必要滑走路長は、①全エンジンが正常な場合の離陸距離、②エンジンの一発が故障したが離陸を続ける場合の離陸距離、③エンジンが故障したため緊急停止する場合の加速停止距離、④着陸距離の4つの距離のうち最大の長さとします。②、③は航空機離陸時のエンジントラブル発生という事態を想定した安全対策です。

a) 通常の離陸距離（全エンジン正常な離陸の場合）

ある航空機とその離陸重量（機体、旅客、貨物、燃料の総重量）を決めます。その航空機の離陸性能から、一定の距離を滑走した後、滑走路から浮上し、35ft（10.5m）に達する地点までの距離を算定します。それに15％を加えた距離が「通常の離陸距離」になります。この15％加算は安全を考慮した余裕分です。制限表面のところで詳しく説明しますが、滑走路の末端から60m先の着陸帯端を開始点として進入表面（精密進入用の場合の勾配1/50）が設定されており、その表面から突出する障害物件はない状態が保たれますので、その勾配よりも急な角度で上昇する航空機は、安全な離陸が行えることになるのです。

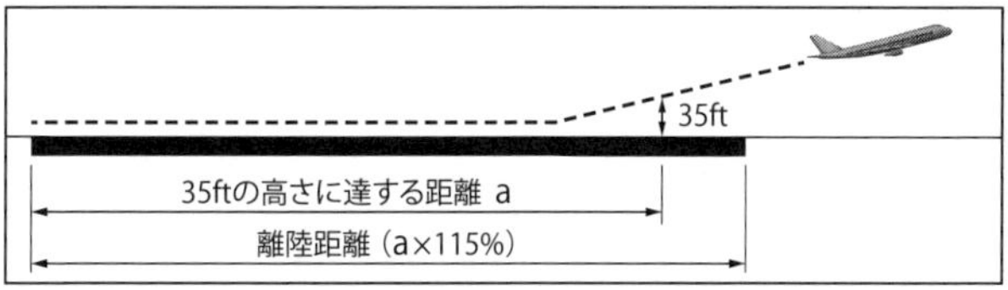

通常の離陸距離（全エンジン正常な離陸の場合）

b）エンジントラブル離陸距離（エンジン一発故障を伴う離陸の場合）

この「エンジントラブル離陸距離」を理解するためには、先に離陸決定速度（V１）を知っておく必要があります。離陸をするために滑走を開始した航空機は加速して次第に速度を上げていきます。そして、離陸を継続するか、それとも断念するかを決めなければならない速度（離陸決定速度）に達します。この速度を超えた後は、たとえエンジンのひとつが故障するようなトラブルが発生した場合でも離陸を継続することになります。最近の航空機は２発エンジンのものが多いので、その場合推進力が半分にダウンすることになります。それでも安全に離陸していくことのできる距離が「エンジントラブル離陸距離」です。勿論、エンジントラブルを抱えたまま相手の空港まで飛行することはないので、一定の高度まで上昇した後、その空港に戻って来ます。エンジンが２発とも一度に停止した場合は離陸を続けることはできず、滑走路から逸脱するという事故に繋がりますが、確率的に離陸時に２発のエンジンが両方とも故障することはないという考え方です

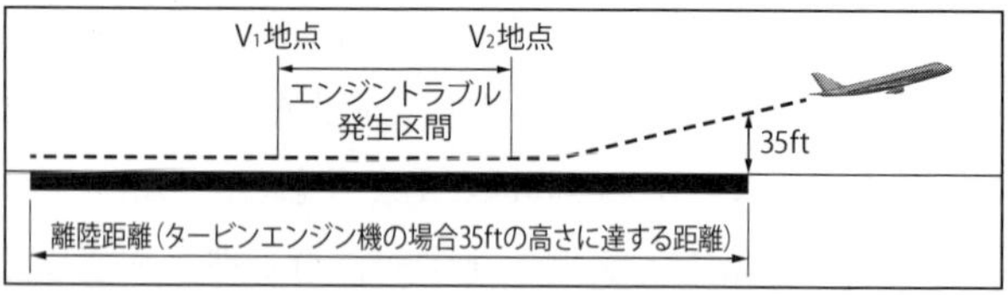

エンジントラブル離陸距離（エンジン一発故障を伴う離陸の場合）

ね。

参考までに、離陸決定速度の次に離陸安全速度（V２）という設定速度があり、この速度に達した航空機は安全な上昇をすることができることになります。

「エンジントラブル離陸距離」の算出に当たっては同様に、ある航空機とその離陸重量を決めます。その航空機の離陸性能から、一定の距離を滑走した後、離陸決定速度（V１）に達し、その直後にエンジントラブル（一発故障）が発生したとします。しかし推進力が減少したまま加速を継続し、滑走路から浮上して35ft（10.5m）に達する地点までの距離を算定します。理論的には、V１通過後暫くしてからのトラブル発生よりも直後の発生の場合の方が長い距離となりますので、こちらの方を設定します。この距離を「エンジントラブル離陸距離」とするのです。この場合余裕分は考慮しません。

c）エンジントラブル停止距離（エンジン故障による緊急停止の場合）

離陸決定速度（V１）に到達する前にエンジントラブルが発生した場合には、パイロットはすぐに航空機の停止行動に入ります。すでに一定の速度になっていますので、完全に停止するまでに一定の距離を減速走行することになります。

これも理論的には、V１に到達する直前のエンジン故障発生の場合が最も長い距離になりますので、その場合を設定して、加速を開始してからV１に達するまでの距離とそこから減速を開始して航空機が完全に停止するまでの距離を「エンジントラブル停止距離」とします。

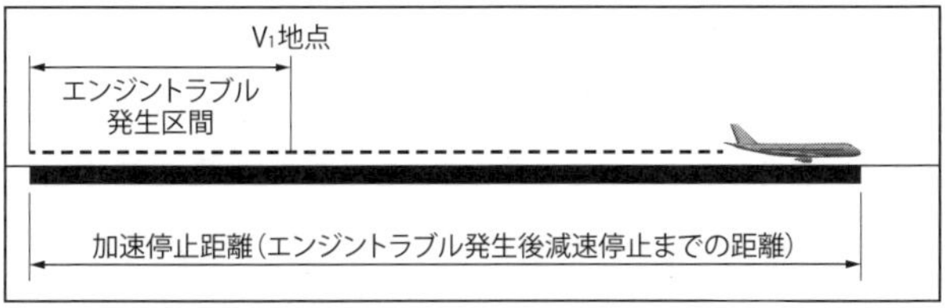

エンジントラブル停止距離（エンジン故障による緊急停止の場合）

d）着陸距離

航空機が着陸する場合、滑走路末端から内側へ約400m（滑走路長2,400m 以上の場合）の地点を目標に降りてきます。そのため、滑走路末端を高度50ft（15m）で通過すると考えます。タッチダウンした航空機はブレーキを掛けて減速し、完全に停止します。この滑走路末端通過から停止までの距離を0.6とし、それに0.4の余裕分を加えた距離が「着陸距離」です。実際の飛行では50ft 以上の高度での滑走路末端通過などもありますので、大きめの余裕分が取られているのだと思います。着陸後の航空機が滑走路上に停止することはほとんどありませんし、高速脱出誘導路が設置されている場合は、高速のまま滑走路を離脱するのが実態ですが、必要滑走路長を算定する場合の考え方だと理解してください。

参考までに、航空機は着陸時にエンジン逆噴射（リバース）を掛けて制動性能を高めますが、計算上リバースは余裕分として扱われ、主としてブレーキ能力を制動性能とします。

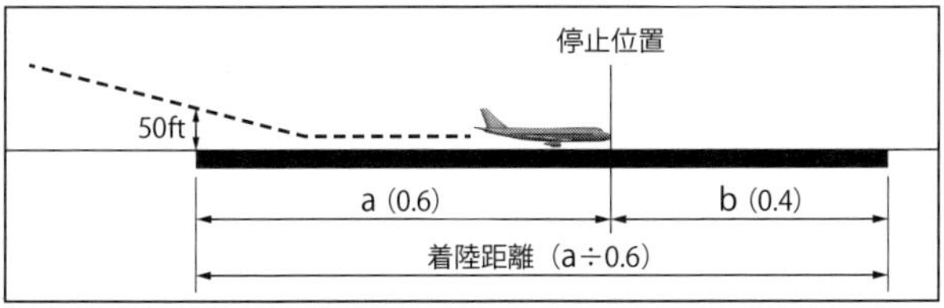

着陸距離

(1-2) 必要滑走路長の補正

標準条件下での必要滑走路長の算出を行った後は、その空港の置かれている条件に応じて、離陸距離、着陸距離の補正を行う必要があります。

a) 空港標高補正

標準条件として標高を0mという条件としましたが、実際の空港の標高は様々です。これを離陸に必要な滑走路長が、標高が300m上がる毎に7%伸びるとして補正します。

航空機はその翼の上下表面に空気の流れを受け、それによって揚力を得て浮き上がりますが、同じ速度の空気の流れ（航空機の速度）でも、空気の密度が薄い場合の方が濃い場合に比べて揚力が小さくなるのです。揚力が小さくなることは離陸に必要な距離が長くなるということですので、同じ航空機が離陸するためでも標高の高い空港の方がより長い滑走路長を必要とするのです。

実例を見てみましょう。チベットの中央部、人口65万人のシガッツエ市にあるシガッツエ・ピース空港の標高は3,782mと世界で最も高度の高い位置にある空港のひとつですが、その滑走路長は世界で2番目に長い5,000mです。

b) 気温補正

気温も空気密度を薄くする要因となり、高温になるほど密度が減少します。標準条件は15℃としましたが、地域によりまた同じ地域でも季節により気温は高くなります。気温が1℃上昇する毎に離陸に必要な距離は1%伸びます。従って、滑走路長を計画する場合は、その空港における最も高い季節の気温を設定することになります。

c) 風力補正

標準条件では、風は無風としました。通常の空港では、航空機の離着陸は、風のある場合は向かい風の方向に行いますので、無風の場合に比べてより大きな揚力を得ることができ、無風という条件設定のままで問題ありません。しかし便数の少ない空港で、市街地への航空機騒音影響をなるべく避ける目的から、海の方向への離陸、海の方向からの着陸を優先して行う優先滑走路方式が採用されている場合があります。この場合、5ノット（9.3km／時）以下の範囲で、風を後ろから受けての離着陸が行われる場合があるので揚力が減少し、その分、離陸あるいは着陸に必要な距離が増加します。

d）滑走路勾配補正

滑走路縦断勾配は0度であることが望ましく、標準条件はそのように設定されています。しかし実際の空港では、元々なだらかな勾配のある用地に滑走路を建設する場合、また山岳部を経済的に用地造成するために一定の傾斜を許容する必要がある場合等の実態があり、必ずしも0度勾配の滑走路ばかりではありません。縦断勾配が1％増加する毎に必要滑走路長が10％増加します。

参考までに、許容される滑走路縦断勾配には限度があり、国際基準で決められています。

e）滑走路表面状態補正

標準条件は、滑走路面は乾燥しているという設定でした。でも実際には路面が雨で濡れた状態になったり、空港によっては積雪・凍結の状態になったりしますので、その分着陸のための必要距離が長くなります。また、エンジントラブル停止距離を計算する場合の停止に要する部分の距離も長くなります。

(2) 航空機主脚幅と滑走路幅

次に滑走路の幅と航空機の主脚幅（主脚外縁間隔）の関係について説明します。

(2-1) 航空機コード記号と滑走路長コード番号

現代のジェット旅客機の脚のほとんどは、機首部にノーズギア（首脚）を、中央部にメインギア（主脚）を持つ配置です。地上走行における操舵装置の役割を有する首脚は1～2輪を持つ1脚の構成で、航空機重量のほとんどを支える主脚は航空機により2～4脚で構成され、1脚は4～6輪の構造です。この外側にある主脚の最も外側の部分を主脚外縁、左右主脚外縁間の間隔を主脚外縁間隔と呼ぶことにします。

ICAOでは、航空機を主脚外縁間隔と翼幅の組み合わせでA～Fの6つに区分し、これを航空機コード記号と呼んでいます。

また、滑走路をその長さに応じて1～4に区分し、それを滑走路長コード番号と呼んでいます。

航空機コード記号	翼幅（m）	主脚外縁間隔（m）	航空機（例）
A	15未満	4.5未満	BN2B
B	15以上24未満	4.5以上6未満	CRJ200、Beeech1900、DO228
C	24以上36未満	6以上9未満	B737、A319、A320、MD90、DHC800
D	36以上52未満	9以上14未満	B757、B767、B787-3、A300、A310
E	52以上65未満	9以上14未満	B747、B777、B787-9、A330、A340
F	65以上80未満	14以上16未満	A380

航空機コード記号

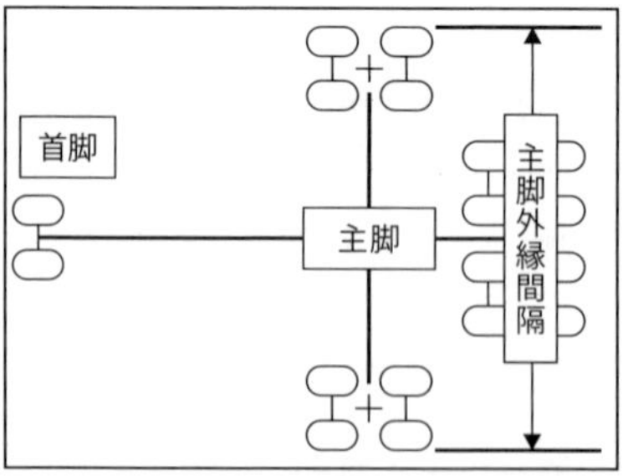

B747の脚配置

滑走路長コード番号	滑走路長
1	800m未満
2	800m以上、1,200m未満
3	1,200m以上、1,800m未満
4	1,800m以上

滑走路長コード番号

(2-2) 滑走路幅の国際基準

ICAO 基準では、滑走路幅は滑走路長コード番号と航空機コード記号の組み合わせによって、18、23、30、45、60m のいずれかを採用することになっています。

滑走路長コード番号	航空機コード記号					
	A	B	C	D	E	F
1	18m	18m	23m	−	−	−
2	23m	23m	23m	−	−	−
3	30m	30m	30m	45m	−	−
4	−	−	45m	45m	45m	60m

滑走路幅

(2-3) 主脚外縁のブレを考慮した滑走路幅の設定

ではこの滑走路幅の基準は、それを使用する航空機との関係においてどのような考え方で作られているのでしょうか。滑走路に着陸してくる航空機のパイロットは当然、機体の中心軸（機軸）が滑走路中心線に一致するように着陸しようとします。しかし横風の影響などもあり、実際にはタッチダウン時に左右への機軸のブレが発生します。ブレの距離毎の発生分布は正規分布を描き、滑走路中心部の発生確率が最も高く、裾野に行くとそれが減少し、裾野端部では確率 0（実際には限りなく 0 に近い確率）になる傾向を示します。この地点を機軸最大ブレ位置と呼ぶことにします。滑走路中心線から機軸最大ブレ位置までの距離は、実態調査によって求めることになります。機軸のブレに伴って、主脚外縁にも同様の分布曲線で左右へのブレが発生します。そして機軸と同様に、主脚外縁の最大ブレ位置を得ることができます。この位置のさらに外側に安全を考慮した余裕分の距離を加えて、その地点を滑走路の外縁部とします。こうして滑走路幅を決めているのです。

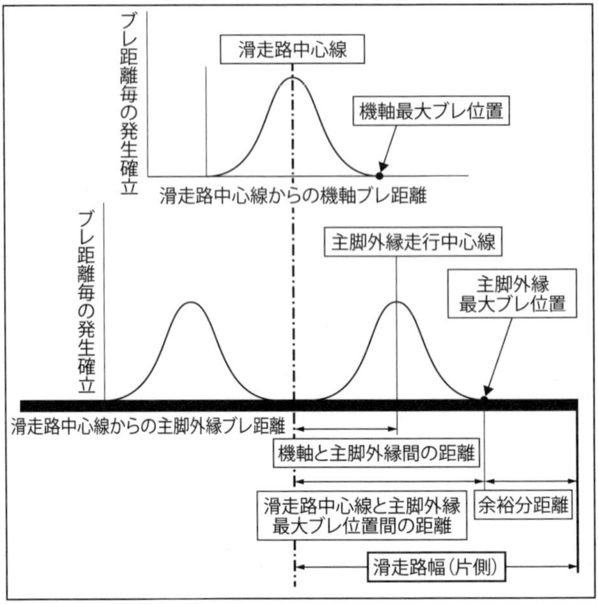

滑走路幅設定の考え方

(3) 航空機横風限界と滑走路方位

進入するジェット旅客機は次第に速度を落とし、機種にもよりますが140ノット（時速260km）程度の速度で滑走路に着陸します。正面から吹いている風に対してはその風速がいくら速くとも問題ないのですが、横から受ける風からは大きな影響を受けます。その横風（斜め前から受ける風の場合は、風力の真横成分）の限界速度は通常のジェット旅客機では20ノット（時速37km）と言われています。横風がそれ以上強いと着陸を断念しなければなりません。これが小型プロペラ機になると限界速度は10ノット（時速18.5km）と小さくなります。滑走路の方向は、その空港のウインドカバレッジ（風の条件から見た年間就航率）に大きな影響を与えるのです。

ウインドカバレッジはウインドローズ（風配図）と横風限界風

力から求めます。ウインドローズ作成にはまず、その地点における3年間分以上の風向と風力を組み合わせた観測データを収集します。それらのデータを使用し、例えば、風向を36等分、風力をノット単位で5以下、5-10、10-15、15-20、20-30、30以上に分けた枠を作り、各枠の中に年間平均の出現頻度を％単位で記入します。このようにして作成したウインドローズに対して、滑走路と同方向で、横風限界風力の円に接する2本の平行な直線を引き、その間に挟まれた数値を合計してウインドカバレッジを求めるのです。

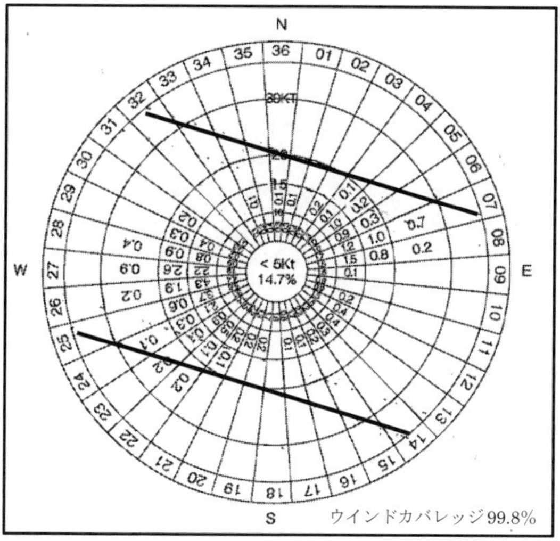

ウインドローズとウインドカバレッジ

ウインドカバレッジを求めることにより、新滑走路の方向を計画する場合には、その方向の適正を確認することができますし、すでにある滑走路の場合は、就航する航空機の、風条件に対する年間就航率を知ることができるのです。

国際基準では横風限界風力は、長さ1,500m以上の滑走路の場合20ノット（37km／時）、1,200m以上1,500m未満では13ノット（24km／時）、1,200m未満では10ノット（18.5km／時）としていますが、そのような各滑走路長クラスでの離着陸が可能な航空機グループの横風限界風力を考慮して定められているのです。つまり、ジェット旅客機（機種により必要な滑走路長は変わり、少なくとも1,500mは必要）のようなクラスは横風に強く、長さ1,200m以下の滑走路でも離着陸できるような小型プロペラ機は横風に弱いということです。従って、八尾空港のように小型プロ

八尾空港

ペラ機使用を主とするゼネラルアビエーション用空港は、主滑走路の他に斜めに配置された横風用滑走路を持つことが多いのです。

(4) 航空機離着陸と滑走路処理容量

(4-1) 単独滑走路の滑走路処理容量

滑走路１本の１時間当たり処理容量は、着陸機だけを連続して処理する場合、離陸だけの場合、着陸機と離陸機を交互に処理する場合では異なります。様々な条件（例えば着陸機間安全間隔、離陸機間安全間隔、着陸後の離陸機発進安全間隔、航空機の滑走路占有時間等）を設定の上で、１時間当たりの着陸機と離陸機の割合を少しずつ変化させ、その時の単独滑走路処理容量を算出したものをスライディングスケールと言います。実際には空港の滑走路や誘導路の設置状況によって異なるのですが、ある設定の滑走路について試算した表を示します。これを見ると、着陸と離陸の割合が同程度の場合には、１時間に概ね35機の処理容量があることが分かります。着陸の割合が多くなると、処理能力は下がって来る傾向があります。

着陸回数（回／時）	離陸回数（回／時）	着陸割合（%）	滑走路処理容量（機／時）
0	34	0	34
1	34	3	35
10	26	14	36
11	25	16	36
14	21	40	35
15	20	43	35
21	11	66	32
22	8	73	30

滑走路処理容量スライディングスケール（試算）

一方米国の書籍（Airport Planning & Management）には、別の形で単独滑走路処理容量が示されています。小型プロペラ機の空港使用が多いという米国の航空事情を反映したデータで、航空機をその最大離陸重量で小型機（概ね、19人乗りドルニエ以下の航空機）、中型機（概ねB767 以下で、小型機を超える航空機）、大型機（中型機を超える航空機）の3つのグループに分け、中型機割合と3倍した大型機割合の合計値のクラス毎に、有視界飛行と計器飛行に分けて滑走路処理容量を示しています。

「中型機数」+「大型機数×3」の割合（%）	滑走路処理容量（機）	
	有視界飛行	計器飛行
0～20	98	59
21～50	74	57
51～80	63	56
81～120	55	53
121～180	51	50

滑走路処理容量

(4-2) 複数滑走路の滑走路処理容量

1本の滑走路だけでは処理容量が不足する場合、平行滑走路を設置して容量の拡大を行いますが、その配置形態には大きく分けてオープンパラレル配置とクロースパラレル配置の2種類があります。オープンパラレル配置はICAO基準で、滑走路中心線間隔が1,310m 以上とされ、一定の条件（着陸側：2本の飛行経路間に不可侵区域を設置し管制官による監視。離陸

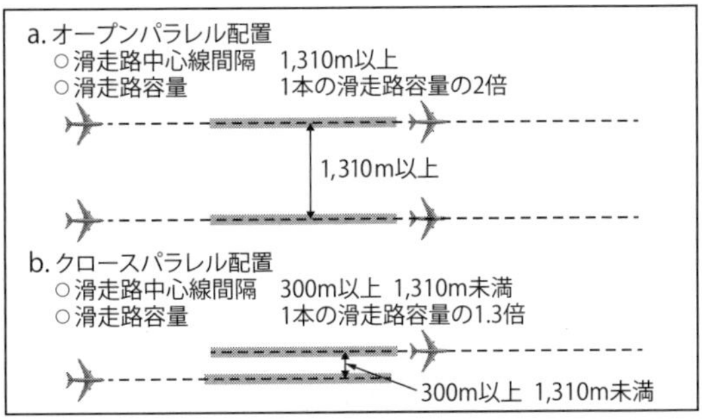

オープン・クロースパラレル配置の滑走路処理容量

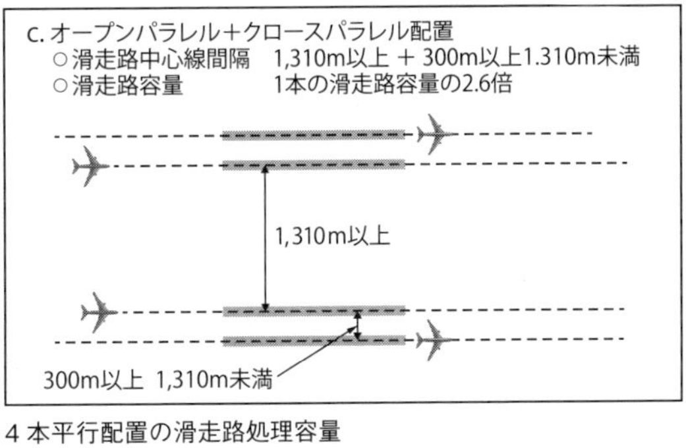

4本平行配置の滑走路処理容量

側：離陸後2つの飛行経路がお互いに離れていくコースの設定。）を満足する場合、2本の滑走路の離陸・着陸を独立運用することができます。従って、2本の滑走路を合わせた処理容量は単独滑走路の2倍になります。これに対してクロースパラレル滑走路は中心線間隔が1,310m 未満の配置で独立運用ができず、通常一方を着陸用、もう一方を離陸用として使用します。この場合の処理容量は単独滑走路の1.3倍程度と言われています。さらに大規模な空港になると、クロースパラレル配置の2組の滑走路をオープンパラレルに配置することによって大きな容量を得ることができます。この場合、単独滑走路の約2.6倍の処理容量を得ることになります。

(5) 航空機荷重と滑走路舗装構造

民間空港の滑走路はアスファルトかコンクリートですが、日本では、補修や改修を短時間で行うことができるという長所を考慮してアスファルト舗装が使用されています。滑走路厚は、その上に乗る航空機の荷重の大きさと走行回数を考慮して決定されます。しかし1本の滑走路全体が同じ厚さではありません。輪切りにしてみると、中央部（幅20m 程度）が厚く、その両脇の部分がそれに比べて薄い構造になっています。航空機は離陸・着陸時、ほとんど滑走路中央を走行するので、縁部は経済性も考慮し、少し薄い構造にしているのです。一方滑走路の中心線に沿って縦に切ってみると、両端部（滑走路全長の1/5程度ずつ）は厚く、中央の部分は薄い構造をしています。滑走路両端部は航空機燃料を大量に搭載した航空機が載る部分ですので、舗装に大きな荷重を

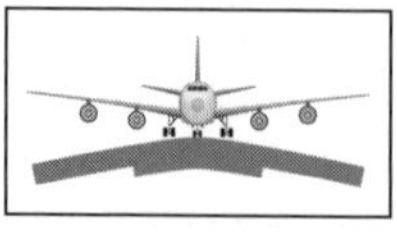

滑走路舗装横断面

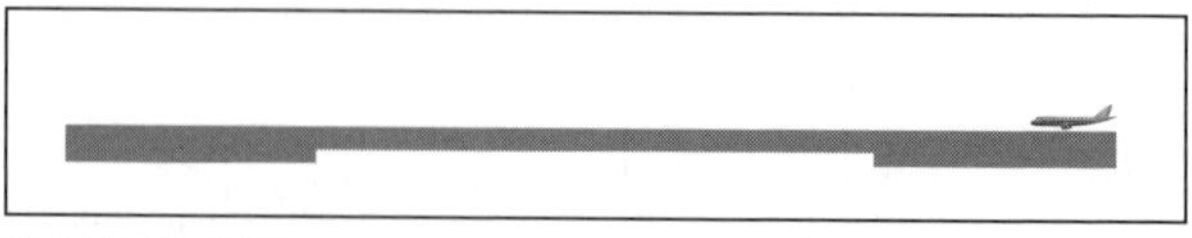

滑走路舗装縦断面

掛けることになります。それに比べ中央部では、離陸するために加速を開始した航空機は揚力を得て次第に路面に掛かる荷重を減らしていくので、薄い厚みとすることが可能なのです。着陸機は滑走路の中央部も走行しますが、大量の燃料を使い終っているので、航空機重量が離陸時に比べて軽くなっていることが考慮されています。

(6) 航空機着陸とグルービング

時速200km 程度の速度でタッチダウンした航空機は急激な減速を行いますが、それには主脚車輪についているブレーキ装置、エンジンのリバース・スラスト・システム（逆噴射装置）、主翼に付いているスポイラー（制動板）の3つが使用されます。このうち逆噴射装置とスポイラーは速度の速い初めのうちだけで、減速とともに制動効果が減少してしまいます。着陸全域にわたって最も有効な制動効果を発揮するのは車輪のブレーキ装置です。ブレーキ装置によって車輪の回転が抑えられ、車輪のゴムタイヤと滑走路表面との摩擦によって航空機は減速します。従って、乾いた路面状態のように表面の摩擦係数が十分に大きい場合には短い距離での減速が可能ですが、濡れた路面では長くなります。特に滑走路表面に水膜ができた状態では、ハイドロプレーニング現象によってブレーキやコントロールが効かなくなり、オーバーランや滑走路逸脱の危険性が増してしまうのです。このため路面上の排水性能を高める目的で、滑走路の横断方向にグルービング（排水溝）を切っています。滑走路には、中心線から外側に向かって下がる排水勾配がついていますので、グルービングの効果がさらに高められることになるのです。

グルービング

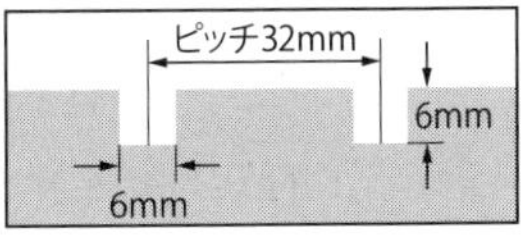

(7) 航空機逸脱・進入復行と着陸帯

滑走路は、航空機の離着陸に際してそれを逸脱することがないよう、幅の確保がなされています。しかし、上空で機体トラブルが発生した航空機の着陸、急な横風の発生、路面凍結による操作不能等の原因により滑走路を逸脱した場合に備え、搭乗者や機体の損傷を可能な限り軽減するための対策が必要です。着陸帯はその役割を担う施設で、滑走路の周囲に矩形に設置します。未舗装（土砂の飛散を防ぐため通常は芝で覆う）とすることにより、滑走路を逸脱した航空機の車輪が土砂にめり込み、ブレーキが掛かることによって、着陸帯の外へ航空機が飛び出すことを防ぐのです。着陸帯の長さは、滑走路長に過走帯長さ（60m 以上）を加えた長さです。着陸帯幅は滑走路長によって異なりますが、滑走路長が1,280m 以上の場合、精密進入（ILS 進入、精密進入レーダー進入）の着陸帯は300m、非精密進入（VOR/DME 進入、有視界進入など）の着陸帯は150m です。

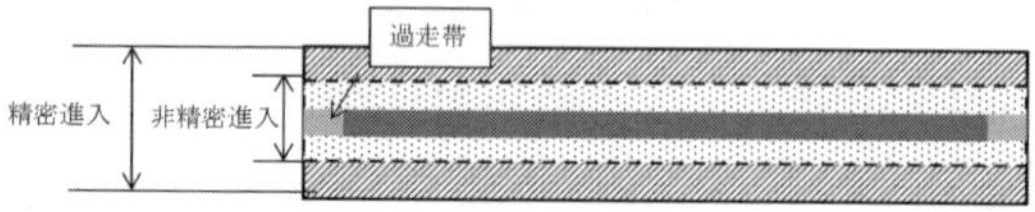

着陸帯

滑走路長の区分	着陸帯幅	
	精密進入用	非精密進入用
1,280m 以上	300m 以上	150m 以上
900m 以上1,280m 未満	300m 以上	120m 以上
500m 以上900m 未満	150m 以上	60m 以上

着陸帯の幅

着陸帯のもうひとつの役割は、航空機が進入復行する場合の空間の確保です。視界の悪い中を滑走路の直前まで進入してきた着陸機のパイロットが、まだ滑走路上にいる先行着陸機を発見した状況を想定してみましょう。パイロットは当然着陸を止めて、航空機を再上昇（進入復行）させますがこの時、直進しながら上昇するよりも片側に進路を変えながら上昇した方が先行機に衝突するリスクが少なくなります。一定の幅を持った着陸帯は、この左右の上昇空間形成に役に立っているのです。そのまま上昇を続けるための空間は、この後説明する、着陸帯縁部から上方に伸びる転移表面によって確保されることになります。

(8) 航空機逸脱と過走帯・滑走路端安全区域

着陸帯が、航空機の側方逸脱に対して人命や航空機の損傷を軽減するための安全対策施設であるのに対して、滑走路端部方向への逸脱に対する安全対策として設置されるのが、過走帯（オーバーラン）と滑走路端安全区域（RESA）です。

過走帯は、航空機が着陸や離陸時の緊急停止の際に滑走路内で停止できなかった時に備え、舗装されている部分です。幅は滑走路と同じ幅で、長さは60m 以上としますが、多くの空港では60m です。従って、航空機が過走帯を越えてしまう場合があって、空港境界の外側近くにある道路や河川などに飛び出すと搭乗者や航空機の損傷を大きく拡大することになります。

この問題を解決するために設置される施設が滑走路端安全区域です。過走帯と異なり舗装はせず、乗り入れた航空機の脚が土にめり込むことによって、大きなブレーキが掛かることを期待され

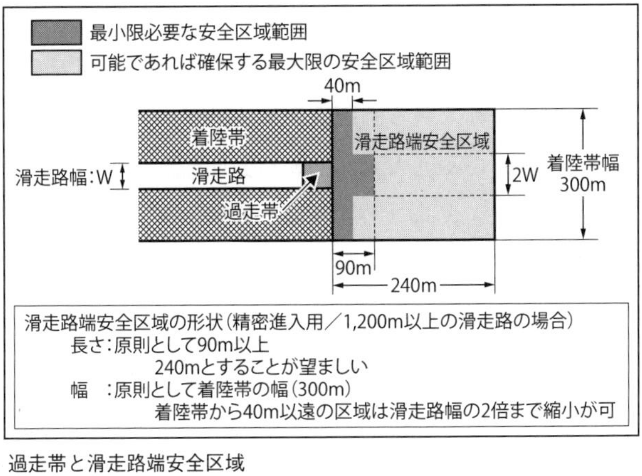

過走帯と滑走路端安全区域

アレスティングシステム

ています。着陸帯の機能と同様、大きな衝撃を受け、場合によっては脚の破損があるかもしれませんが、人と機体へのダメージは軽減されることになります。その形状は、滑走路長や精密進入（ILS使用による着陸）か否かによって異なりますが、1,200m以上の滑走路で精密進入の場合、理想的には長さは240m、幅は着陸帯と同じ幅ですが、基準に従ってその大きさを縮小することができます。空港の立地条件からその最小形状さえも確保できない場合の処置として、アレスティングシステムと呼ぶ、適度に柔らかで容易に崩壊するコンクリートのベッドを敷き詰める方法があります。航空機の脚に対する緊急制動能力が土よりも強力なので、より短い長さのエリアで、ブレーキ効果を発揮することができるからです。

(9) 航空機離着陸空間確保のための制限表面

航空機が離着陸するためには滑走路が必要ですが、それだけでは十分ではなく、滑走路の周辺に一定の空間が確保されている必要があります。この空間を形成しているのが制限表面です。日本の航空法で定められている制限表面は、6つの表面から構成されています。内側にある進入表面、転移表面、水平表面、及びその外側にある延長進入表面、円錐表面、外側水平表面です。進入表面は着陸帯末端部から、転移表面は着陸帯縁部から始まる表面で、水平表面の高さは空港の標点（滑走路の幾何学的重心）からの高さです。山岳、建物、樹木等がこれらの制限表面上に突出してはならないと法律で定めることにより、航空機が安全に離着陸するための空間をつくり出しているのです。従って、これらの制限表

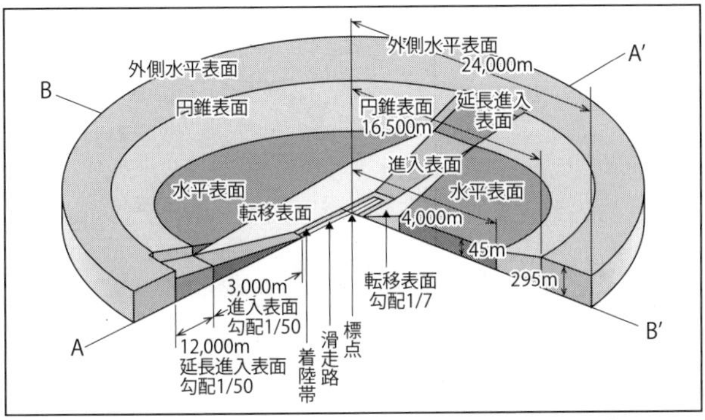

制限表面（日本）

		精密進入用	非精密進入用
進入表面	水平長さ	3,000m	
	内側底辺長	着陸帯の幅	
	外側底辺長	1,200m	750m
	勾配	1/50	A～D：1/40、E・F：1/30～1/40、G：1/25、H：1/20
転移表面	勾配	1/7	
水平表面	半径の長さ	A：4,000m、B：3,500m、C：3,000m、D：2,500m、E：2,000m、F：1,800m、G：1,500、H：1,000m,	
	標点からの高さ	45m	
延長進入表面	長さ	進入表面外側底辺から12,000m	
	内側底辺長	進入表面外側表面の長さ	
	勾配	進入表面の勾配と同等	
円錐表面	勾配	1/50	A～D：1/40、E：1/30、F～H：1/20
	半径	1,6500m	A：10,000m、B：8,000m、C～E：6,000m、F～H：4,000m
外側水平表面	標点からの高さ	円錐表面の上縁と同じ	
	半径の長さ	2,400m	

※ A～H は着陸帯の等級で、滑走路長に対応
A：滑走路長2,550m 以上、B：2,150m 以上2,550m 未満、C：1,800m 以上2,150m 未満、D：1,500m 以上1,800m 未満、E：1,280m 以上1,500m 未満、F：1,080m 以上1,280m 未満、G：900m 以上1,080m 未満、H：500m 以上900m 未満

日本の制限表面の規格

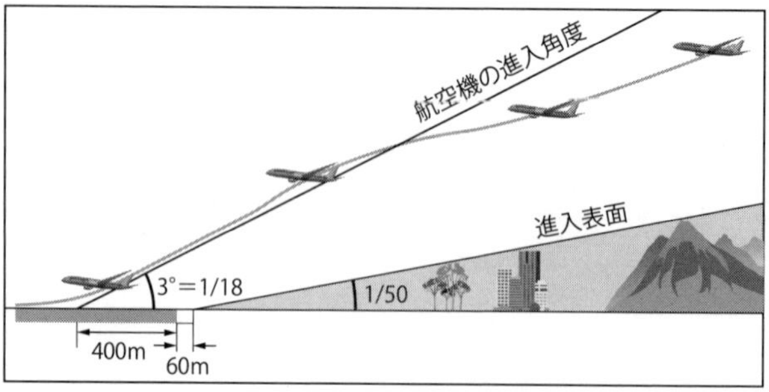

航空機進入角度と進入表面

面は、航空機の離陸・出発、また着陸・到着の立体的な飛行経路と大きく関わっています。

進入表面について見てみましょう。航空機が滑走路に着陸する前には直線的な進入経路部分が必要ですが、そのための空間は、長さ3,000m、勾配50分の１の、細長い台形状をした進入表面で守られています。航空機がその区間を進入する標準的な角度は３％ですが、実際にはそれを下回りながら進入する場合もあるので、進入表面はそれよりも低めに設定されているのです。滑走路に向かって次第に狭くなる進入表面の幅も、進入する航空機の実際の経路が左右にぶれることを考慮し、多少の余裕を持って設定されています。長さ3,000m は、ILS を使用しない場合に必要な直線進入区間の距離を考慮しています。

延長進入表面は、進入表面の延長形状として設定されています。ILS 進入を行う場合、直線進入区間の距離は概ね10km が必要です。その距離を考慮し、多少の余裕を持って延長進入表面の長さが設定されています。ILS 進入を行わない側の滑走路には延長進入表面を設置する必要はありませんし、逆に山岳部などの存在によって延長進入表面が設置できない場合には、ILS 進入を設定することができないことになります。

転移表面は、航空機の飛行とどのような関係があるのでしょうか。航空機の飛行は常に安全が考慮されており、たとえトラブルが発生してもそれが事故に繋がらないように考えられています。

前述のように、着陸のために滑走路直前まで進入してきた航空機が、先行する航空機が何らかのトラブルで滑走路上に停止しているのを見つけ、着陸を止めて進入復行して上昇します。この時、滑走路方向に進入復行するよりも側方に旋回しながら上昇する方が先行機との衝突を回避する確率が高まります。このための空間を、着陸帯の側方縁部から勾配1/7で上昇する表面として設定されている転移表面が作り出しているのです。

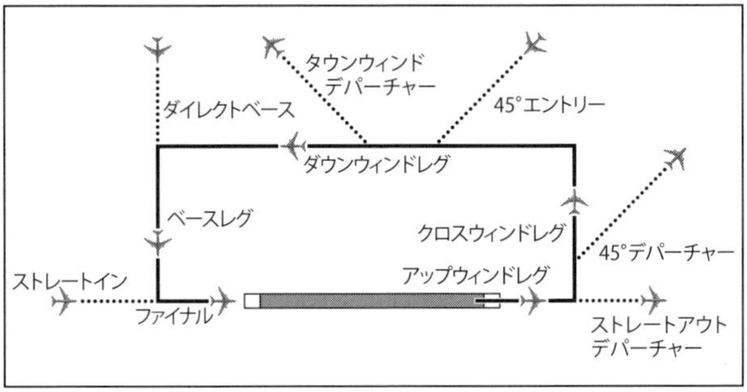

場周経路

水平表面はどうでしょうか。滑走路に目視で離着陸する航空機が飛行する標準の飛行経路として、滑走路を含む直線を一辺とする周回経路である場周経路（トラフィックパターン）が設定されます。この経路のための空間確保が水平表面の役割になります。

円錐表面と外側水平表面は、最終進入経路（ILS 進入・VOL/DME 進入など）に至る中間進入経路などの空間確保の役割を担いますが、常にその全域が必要ということではなく、経路形成上必要な範囲を設定するのです。

ICAO では標準的な制限表面を定めています。日本の制限表面と比較すると、各表面の名称が異なるだけではなく、形状も異なっています。日本の進入表面に相当するのが内側進入表面で、その傾斜角度は２％（1/50）と変わりませんが、日本の外側進入表面（勾配1/50）に相当する進入表面の傾斜は大きく異なります。３つの区間に分かれ、滑走路に近い方から順に、２％（1/50）、2.5％（1/40）、０％の勾配です。日本の水平表面に該当する内側水平表面は、水平表面が標点を中心とする円形なのに対して、滑走路に平行な直線と滑走路両末端部を中心とする２つの半円から構成される長円形です。転移表面（勾配1/7）に相当する内側転移表面と転移表面は、その勾配がそれぞれ33.3％（1/3）、14.3%（1/7）なのです。

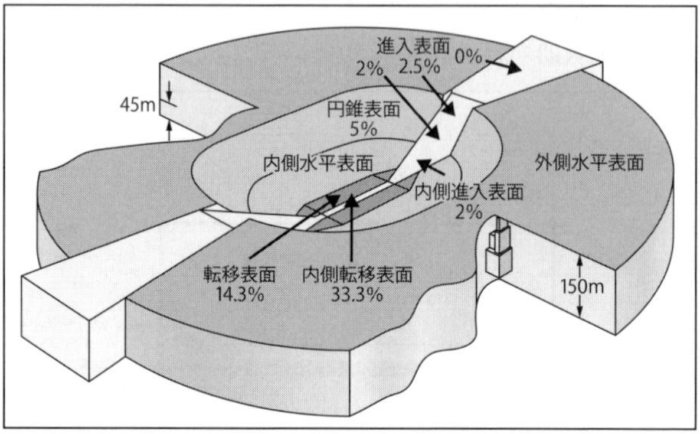

ICAO 制限表面（一部分省略）

日本の制限表面は制定当時、その時点でのICAO基準に合わせて作成されたのだと考えられますが、その後の運航方式の進展や研究結果を踏まえてICAO制限表面は修正されていきました。本来であれば、我が国の制限表面は現行のICAO基準に整合するものに修正されるべきなのですが、それには大変難しい問題を抱えています。制限表面は、航空機の進入・出発のための安全な空間を確保するために設けられます。そのため航空法に基づき、法的な手続き（制限表面を指定する予定という告示、それに対する意見を聞くための公聴会の開催、制限表面を指定したという告示）を経て指定した上で、指定された制限表面下の土地利用を制限しています。法律に基づいて指定された制限表面を越える建物や建造物を建設することを禁止しているのです。仮にその制限表面の形状を変更しようとした場合、従来は問題のなかった高さの建物などが新たな制限表面に抵触するという問題等が発生し、現実には修正が難しいのです。

(10) 航空機地上転回のためのターニングパッド

平行誘導路を併設していない滑走路の場合、離陸する航空機はいったん滑走路上を末端部まで走行し、転回して離陸姿勢に入ります。この時滑走路幅に対して転回半径の大きな航空機の場合、円滑な転回が難しくなります。このため滑走路末端部に膨らみを設けて円滑に転回できるようにしますが、この膨らみをターニングパッドと呼んでいます。

ターニングパッド

(11) 航空機離着陸能力と誘導路

1本の滑走路が1時間に何機の離着陸を処理する能力を持っているかは大変重要な要素です。これを決定する最も大きな要因は、航空機の「滑走路占有時間」なのです。1機の航空機が滑走路上にいる間は、他の航空機はその滑走路に離着陸することができません。その航空機が滑走路を占有する時間を短くすればするほど、離着陸能力は増加します。この占有時間減少に大きな役割を果たすのが誘導路システムです。

最も簡単な誘導路システムは、滑走路とエプロンを繋ぐ1本の取付誘導路ですが、この場合、離陸する航空機は滑走路に入った後末端まで走行し、転回して離陸を開始します。また着陸機は一旦滑走路末端まで走行し、ターニングパッド上で転回した後、滑走路上を走行し出口となる誘導路に辿り着きます。滑走路上を走行する時間がとても長いのです。

平行誘導路と数本の取付誘導路から構成されるシステムの場合は、航空機の滑走路上の走行時間は大幅に短縮されます。離陸す

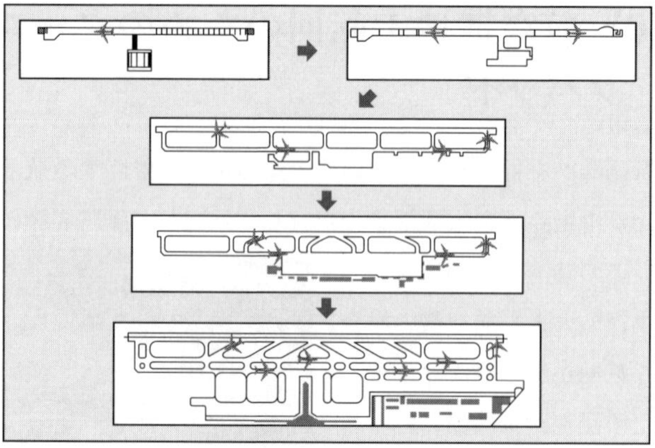

誘導路システムと航空機離着陸能力

るために滑走路末端部の取付誘導路上で待機する航空機は、先行機が滑走路を離脱後すぐに滑走路に入って、離陸を開始することができます。着陸した航空機は速度を落とした後、滑走路末端まで行く必要はなく、最も近くにある取付誘導路を使用して滑走路を離脱することができるのです。航空機によって、取付誘導路への離脱が可能な速度まで減速するために必要な着陸距離は異なるので、取付誘導路を一定間隔を置いて複数配置することが、有効な滑走路占有時間短縮に繋がります。概ね500m 毎に1本の取付誘導路を配置している空港が多くあります。1時間当たり8回程度以上の離着陸が発生する空港の場合は平行誘導路の設置が必要になると言われています。

着陸機が高速のまま滑走路を離脱できる高速脱出誘導路がシステムに組み込まれると、滑走路占有時間はさらに短縮されます。航空機が時速約90km で滑走路から安全に離脱できるようにするという考え方の下に、高速脱出誘導路の分岐曲線は半径550m 以上を確保し、滑走路との中心線交差角度は30° 程度（25° 以上45° 未満）とします。また、分岐曲線後に75m 以上の直線距離を設けることにより、十分な減速後に接続する平行誘導路に進入するようにします。航空機によって高速脱出誘導路の離脱速度に減速する着陸距離が異なるので、高速脱出誘導路を適当な間隔（約

450m)を置いて複数箇所設置することが、滑走路占有時間の減少に効果的です。ICAOでは、航空機の減速性能を考慮し、高速脱出誘導路離脱速度に到達する距離に応じて、航空機を4つのグループに分けています。グループAにはDHC 7、DC 3など、BにはF28、DC 6など、CにはA300、B757、B767など、そしてDにはA340、B747、B777などが含まれています。その空港にどのグループの航空機が就航しているかによって、高速脱出誘導路の数とそれぞれの適切な位置を計画するのです。ほとんどグループC、Dの航空機であれば高速誘導路は2本で済みますが、すべてのグループの航空機がまんべんなく就航している空港では4本の誘導路を設置することになります。それによって全体としての滑走路占有時間を最小にすることができるのです。時間当たり25回以上の離着陸を行う滑走路が高速脱出誘導路設置の対象になると言われています。

(12) 航空機主脚幅と誘導路幅

「航空機主脚幅と滑走路幅」のところで記述したとおり、ICAO基準によって航空機コード毎に航空機の主脚外縁間隔が区分されています。航空機が誘導路上を走行する場合、パイロットは首脚が中心線上に乗るように操縦しますが、それでも左右へのブレが発生することを想定する必要があります。従って誘導路幅は、その誘導路を走行する最大航空機の主脚外縁間隔が4.5mの場合は両側1.5mずつの最小余裕幅、6mの場合は2.25m、また9m、14m、16mの場合は4.5m(ただし、首脚・主脚間隔が18m

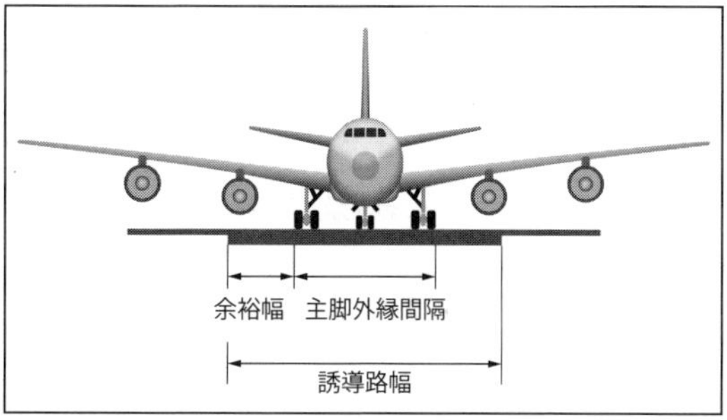

誘導路幅

未満の場合は3m）の最小余裕幅を確保して設置します。この結果、誘導路幅は、航空機コードD（B737、A320など）やE（B747、B777、B787など）では23m以上、F（A380）では25m以上となります。日本を含め、大規模空港では誘導路幅30mが確保されている空港が見られます。

(13) 航空機主翼幅と誘導路帯

誘導路上を走行する航空機は、その両翼が障害物に衝突することなく安全に走行できることが必要です。このため誘導路には、固定障害物を設置しないエリアである誘導路帯を設けます。誘導路帯幅は、誘導路中心線と固定障害物との間隔を両側に取った長さとします。誘導路中心線・固定障害物の間隔は、滑走路長さの区分（つまりその誘導路を走行すると想定される最大の航空機クラス）によって異なり、基準により滑走路長1,800m以上2,150未満の場合は37m以上、2,150m以上の区分では43.5m以上とします。

B747が走行する誘導路の場合、必要滑走路長を考えるとその間隔は43.5mです。同機の全福は65mですので、翼端と固定障害物のクリアランスは少なくとも11mが確保されることになります。A380の場合は全幅80mなので、間隔を43.5mとすると、クリアランスは3.5mとなり、大変短いものとなってしまいます。

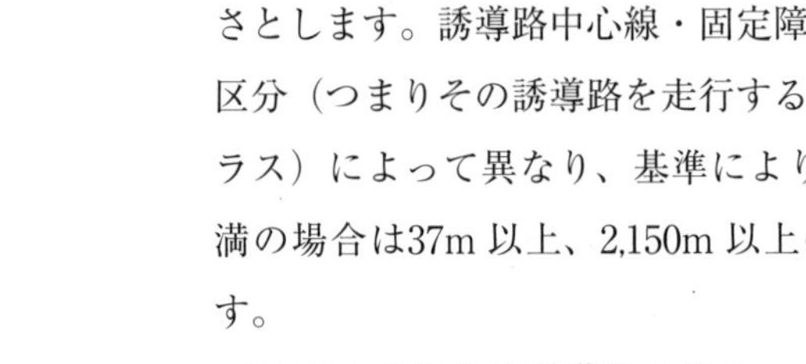

誘導路帯

基準では、誘導路の交差部・曲線部においては、航空機の首脚が誘導路中心線を走行する場合の翼端と固定障害物との間のクリアランスを、前述の航空機コード区分別に、A・B・Cは8m以上、D・E・Fは

11m 以上としています。従ってＥに属する B747のクリアランスは直線部と曲線部が同じ値となります。一方でＦに属する A380も11m のクリアランスを求められていますので、これを前提とすると、A380が走行する誘導路直線部における誘導路中心線・固定障害物の間隔は51m 以上が求められることになります。

以前は、誘導路と固定障害物間のクリアランスは15m 以上とされていましたので、最小クリアランスが４m 短くなったことになります。

(14) 滑走路・誘導路中心線間隔

滑走路の側方に平行誘導路を設置する場合、どの程度離して設置すれば良いのでしょうか。２つのことを考慮する必要があります。１つ目は、「平行誘導路を走行中の航空機の翼端が着陸帯を侵害しないようにする」という考え方です。例えば滑走路が1,800m 以上で、精密進入滑走路（ILS を使用した進入を行う滑走路）の場合、着陸帯幅は300m なので、滑走路中心線から着陸帯末端までの距離は150m です。これに対し、この最大就航航空機を航空機コードＥ（B747、B777など）だとすると、機体幅は65m なので、平行誘導路中心線から翼端までの長さは32.5m です。従って、滑走路中心線と平行誘導路中心線の間隔は182.5m 以上とします。

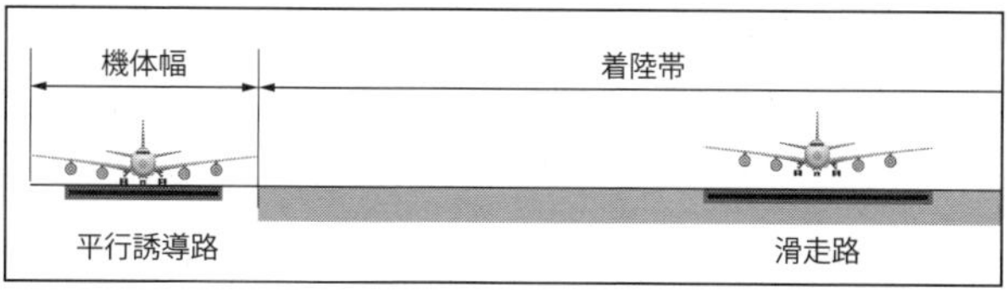

滑走路と平行誘導路の間隔(1)

２つ目に考えなければならないのは、「取付誘導路の停止位置に航空機が停止している場合に、その背後の平行誘導路上を航空機が一定のクリアランスを保ちながら走行することができるようにする」ことです。滑走路と平行誘導路の中心線間隔は、「①滑走路中心線から停止位置標識までの距離」＋「②最大就航航空機の全長」＋「③誘導路中心線から障害物までの距離」ということになります。例えば、航空機コードＥが就航する、ILS（CAT-Ⅰ）が設置された空港では、①が75m以上、②が70m、③が43.5m以上なので、滑走路と平行誘導路の中心線間隔は、188.5m以上が必要ということになります。この考え方は取付誘導路に航空機が停止中にその背後を別の航空機が通過する状況が発生する空港の場合に考慮する必要があるのです。

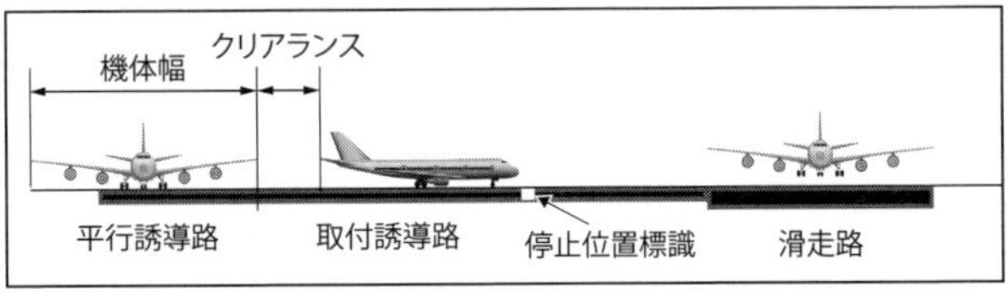

滑走路と平行誘導路の間隔(2)

(15) 航空機翼端クリアランス

航空機がエプロン上を走行する時、他機等との間に一定のクリアランスを設けることは、安全走行上重要です。航空機コードによって、また航空機が走行する場所によって異なるクリアランスが設定されています。B747が属する航空機コードＥを例に取ると、誘導路と同等の機能を有するエプロン誘導路の中心線と駐機航空機との基準上の間隔（a）は43.5m以上で、翼端からのクリアランスは11m以上と、誘導路と同じです。これに対して、エプロンの内側に設けられたスポット誘導経路の中心線と駐機航空機の間隔（b）は40m以上でクリアランスは7.5m以上です。スポット誘導経路上

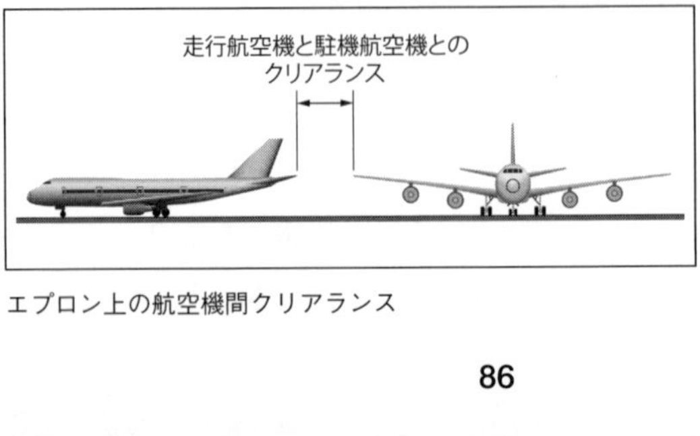

エプロン上の航空機間クリアランス

での走行速度がエプロン誘導路よりも遅くなることが配慮された設定です。駐機している航空機間の翼端クリアランス（c）も同様に7.5m以上という基準です。

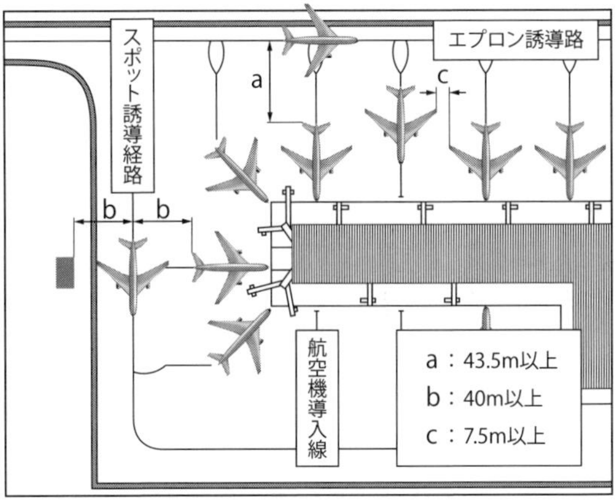

エプロン上の航空機間クリアランス

(16) 航空機駐機方式とエプロン形状

航空機駐機方式には、ノーズイン・プッシュアウト駐機方式と自走駐機方式があります。ノーズイン・プッシュアウト駐機方式は、中大規模空港の固定スポット（搭乗橋で搭乗ゲートと１対１に結ばれたスポット）において使われていて、到着時には機首を旅客ターミナルビルに向けて自走で駐機し、出発時には牽引車で押し出す方式です。隣り合う航空機間の間隔が最小限で済むため、ターミナルビル前になるべく多くの航空機を駐機させるのに適しています。旅客の乗降には搭乗橋が使用されます。これに対して自走駐機方式は、小規模空港や、コストの掛からない簡易な施設を求める中規模

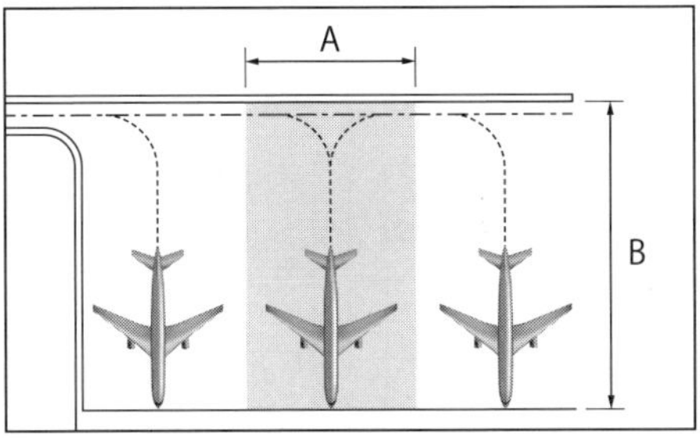

ノーズイン・プッシュアウト駐機方式

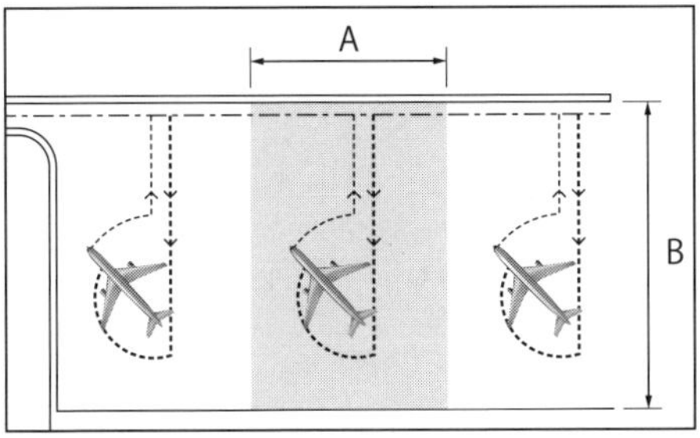

自走駐機方式（斜め駐機）

空港で採用され、自走で駐機し、自走で出発する方式です。駐機姿勢には、ターミナルビル前での斜め駐機、オープンエプロンでの平行駐機等があります。旅客の乗降には、タラップ車や航空機内蔵タラップが使用されのです。

航空機コードD（B787、B767、A300等の中型ジェット旅客機）用では、ノーズイン・プッシュアウト駐機方式のスポット幅は59.5mですが、自走駐機方式（斜め駐機）のスポットの幅は95mが必要となります。

（17）航空機の駐機目的とエプロンの種類

航空機の駐機には多くの場合目的があり、空港にはその目的に合ったエプロンがあります。

（17-1）ローディングエプロン

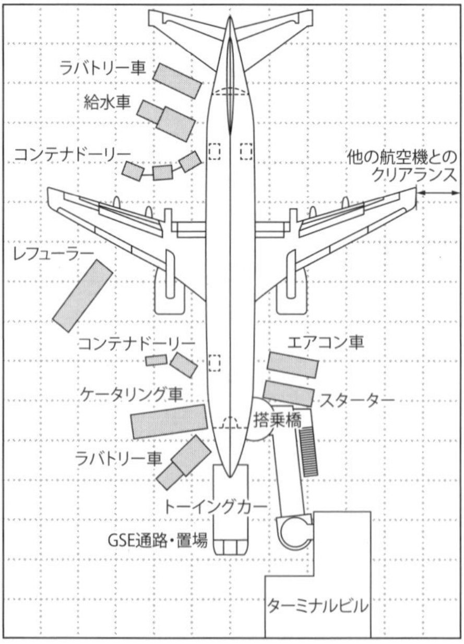

ローディングエプロンにおける支援作業

旅客の乗降や貨物の積卸しを行うためのエプロンですが、それ以外にも、汚水処理等到着後の処置、また給油・ケータリング等出発の準備のための様々な行為が行われます。また、夜間運用が行われていない空港では、その一部が航空機のナイトスティにも使用されるのです。

（17-2）カーゴエプロン

貨物専用機が使用するエプロンで、貨物ターミナルに配置され、貨物の積卸しや給油が行われます。

(17-3) ナイトスティ専用エプロン

大規模空港、特に航空会社の基地空港となっている空港では、多数の航空機のナイトスティが行われますが、早朝の到着機のためにローディングエプロンの一部をあけておかなければならないこともあり、ナイトスティ専用のエプロンが用意されています。

(17-4) メンテナンスエプロン

航空機には定期的な点検整備の実施が求められています。そのため、航空会社が基地とする空港には、メンテンスエプロンと格納庫が設置されているのです。

メンテナンスエプロンと格納庫

(17-5) エンジンランナップエプロン

メンテナンスの一部として、航空機のエンジンは定期的に分解整備され、再び組み立てられた後、試運転を行う必要があります。そのような航空機整備を行う空港においては、大きな出力のエンジン運転を行ことに伴う後方へのエンジンブラスト影響を抑制し、また騒音影響を軽減するために、ブラストフェンス・隔壁あるいは消音施設等を備えたエプロンが設置されています。

エンジンランナップエプロン

エンジンランナップ消音施設

伊丹空港中村地区問題の解決

(1) 中村地区

2000年（平成12）頃のことです。伊丹空港内の北西端部、B滑走路の脇に160世帯400人が暮らす集落がありました。空港用地（国有地）を不法に占拠している地区で、「中村地区」と呼ばれていました。

その歴史は、戦前・戦中における朝鮮半島からの強制連行・強制労働に起源を持っていました。伊丹空港（大阪国際空港）の前身は1939年（昭和14）に開設された大阪第2飛行場で、45年（昭和20）の終戦まで使用されたのですが、その建設工事に従事した労働者の多くがそのようにして集められ、働かされた人達だったのです。彼らの仮の住まいである、いわゆる「飯場」が中村地区の根っことなったのでした。大阪第2飛行場は終戦後米軍に接収され、伊丹エアベースと名前を変えて米軍基地となったのですが、彼らの一部はそのままそこに残り、あるいは一旦離れてもまた戻って来て住みつき、基地拡張の労働力としても働いたのです。伊丹空港は米軍から日本に返還され、民間航空の基幹空港のひとつとして、57年（昭和32）7月に大阪空港の名称で再開しました。しかし中村地区は空港用地内の一角にそのまま残されたのでした。大阪万博に合わせてB滑走路が整備され45年に供用開始しましたが、その時も中村地区は撤去されず残されて、2000年（平成12）当時も存在していたのです。

伊丹空港中村地区

当然、国は長年に渡り中村地区の住民に対して退去を求め続けて来ていたのですが、実行力のある対応は行って来ませんでした。時には同地区内で火災が発生し、国は焼け跡に囲いをつくって建物設置の違法性を警告する立て看板を立てたのですが、たちまちのうちにバラック小屋が再建されるという状況でした。初めは不法占拠を理由に国が設置を認めなかった上水道や電話線についても、伊丹市からの申し入れもあり、人道的な配慮から整備されるようになって行きました。そのような住環境整備の向上や住民の所得増加を背景に、バラックではない普通の住宅が数多く建てられていたのでした。

⑵ 問題解決の検討

航空局がこの問題の解決に本格的に取り組み始めたのは2000年（平成12）の頃です。国有地の不法占拠なので、本来であれば住民を強制的に排除する方法が考えられます。しかし歴史的な経緯やこれまで放置してきた国の取り組み姿勢を考慮すると、そのやり方は国際的、人道的な問題を惹起することが懸念されました。実際に検討されたのは、住民も納得の上で空港用地不法占拠を解消することでした。中村地区が国有地不法占拠地区であることは周辺地域によく知られていて、そこに住んでいるというだけで周辺住民から白い目で見られると言われていたのです。従って、中村地区住民は良好な住環境に移転して安定した生活を確保することを希望していることが想定されました。そのような良好な移転先をどうやって作るかが第1の課題でした。住民の間に連帯感があるのでしょう。多くの住民はバラバラには住みたくないという思いを持っていました。第2の課題は、この地区の住宅はバラックではなく普通の建物で、住民がそれらの家屋にまとまった金額の投資をしてきていることでした。その建物を捨てて移転することには抵抗があると想像できましたが、一方で不法占拠地に建てた建物に対して国が移転補償を行う事はできないのです。

この第1の課題に対して航空局が考えた方法は、隣接するレーダー用地を伊丹市に売却して市がそこに市営住宅を建設し、それを住民の移転先とするものでした。中村地区の背後に空港の一部としてレーダーが設置されている

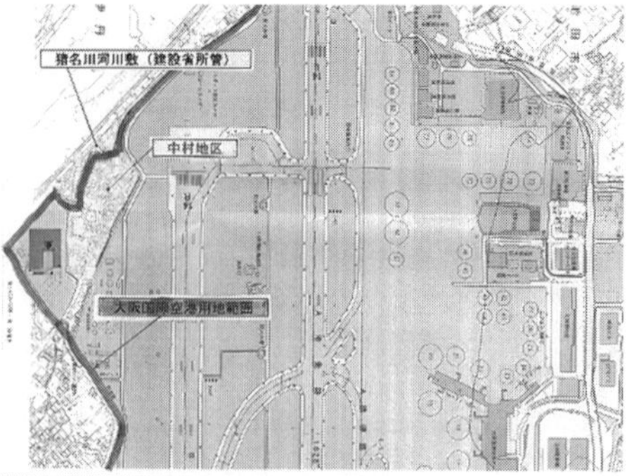

伊丹空港の空港施設と中村地区

用地があり、市営住宅建設にちょうど良い広さを持っていたのです。タイミングの良いことに、そのレーダーの更新時期が近づいていて、国は余計な経費を掛けずにそのレーダーを他の場所に移設することのできる状況だったのです。伊丹市との交渉の結果、その用地の購入と市営住宅建設について市の協力を得ることができることになりました。

第２の課題に対して航空局が取った方法は、航空機騒音防止法という法律に基づく、第２種区域からの移転に対する建物補償でした。この法律は、航空機騒音の激しい区域に住む住民が他の場所に移転する場合に、国がその土地を買い上げ、撤去する家屋の残存価値を評価して補償する制度なのです。国有地不法占拠なので、この場合は土地の買収はありませんが、家屋の補償はすることにしたのです。滑走路に近い中村地区はちょうどこの対策区域に位置していました

中村地区の一部は国が管理する猪名川の河川敷にも掛かっていました。また伊丹市の取り組みには兵庫県による支援が必要でした。このため、大阪航空局、近畿地方整備局（河川）、兵庫県、伊丹市の４者による「中村地区整備協議会」が設置され、協力する体制が構築されたのでした。

⑶ 国・自治体と中村地区自治会との協力

国・自治体側の対応方法の準備はできましたが、この事業を進めるためには中村地区住民の理解と協力を得なければならないことは明らかでした。それまで中村地区住民は国有地を不法占拠する無法者集団で、まさに国にとっては敵だったのです。中村地区は足を踏み入れることさえ躊躇される怖い地帯でした。一方中村地区住民から見て、国はいつ自分達を強制排除するかもしれない恐ろしい相手であり、生活を脅かす敵でした。従って、国と中村地区が気持ちを通じさせ、一緒になって問題を解決する「仲間」になれるか

どうかがもうひとつの課題だったのです。解決方法の検討と並行して、国と中村地区の良好な関係を構築するための取り組みが進められました。夕方になると大阪航空局の職員が伊丹市職員と一緒に中村地区自治会会長のところに足繁く通い、お互いに気軽に話をできる関係を作っていったのです。その後、国が本気でこの問題を円満に解決したいと考えていること、移転先を確保すること、建物補償をすることなどを、時間を掛けて話していったのです。そうする中で国に対する自治会の信頼が醸成され、国が行おうとしている取り組みに対する期待が生まれていきました。そして条件整備についての粘り強い話し合いの積み重ねを行った結果、「中村地区問題の円満解決」という同じ目的に向かって互いに協力するという関係が構築されて行ったのです。

そして 2002 年（平成 14）5 月、中村地区整備協議会と中村地区自治会は、合意内容を盛り込んだ「協定書」を締結し、固い握手を交わしたのでした。

(4) 事業の実施

中村地区自治会との協定は成立しましたが、問題解決のためには住民一人一人の協力が必要でした。住民の移転、建物の補償などを行うためには、中村地区の居住者の実態を把握する必要がありました。まずほぼ全世帯の居住者実態把握調査を行ったのです。次に行ったのは居住者の意向確認調査でした。集団移転用の市営住宅を用意することにしたものの、それを望まず自分で移転先を見つけて移転する世帯もあることが考えられました。その選択は当然自由で、どこに移転先を求めるかに関わらず所有する建物等の撤去補償は得られることになるのです。しかし、市営住宅を整備する伊丹市にとっては、市営住宅への移転を希望する世帯が何世帯あり、それぞれの世帯規模が何人なのかを把握する必要があったのです。伊丹市が中心になり、自治会の協力を得てこれを行いました。次は家屋等測量調査です。国にとって大変重要で、また住民とっての最大の関心事は移転補償の金額でした。補償額の算定には、所有財産の価値を明らかにする必要があり、そのためには、各世帯の家屋等の測量調査を行う必要があったのです。国は、中村地区自治会の協力を得て、これを全ての建物などを対象にひとつひとつ行いました。

家の中に入り込み、またヒアリングをしながらの調査で、自治会の協力がなければ難しかったことは言うまでもありません。

このような調査を踏まえて、レーダーの移設、レーダー用地の伊丹市への売却（空港用地からの分離）、市営住宅の建設、中村地区住民の市営住宅への移転（第１期は2007年（平成19）３月に完成し住民の１次移転。09年（平成21）春に第２期が完成し全ての住民の移転が完了。）、中村地区の建物などの撤去、撤去跡地の整地、必要な空港施設の建設が行われ、中村地区問題は解決したのです。

移転前の中村地区（平成13年）

移転後の中村地区（平成21年）

4 航空機運航と支援施設

現代の航空輸送においては安全であることは勿論のこと、確実で、効率的で、安定した運航が求められています。定期便のパイロットは自由に飛ぶのでは無く、定められた飛行経路を確実に飛行することが求められています。離着陸頻度の多い空港においては必要最小限の飛行間隔で効率的に離陸・着陸することが求められるのです。また視界不良や低雲高また降雪時の気象状態でも運航を休止すること無く安定して離着陸を行う必要があります。このため空港には様々な運航支援施設が備えられており、また運航支援サービスが提供されているのです。ここではそれらについてご説明します。

(1) 空港管制空域と管制塔（飛行場管制室）・レーダー管制室

航空機には「大空を自由に飛び回る」というイメージがありますが、旅客機の場合それは許されません。決められたコースを計画された時間どおりに飛行しなければならないのです。空港周辺には航空機の出発・到着のためのいくつかの標準経路が定められており、旅客機はその経路に沿って飛行します。特に数多くの航空機が離着陸する空港では、管制官の指示に従って、標準経路を秩序よく飛行することが、安全で、効率的で、円滑な空港運用に欠かせません。そのような空港では一定時間内に如何に多くの航空機を出発・到着させるかが求められているからです。

(1-1) 管制圏と進入管制区

一定以上の数の航空機離着陸が行われている空港において、航空機の出発・到着にそのような秩序をつくり出しているのが管制官です。背の高い建物である管制塔（飛行場管制室）は目立つ存在ですが、通常その足下や周辺の建物の中にもうひとつの管制室（レーダー管制室）があります。空港の周辺の半径 9 km 程の範囲は「航空交通管制圏」と呼ぶ管制対象空域に指定され、管制塔の管制官が通常は目視で離着陸機の管制を行います。また地上走行する航空機の管制も管制塔の管制官の役割です。

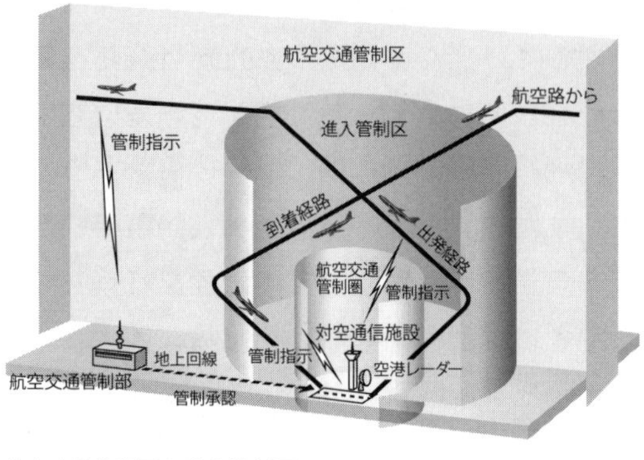

航空交通管制圏と進入管制区

これに対して、その管制圏の外側、航空路までの範囲は「進入管制区」と呼ばれる空域で、レーダー管制室の管制官がレーダーを見ながら、その空港の進入・出発機をコントロールしています（進入管制区という名称に反して出発機も対象）。管制圏との境界部では、両方の管制官が、扱っている航空機をお互いにバトンタッチします。

(1-2) 管制塔

管制塔は通常その空港で最も高い建物で、普通はエプロンに面した位置に建っています。最上階に飛行場管制室があり、同室の周囲は全面ガラス張りで空港周辺の空域や地上の航空機走行エリアをよく見渡すことができます。

ではこの管制塔の位置と高さはどのような考え方で計画されるのでしょうか。位置は、航空機の進入・出発経路、滑走路・誘導路全体、エプロンに駐機中の航空機尾翼などを見ることができるように計画します。できるだけ滑走路の中央部に近く、エプロンに面した位置が理想的です。複数の滑走路を持つ大規模空港ではそれら全体を見渡せる位置が求められます。

チューリッヒ空港管制塔

高さは、最も遠くにある滑走路の端部の、管制塔と反対側にある路面に対して35分の角度で見下ろすことができるように計画します。仮に滑走路に異物の放置や野生動物の侵入などがあると航空機離着陸の安全性に問題が生じるため、管制官が気づくことのできるよう、そのような視認角度を確保しているのです。羽田空港には当初計画されていなかったD滑走路が後から建設され、それに合わせて既存の管制塔より高い新管制塔が設置されましたが、そのような視認要件を確保するためだったのです。

視界の悪い時には遠くにいる離着陸航空機が見えませんので、補助的に管制用レーダーのディスプレイ装置が置かれています。また大規模な空港では、後述する空港面探知レーダー(ASDE)の表示装置も設置され、視界が悪くとも地上走行する航空機の動きが一目で分かるようになっています。

管制塔（飛行場管制室）
出典：国交省 HP

(1-3) レーダー管制室

レーダー管制室をどこに設置するかについては管制機能上の制約はないのですが、管制塔の近くにあった方が仕事をする上では便利です。そのため通常は、上部に管制塔を持つ航空局空港事務所という建物の中に配置します。以前の管制室は、薄暗い部屋の中に円形のレーダー表示装置を持つ管制卓が並んでいるという姿でしたが、現在は四角い形状の明るい大型ディスプレイが並んでいて、明るい部屋です。

レーダー管制室
出典：国交省 HP

進入管制区を設ける場合ひとつの空港にひとつの管制区を設置しますが、その空域のレーダーを使用して行う管制は必ずしもその空港で行う必要がありません。現在は管制業務の効率化の観点から、ひとつのレーダー管制室で複数の空港のレーダー管制を行うようになってきています。例えば、羽田空港と成田空港の進入管制区は分離されていますが、それぞれの管制は羽田空港のレーダー管制室で行われています。部屋の中を羽田空港担当部分と成田空港担当部分に分け、成田空港担当の管制卓には成田空港に設置されている空港レーダーから送られてくるレーダー映像が表示されるようになっているのです。

(2) 航空機の出発・進入経路と VOR/DME・ILS

前節で、出発・進入する航空機が設定された飛行経路を使用することに触れました。その経路についてもう少し詳しく説明します。各空港には標準計器出発方式（SID)、標準計器到着方式（STAR)、計器進入方式（IAP）が設けられていて、それぞれに標準的な経路が定められています。通常、ひとつの空港に複数のSID、STAR、IAPが設定されています。

(2-1) 標準計器出発方式 (SID)

離陸した航空機は、そのまま上昇を続け、方向を次第に目的地空港に至る航空路との合流地点に照準を合わせて飛行していきますが、直行するのではなく、途中の通過点が決められています。標準計器出発方式 (SID:シッドと読みます) は、いくつもの通過点を結ぶ飛行経路やそれらの通過点の飛行高度などによって構成されており、滑走路毎にまた滑走路の方向毎に多数の方式が設定されています。少し専門的になりますが、羽田空港のSIDのひとつは図のようになっています。よく見ると、滑走路を北の方向へ離陸した航空機が右旋回し、最初に設定された通過点 (TORAM) に至り、それを通過した後は定められた方向 (098°) に向かって行って次の通過点 (PLUTO) に到達し、それを通過後さらに定められた方向 (351°) に向かう、という構成になっています。次の通過点 (WELDA) には、6,000という表示がありますが、これはこの通過点を6000feet(1800m) 以上の高度で通過しなければならないことを示しています。(6,000は6000feet以下で、6,000は6000feetで通過することを示します。)

これらの通過点の位置情報は、この後説明するVOR/DME (空港内または空港周辺に設置) によって提供されます。

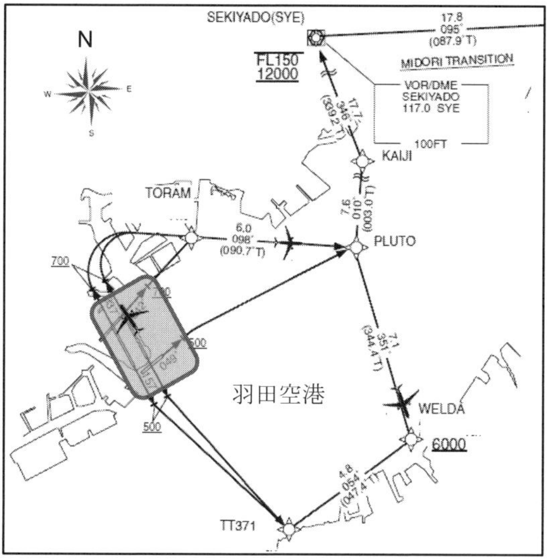

羽田空港の標準計器出発方式 (SID)

(2-2) 標準計器到着方式（STAR）

標準計器到着方式（STAR：スターと読みます）の設定は、SID 設定の考え方と同じですが、最終的に空港に進入する区間は含まれていません。この部分はIAP の役割になります。STAR も滑走路毎にまた滑走路の方向毎に、様々な方式が設定されています。羽田空港の STAR のひとつを図示します。この図に示した経路は、次第に高度を下げながら遠方から空港に集まって来るような形態ですが、STAR によっては一度空港の上空を通過し、高度を下げながら一旦空港から離れて、その後旋回して最終の進入である IAP に入る形態を持った STAR もあります。

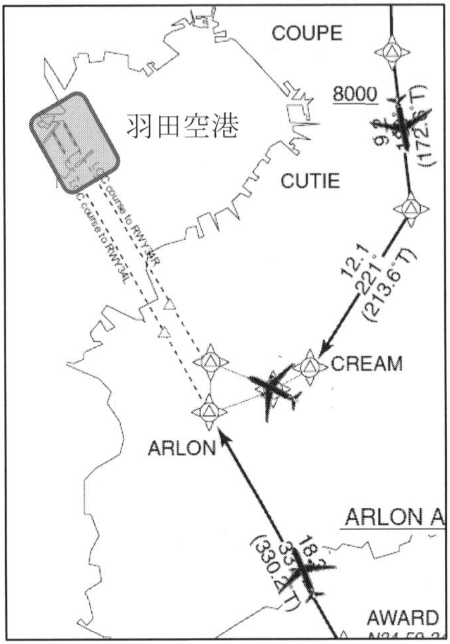

羽田空港の標準計器到着方式（STAR）

(2-3) 計器進入方式（IAP）

計器進入方式（IAP：アイエーピーと読みます）の代表的なものは ILS 進入方式と VOR/DME 進入方式です。

a) ILS 進入方式

ILS 進入方式は、この後説明する計器着陸システム（ILS）という、空港に設置された航空保安無線施設を使用し、航空機が視界や雲高といった気象条件が悪い場合でも、安定して滑走路に着陸するための方式です。この ILS 進入方式は、大規模で重要な空港になると滑走路の両側に、また複数の滑走路に設定されます。しかし、滑走路末端から10km 程度の直線進入区間が必要なので、例えば従来の羽田空港の北側（市街地上空）のように直線進入について社会的な合意がなされていない、あるいは伊丹空港の北側のように山岳部地形の存在などから直線進入ができないという理由でILS進入方式が設定されない場合があります。日本の中小規模空港では概ね片側だけにILS進入方式が設定され、小規模な空港の中には設定されていない空港があります。

ILS進入方式は、滑走路の延長線上で、滑走路末端の内側約400mの地点に向かって3°で降下する進入経路を提供するのです。この水平方向と鉛直方向の進入情報を提供する方式であることから、ILS進入方式は精密進入方式の範疇とされます。軍用飛行場などで使用される、精密進入レーダー（PAR）を用いて管制官が航空機に対して水平方向・鉛直方向の誘導を行うPAR進入方式も精密進入方式のひとつです。これに対して、次に紹介するVOR/DME進入方式は水平方向の進入情報しか提供しないので、非精密進入方式の範疇になります。

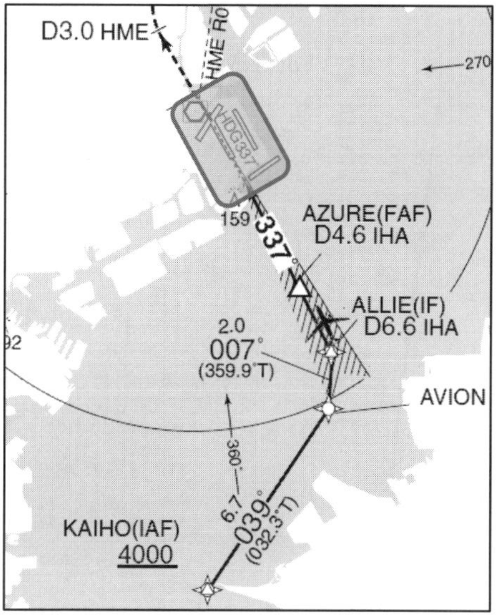

羽田空港のILS進入方式

ILS進入方式は現在世界中の空港において標準的に使用されていますが、既述のように10km程度の直線区間が必要なこと、この区間を一定の角度（多くは3°）で降下する必要があることなどの制約を持っています。このため、曲線進入が可能で降下角度に融通性を有するマイクロ波着陸システムによ

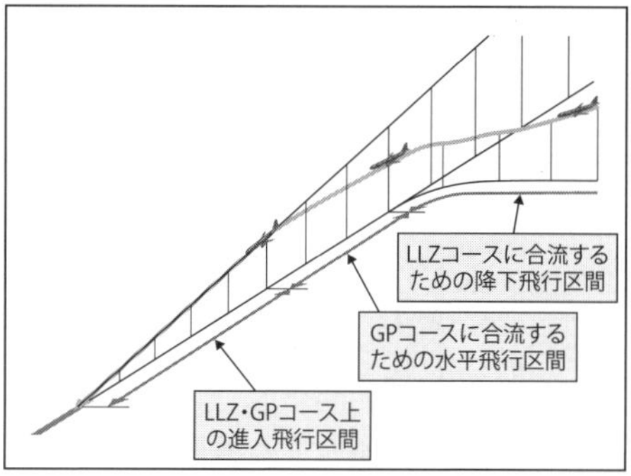

ILS進入の方法

る進入方式（MLS 運航方式）の開発が行われましたが、ほとんど普及していない状況です。

ILS 進入方式の典型的な使用方法を図に示してみました。STAR によって ILS 進入経路付近まで誘導された航空機は、ILS のうち水平方向の誘導電波であるローカライザー（LLZ）で作られているコースに合流します。その後 LLZ コース上を水平飛行し、鉛直方向の誘導電波グライドパス（GP）で作られているコースに合流し、LLZ と GP で作られたコース上の降下を行って、滑走路に到達し着陸します

b）VOR/DME 進入方式

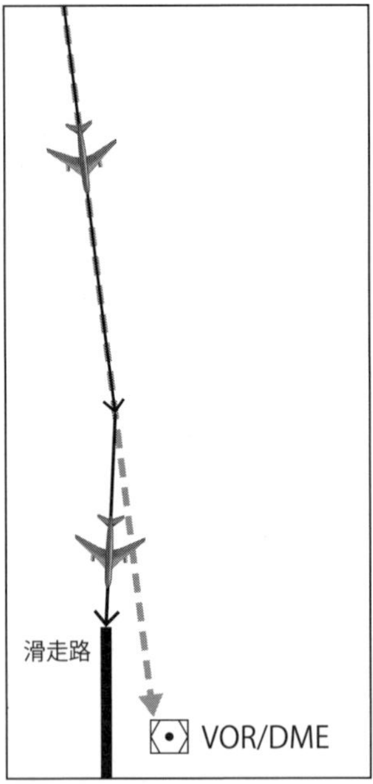

VOR/DME 進入方式

空港内に設置された VOR/DME を使用して滑走路への誘導を行う進入方式です。ILS 進入方式と異なり、VOR によって水平方向のコース誘導が行われるだけで、鉛直方向の降下角度誘導は行われません。STAR によって VOR/DME 進入経路まで誘導されてきた航空機は VOR が出す誘導電波に乗って滑走路の近くまで進入します。VOR/DME が滑走路の側方に配置される場合が多いので、その進入経路は滑走路方向に対して少し角度がついている場合が多いのです。そして滑走路に正対する位置付近まで来たら、パイロットは滑走路を見ながらコースを修正し、滑走路に進入して着陸します。

（2-4）標準飛行経路の保護空域

SID、STAR、IAP で設定されている経路は標準の飛行経路で、実際に飛行する航空機の飛行経路にはブレが発生します。多数の出発機・到着機の航跡を図に描いてみると、一定の分布で広がり

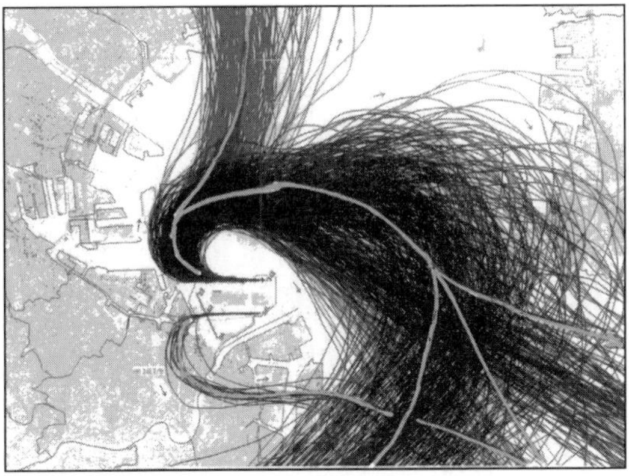

標準出発経路と実飛行経路（羽田空港）

を見せていることが分かります。そのブレを考慮して、それぞれの標準出発経路・標準到着経路等の周囲に保護空域が設定されています。複数の滑走路（場合によっては近隣にある他の空港）から同時に出発、あるいは到着する航空機がお互いに影響し合わず、独立して飛行することができるようにするため、保護空域がお互いに重ならないように、あるいは平面的には重なっても一定の高度間隔が確保されるように考慮して、この標準飛行経路が設定されます。

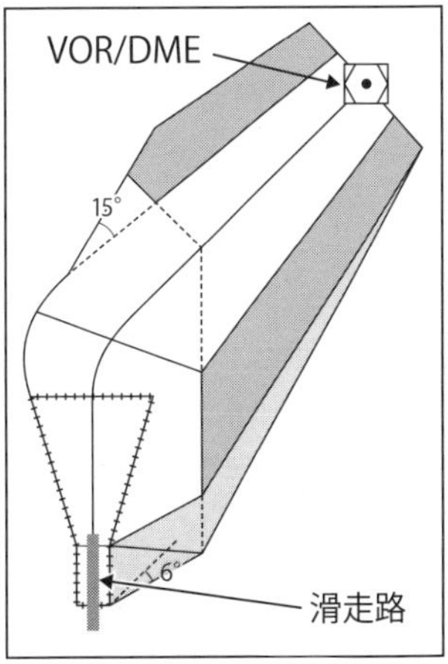

SID の保護空域

この保護空域の描き方はかなり専門的で、標準飛行経路に合わせて一定のルールの下に作成されます。図はある SID の保護空域を示していますが、離陸後、保護空域は次第に広がっていき、VOR/DME に向かう部分ではやや狭まって一定幅になる傾向を見ることができます。

(2-5) SID・STAR・IAP（VOR/DME進入方式）を形成するVOR/DME

航空機による標準計器出発方式（SID）、標準計器到着方式（STAR）と VOR/DME 進入方式は通常、航空保安無線施設の VOR/DME（ブイオーアール・ディーエムイーあるいはボルデメと読みます）によって形成されますが、この VOR/DME がどのような施設なのかを説明したいと思います。VOR/DME は

VOR（超短波全方向式無線標識施設）とDME（距離情報提供装置）という2つの機器が一体となっている施設です。

VORは飛行している航空機に対し、そのVORからの方位を示す電波を全方向に、連続して発射しています。仮に「離陸後あるVORに向かう50°の方位線に乗って飛行し、そのVOR上空通後、90°の方位線に乗って進む」というSIDが設定されていて、パイロットがコクピットのVOR計器をその手順にセットすると、離陸直後の航空機が50°の方位線から外れた位置にいたとしても、自動的に飛行経路を変更しながら、決められた標準飛行経路を辿っていきます。大規模空港では空港の周辺に複数のVOR/DMEが配置されているので、パイロットは最初に使用するVOR、2番目に使用するVORという順番に従って計器をセットします。

DMEは飛行している航空機に対し、そのDMEからの距離を示す電波を全方位に発射しています。例えば「離陸後VOR/DME 1のVOR電波に乗って95°方向に進み、DMEから10nm（18.5km）の位置に達した後、右旋回し、今度は315°の電波に乗り、DMEから5nmの位置まで進んだ後、左旋回してVOR/DME 2に向かう」というSIDを設定することができるのです。

「フィックス1：95°の方向に10nm進んだ位置」などのように、SID、STAR上の節目（フィックス）に名称を付けて分かり易い設定がなされています。

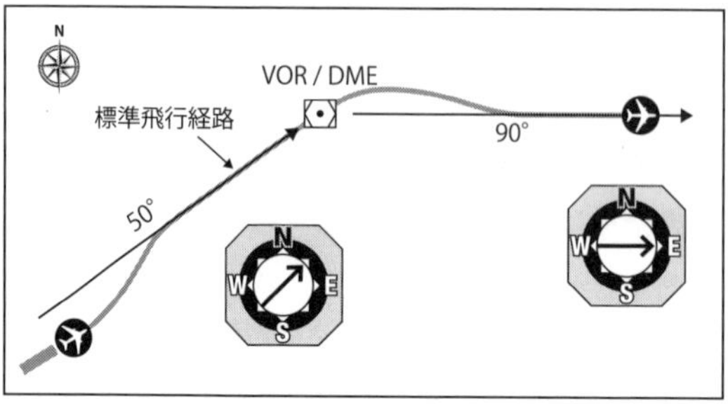

VOR機能

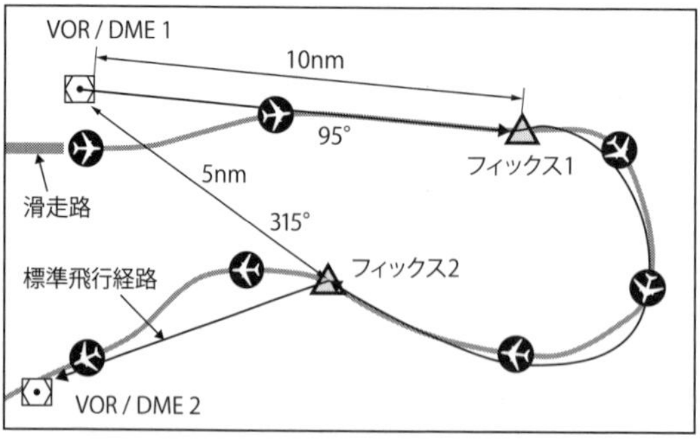

DMEの機能

VOR/DMEの機器設置方法には、土を盛った小山の上に設置するマウント方式と、鉄骨で製作した円形の台の上に設置するカウンターポイズ方式があります。

VOR/DME(マウント方式)

VOR/DME(カウンターポイズ方式)

(2-6) ILS進入方式を形成するILS

計器着陸システム(ILS:アイエルエスと読みます)は、航空機が滑走路に対して真っ直ぐに、適切な進入角度(通常3°)で降下しながら進入するための誘導電波を発する無線施設です。水平方向の誘導電波を発するローカライザー(LLZ)、鉛直方向の誘導電波を発するグライドパス(GP)、滑走路からの位置を示す電波を発する3つのマーカー(インナーマーカー(IM)、ミドルマーカー(MM)、アウターマーカー(OM))の3種類の機器から構成されています。LLZは進入とは反対側の滑走路末端部から少しだけ離れた位置に、GPは進入側滑走路末端から内側400m付近の側方に、IMは進入灯付近に、MMとOMは空港外の滑走路延長線上に設置されます。

グライドパスアンテナ

ローカライザーアンテナ

OM位置が海上となるなどして設置が難しい場合には、代わりに空港に設置されたVOR/DMEのDME機能を活用する場合もあります。着陸機を待って滑走路末端部の取付誘導路上で待機する航空機がGPに対する電波障害の原因となるので、GPアンテナは同誘導路と反対側に設置します。

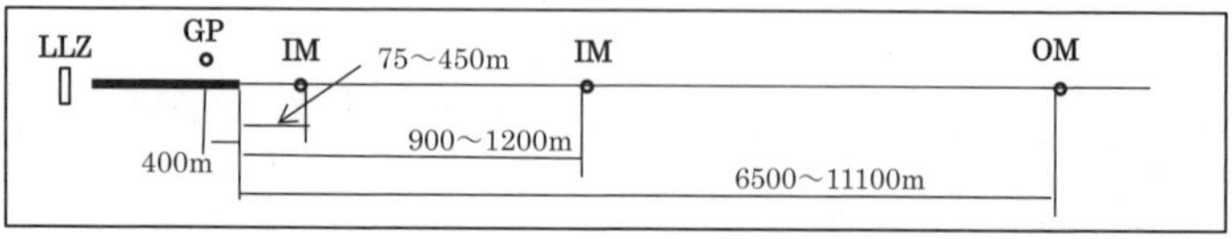

ILS機器の配置

これらの地上に設置されている機器の機能が、進入してくる航空機のコクピットの計器に対してどのように作用し、パイロットはそれをどのように活用するのかについて見ていくことにしましょう。図には、地上に配置されたLLZ、GP、各マーカー、またそれらが発する誘導電波、さらにコクピット内計器の表示の様子が描かれています。水平方向の面はLLZ機器から発せられている誘導電波で作られているローカライザーコースで、鉛直方向の面は、GP機器から出されている誘導電波によるグライドパス

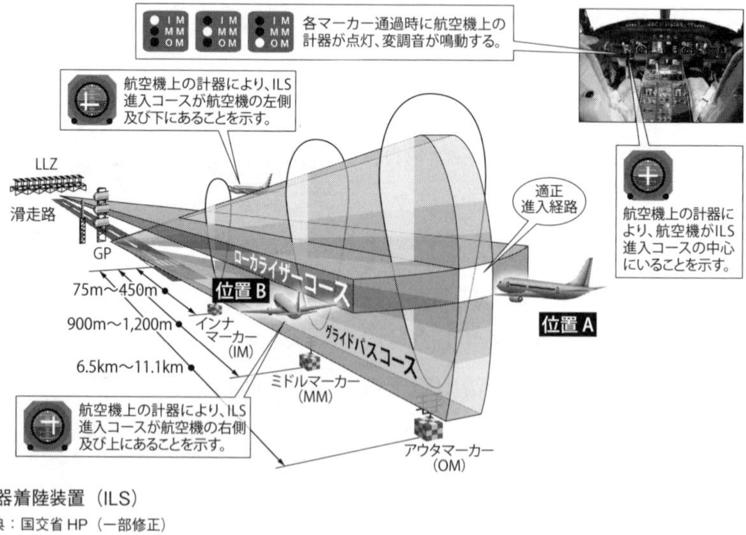

計器着陸装置（ILS）
出典：国交省HP（一部修正）

コースです。位置Aにいる航空機はLLZコース、GPコースの中心上にあり、Bの航空機はLLZコース中心の左側で、GPコース中心の下側に位置しています。航空機が位置Bにいる状態の時、コクピット内の計器にはどのような表示がなされるのでしょうか。計器の表示部分を拡大した模式図で説明すると、右上に寄って書かれている白い十字線の中心が正しいILSコースを示しています。縦線はLLZコースの中心で、横線はGPコースの中心です。これに対して、航空機マークが描かれている中央の十字線が自機の位置を示しています。縦線によって、自機がLLZコース中心よりも左側に外れていていること、また外れの程度を読み取ることができます。横線によって、航空機がGPコース中心の下側にあること、またどの程度下側にあるのかを読み取ることができます。パイロットはこの計器表示を見ることによって、視界が悪く前方の滑走路が全く見えない状態でも、自機の十字線をILS中心線に合わせる操縦を行うことによって、滑走路に安全に進入し、着陸することができるのです。この操作は航空機に自動で行わせることもできます。

計器の表示（位置B）

マーカーは、その空港において設置されている位置が滑走路末からの距離情報として予めパイロットに与えられています。航空機がマーカーの上空を通過するとコクピット内のランプ点灯と音響でパイロットに知らせます。「今MM上空を通過」とすぐに分かり、滑走路までの距離感覚がつかめるのです。

ILSは、空港周辺の視程が悪くても、また雲が低く垂れ込めていても、航空機が安全に滑走路へ着陸できるように支援する施設です。ILSは、滑走路視距離（RVR：パイロットが滑走路上で水平方向を見通すことのできる最大距離）と決心高（DH：パイロットが滑走路・進入灯を視認可能な、滑走路面からの最小高さ。つまり滑走路から雲底までの高さに相当）に対応する精度を持っているかによって、CAT-Ⅰ（キャットワンと読みます）、CAT-Ⅱ、

CAT-Ⅲ（a、b、c）にカテゴリーが分かれています。CAT-Ⅰの性能を持ったILSが設置されている場合、RVR550m、DH200feet（60m）で、それ以下の気象状態では着陸できませんが、CAT-Ⅲbの ILS 設置の場合は、DH に制約はなく、RVR50m の気象状態まで着陸できることになるのです。

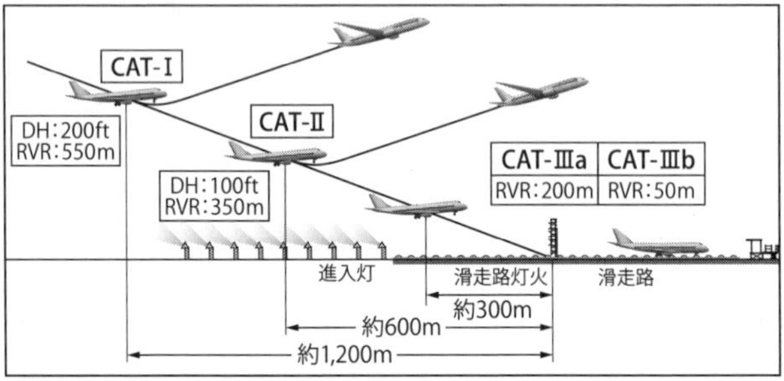

ILS のカテゴリーと精度
出典：国交省 HP（一部修正）

(3) 航空機出発・進入の安全・効率を支える空港レーダー（ASR/SSR）

空港レーダーは、管制官が行うレーダー管制に不可欠な施設で、ASR（エイエスアールと読みます）と SSR（エスエスアールと読みます）の２つのレーダーから構成されています。アンテナが下部に位置する ASR（空港監視レーダー）は、電波を発射し、航空機に当たって跳ね返って来た電波を受けてその航空機の位置（方向と距離）を捕捉します。距離は、電波の発射時点と跳ね返って来た電波の受信時点の時間差から得る仕組みです。これに対して ASR の上に配置された SSR（二次監視レーダー）

ASR／SSA
出典：国交省 HP

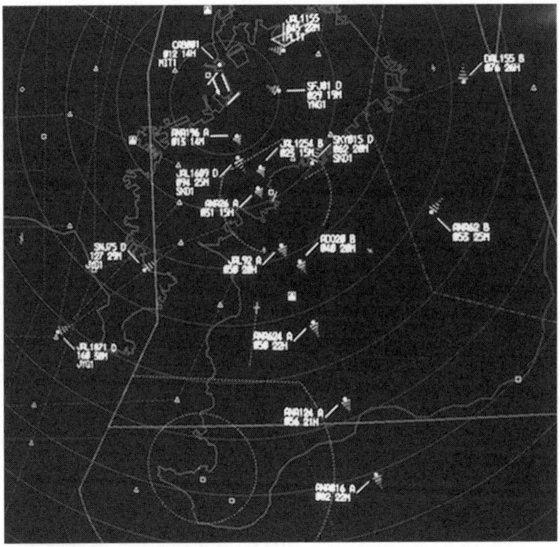

航空管制用レーダー画面
出典：国交省 HP

は、航空機に対して質問電波を出し、航空機から応答された電波に載せて送られて来た様々な情報（航空機識別番号、高度、速度等）を得る仕組みのレーダーです。この2つのレーダーから得た情報を統合し、ARTS（ターミナルレーダー情報処理システム：アーツと読みます）での処理を行った上で、管制室のレーダー画面上に、多数の航空機の刻々と変化する情報を鮮明に映し出します。ASR の生情報には、雲や山岳部といった邪魔な映像情報も含まれているのですがこれらは消去され、元々ぼやけていた航空機映像はクリアなマークに置き換えられるのです。ASR がカバーする範囲は空港から約110km です。

(4) 航空機離着陸視覚情報を提供する滑走路標識

滑走路に離着陸するパイロットは、そこに描かれた滑走路標識から様々な視覚情報を得ることができます。

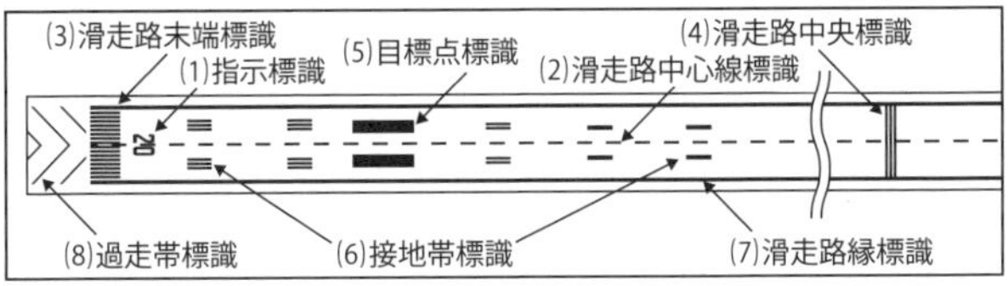

滑走路標識

a）指示標識

指示標識は、滑走路の方向を示す標識です。着陸してくるパイロットから見た方位を、1°単位の磁方位数値のうちの上2桁で表します。例えば、磁方位203°の方向を向いている滑走路は20と表示し、反対側の滑走路末端側には02（023°の上2桁）と表示されます。2本の平行滑走路がある場合は同じ数字になりますので、識別のために、左にL、右にRの文字を加えます。4本の平行滑走路の場合は、2つの表示方法があり、内側の2本にCの文字を加える方法がひとつ目です。もうひとつは、2本一組の片方の数字を1ずらして表示する方法です。

指示標識は単に滑走路の方位を表しているだけではなく、方位を含めたその滑走路の名称でもあるのです。管制官はパイロットに対して、「滑走路09CRに着陸してください」という伝え方をするのです。

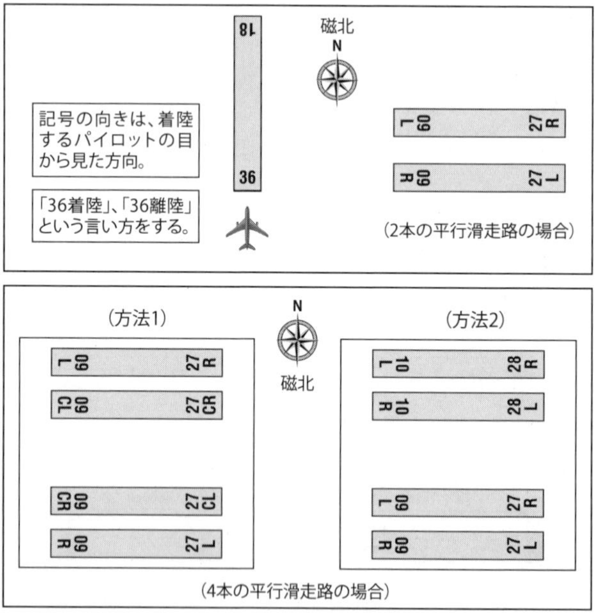

指示標識

b) 滑走路中心線標識

滑走路中心線標識は文字通り滑走路の中心を示す標識です。一定の幅を持った滑走路ですので、どこが中心かという表示は離着陸を行うパイロットにとってはとても役に立つ視覚情報なのだと思います。

c) 滑走路末端標識

滑走路末端の位置を示す滑走路末端標識も、パイロットにとっては役立つことでしょう。通常は離陸を開始する地点ですし、着陸時には手前側と向こう側の両滑走路端部が明確に分かることは、安全上とても重要です。

d) 滑走路中央標識

滑走路の中央位置を示す標識で、パイロットに対して滑走路の残距離を示す目安となります。

e) 目標点標識

目標点標識は、長さ2,400m 以上の滑走路では滑走路末端の内側400m ほどの地点に設置され、進入する航空機のパイロットにこの標識を目掛けて降りて来ることを促します。その側方付近には進入角指示灯（PAPI）が接地され、パイロットの視覚に対して進入角度情報を提供しています。航空機は滑走路直上に到達すると機首を上げ、進入角度を緩めて、目標点標識の少し前方にタッチダウンするという流れが基本ですが、次に説明する接地帯標識が接地された範囲での接地であれば問題ありません。

f) 接地帯標識

接地帯標識は、目標点標識前後の範囲に、滑走路の長さに応じて１～６組が設置されます。例えば2,400m 以上の滑走路の場合、滑走路末端から150m の間隔で６組（ただし目標点標識と重なる部分は省略）描かれますが、手前２組の線の数が片側３本なのに対して、次の２組は２本、奥の２組は１本と異なった表示で設置され、パイロットにそれぞれの接地帯位置の違いを示します。

g）滑走路縁標識

滑走路縁標識は、滑走路本体の縁に設置される標識です。滑走路本体の外側には路肩がありますので、滑走路と路肩の境界を示しているとも言えます。

h）過走帯標識

過走帯標識は通常ゼブラ形状の表示で、そこが滑走路本体よりも弱い強度の舗装であり、非常時の場合を除いて航空機走行ができないことを示しています。一方、滑走路と同じ強度を有する過走帯の標識は矢印（→）の表示で示し、航空機が走行可能であることを示します。

(5) 航空機離着陸視覚情報を提供する航空灯火システム

昼間の視界良好時における着陸では、滑走路標識がパイロットに視覚情報を提供してくれますが、夜間あるいは視界が悪い時には標識は見えません。滑走路上やその周辺に設置された航空灯火システムがその視覚情報を提供するのです。航空灯火システムはたくさんの種類の灯火から構成されています。滑走路末端標識に該当する滑走路末端灯、滑走路中心線標識に当たる滑走路中心線灯、滑走路縁標識に当たる滑走路灯、接地帯標識に当たる接地帯灯などがあります。目標点標識に代わるものが精密進入角指示灯（PAPI：パピーと読みます）ですが、この灯火は単なる目標点情報だけではなく、適切な進入角度情報を提供する

航空灯火システム

という有効性から、昼間の視界良好時を含めて常時使用されます。滑走路の手前に伸びる進入灯は、視界不良時で滑走路視認が明確ではない位置に入る航空機のパイロットに対して、滑走路の位置・方向、機体の傾きという情報を提供するのです。

(5-1) 精密進入角指示灯（PAPI）

PAPIは、着陸してくる航空機のパイロットに対して、着陸目標地点と適切な進入角度から成る適切な降下コースについての視覚情報を提供する施設です。通常は滑走路末端から概ね400mの位置の左側に設置され、4つの灯器から構成されています。航空機がオンコースにいる場合は4つの灯器が左から白白赤赤に見え、適切なコースよりも高くなると白の数が、低くなると赤の数が増加します。

日本では進入角指示灯はすべてPAPIが使用されていますが、外国では他の様々な進入角指示装置（視覚進入角指示装置（VASI）、3色式視覚進入角指示装置（Tricolor VASI）、点滅式視覚進入角指示装置（Pulsating VASI）、パネル配列システム）が使用されている空港があります。

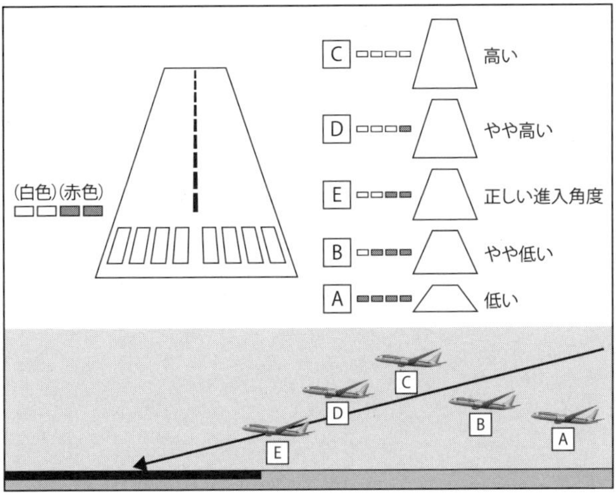

精密進入角指示灯（PAPI）

(5-2) 進入灯

進入灯の役割は、滑走路の見え方に拘わらず,着陸状態にある航空機が滑走路に正対しているかどうかを事前にパイロットに知らせることです。またパイロットは水平線が見えない場合、航空機の傾きの程度を直感的に掴みにくいものですが、進入灯に設置されているクロスバーの傾き具合によってその視覚情報を得ることができるのです。

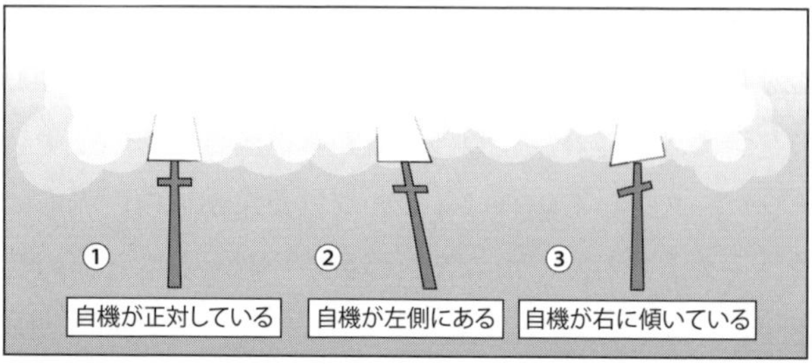

進入灯の見え方

(6) 航空機運航気象情報と気象観測施設

航空機にとって、気象状態、特に空港周辺における視界、雲高、風の向きと強さ、上昇・下降気流の有無は大変重要な要件です。このため、空港には様々な気象観測施設による自動観測が行われ、また目視による観測を行って、それらの気象情報をパイロット、航空管制官などに伝えます。

気象観測施設

出典：気象庁 HP

(7) 航空機地上走行を円滑にする空港面探知レーダー（ASDE）

航空管制は、上空の航空機に対してだけではなく、地上を走行する航空機に対しても行われます。複数の滑走路が設置され、数多くの誘導路を持つ大規模空港における地上面管制は複雑で、滑走路、誘導路、エプロンにいる航空機全体の動向を把握しながら行う必要がありますが、数が多くなると管制塔から視認するだけでは容易ではなく、夜間や視界不良時には更に難しくなります。管制官の地上面管制を支援する装置が空港面探知レーダー（ASDE：アスデと読みます）で、駐機中の航空機、あるいは地上面を走行する航空機の状態を刻々と、管制塔の管制室におかれたレーダー画面に映し出します。そのレーダーアンテナはレドームに格納され、空港面全体を探知できるようその空港で一番高い場所（通常は管制塔の屋根）に設置されています。

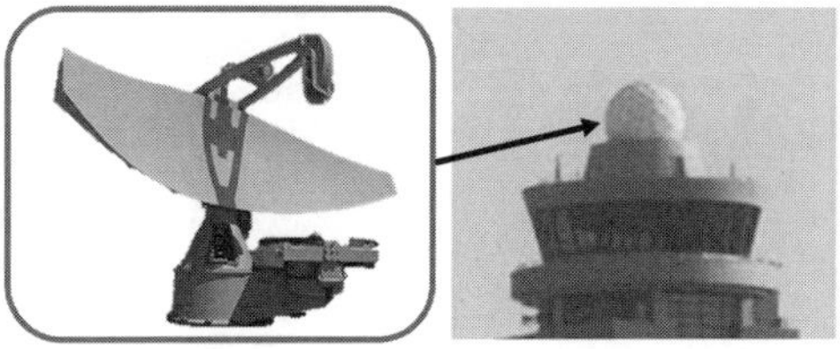

ASDE と格納レドーム

ASDE は通常、機影を画面に映し出すだけですが、機体の識別番号の情報が表示されると、地上管制上大変有効です。このため、そのような機能を持つ装置の導入が、大規模空港で進められています。ASDE-X は、従来の ASDE による位置情報に航空機トランスポンダーから得た機体識別情報を組合わせて画面に表示するシステムです。またマルチラテレーションシステムは、航空機トランスポンダー対応の送信・受信アンテナを空港の複数箇所に配置して、信号受信時刻の差を利用して航空機位置を把握し、合わせて航空機識別情報を得て画面に表示します。いずれも GSE（地上支援車両）にトランスポンダーのような情報発信装置を設置することによって、それらの車両の画面表示も可能となります。

(8) 航空機の停止位置を示す停止位置標識・停止位置案内標識

出発する航空機が、進入機の着陸を待って滑走路の手前で待機する場合、その位置が滑走路に近づきすぎると問題が発生します。停止している航空機による内側転移表面（精密進入用滑走路の場合でも、非精密進入用として設定される内側の転移表面）への抵触を避ける、またILS電波に対する障害が発生しないようにするなどの理由から、滑走路から一定の距離を保つ必要があるのです。CAT-1のILSが設置されている滑走路では停止位置標識は滑走路中心線から75m以上の位置に、CAT-Ⅱ、Ⅲが設置されている場合には90m以上の位置に設置されます。

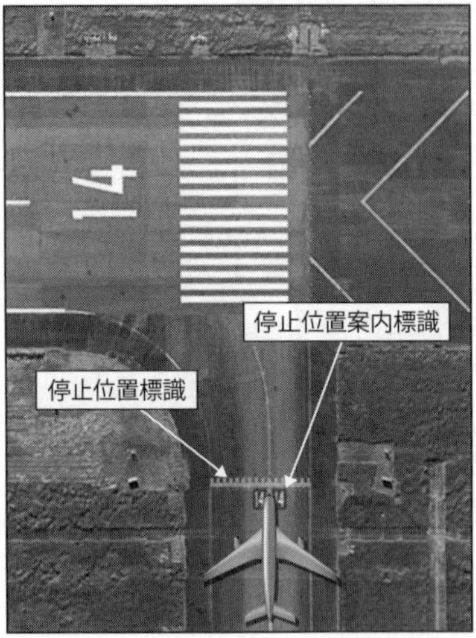

停止位置標識・停止位置案内標識

停止位置案内標識（国際基準の名称は命令指示標識）は、滑走路に入る航空機がその手前で停止し、管制官の指示があるまで越えてはならないことを示しています。同標識に明示されている文字は前方にある滑走路の方位記号を示しています。

(9) 航空機の滑走路誤進入を防止するストップバーシステム

出発機は管制官の指示を受けて、滑走路手前にある停止線の前で進入してくる航空機が着陸するのを待ちます。着陸機が滑走路を出た後、管制官は出発機が滑走路に入ることを許可するのです。しかし、視界の悪い気象状態の中で管制官の指示を聞き間違え、進入機の着陸を待たずに出発機が滑走路に進入してしまった場合、大変な事故に繋がってしまいます。このようなヒューマンエラーを防止するため、空港によってはストップバーシステムが設置されています。

このシステムは、停止線灯と誘導路中心線灯から構成され、着陸する航空機がある場合は停止線灯が赤く点灯し、中心線灯が消灯することによって、出発機のパイロットに対し滑走路へ入ることを禁止する視覚情報を与えるのです（①）。着陸が終了すると、停止線灯は消灯し、中心線灯は緑色に点灯して、出発機が滑走路に入ることを促します（②）。出発機が滑走路に入ると、停止線灯が赤色して、後続の出発機を停止させます（③）。

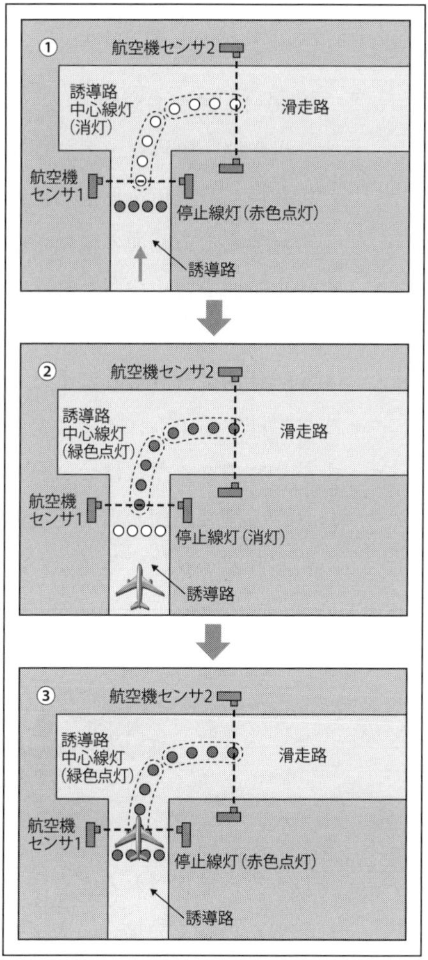

ストップバーシステム

（10）航空機離着陸と除雪

航空機の離着陸や地上走行において、積雪や着氷は大きな問題です。滑走路・誘導路・エプロンの路面上の雪氷は摩擦抵抗を減少させ制動距離を伸ばし、また走行を不安定にします。一方、航空機の翼に降り積もった雪氷は、離陸時の航空機揚力を大きく減少させてしまうのです。このため、空港においてはこれらの雪氷を除去する作業が行われます。

（10-1）路面の除雪

滑走路・誘導路・エプロンの除雪は多くの場合、運用中の空港において、運用を休止して行われます。その特長としては、①除雪対象となる路面の横幅が広く面的であること、②航空機の運航停止時間を短くするため除雪をできるだけ短時間に実施する必要があること、③滑走路・誘導路・エプロン・航空灯火などの除雪を一体的に行うことによって地上での航空機運航システムが円滑に機能するようにする必要があることが挙げられます。また、④航空機のタイヤにはチェーンのような滑り止めが着いていないことから舗装路面の雪氷を可能な限り除去し一定の路面摩擦係数が得られるようにする必要があること、⑤仮に航空機の主脚車輪が路面最縁部に寄った場合でも除雪によって作られる路面側方のスノーバンクと航空機の翼・エンジン・プロペラとの間に一定のクリアランス（1m以上）が確保されるようにする必要があることも重要な特長です。このため多くの場合、大型で高性能の除雪車両を一度に複数台投入して路面等の除雪が実施されるのです。

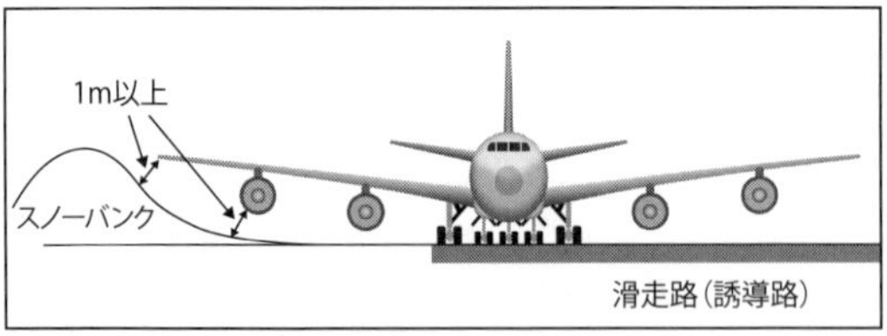

航空機とスノーバンク

空港の除雪作業に使用される車両の代表的なものとして、スノースイーパー車、スノープラウ車、ロータリー車、凍結防止剤散布車、サーフェス・フリクション・テスター（SFT）車等を挙げることができます。スノースイーパー車はブラシの回転によって、薄く積もった雪氷を清掃し、アスファルト路面を露出させる役割をします。スノープラウ車は厚く積もった雪氷を側方に寄せることによって路面上の積雪を薄くします。ロータリー車は、スノースイーパー車によって積み上げられたスノーバンクを遠くに飛ばして移動させる機能を持っています。凍結防止剤散布車の役割は、凍結防止剤を散布することによって、路面上で固く凍結した雪氷を柔らかくし、また除雪終了後の路面凍結を防止することです。そして除雪後の路面の摩擦係数がどの程度あるかを測定するのがサーフェス・フリクション・テスター（SFT）車の役割なのです。

概ね3cm未満の積雪量の場合は、スノースイーパー車を使用して除雪し、滑走路のアスファルト面を露出させます。通常の空港の場合、滑走路幅が45mまたは60mですが、それに対してスノースイーパー車1台の除雪幅は6m以下なので、一度に数台を連ねて除雪する方法によって、できるだけ短時間に除雪が完了するようにします。

概ね3cm以上の積雪量の場合はスノースイーパー車だけによる除雪は難しいので、まずスノープラウ車によって雪氷を側方に寄せて除雪し、その後、薄くなった雪氷上にスノースイーパー車を走らせることによってアスファルト路面を露出させます。この場合も、スノープラウ車やスノースイーパー車を一度に数台投入し、連携する方法によって短時間での除雪が実施されるようにします。スノープラウ車によって側方に寄せた雪氷によって路面上にス

スノースイーパー車

スノープラウ車

ロータリー車

STF車

凍結防止剤散布車

ノーバンクが形成されるので、それを除去するためにロータリー車を投入し、側方に遠く吹き飛ばします。

除雪後は凍結防止剤を路面に散布して、路面の凍結を防ぎ、できるだけ高い摩擦係数が保たれるようにするのです。最後にサーフェス・フリクション・テスター車を走らせて摩擦係数を測定し、その結果を航空会社等に知らせます。

滑走路面摩擦係数値によって航空機車輪制動効果が Good から Very Poor までの 6 段階に区分され、航空会社はその区分に応じて、通常20ノットの最大横風制限値を15や10ノットに下げ、あるいは運航停止を行うのです。

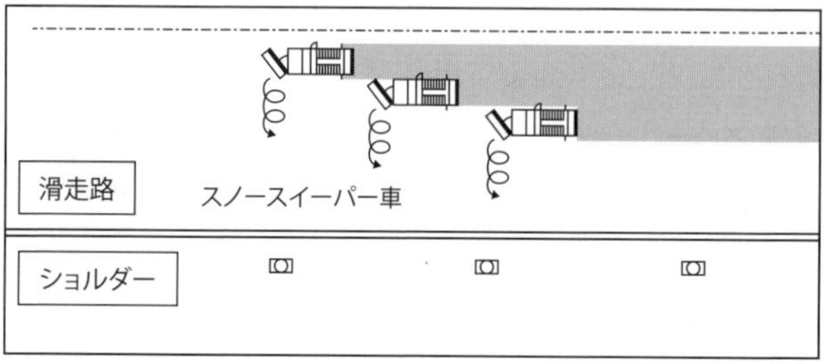

少積雪時の除雪

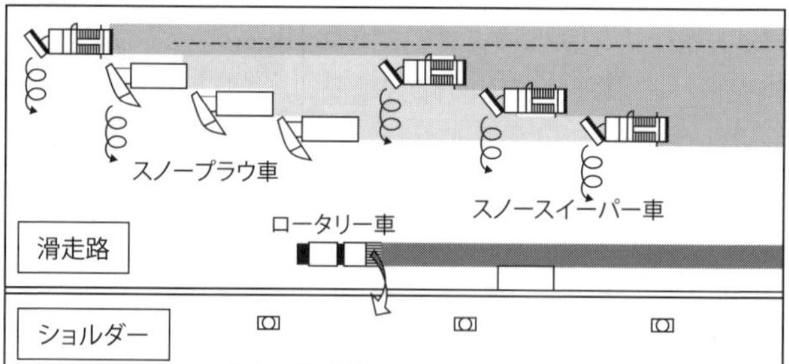

多積雪時の除雪

（10-2）航空機翼面の除氷

航空機の翼の断面を見ると、下面がほぼ平らで、上面はやや膨らんで湾曲しています。離陸を開始するとこの翼に前方から空気の流れ当たり、下面と上面にきれいに分かれて流れ、その後翼の後方でひとつの流れに戻ります。この時、空気が流れる翼上面の距離の方が下面よりも長いことから、上面の流れの速度が下面に比べて速くなります。そのため、翼を上から押す空気の圧力に比べて、下から押す圧力の方が大きくなる現象が生じ、その圧力差が翼に働く揚力となります（ベルヌーイの定理）。この時、翼の上面が着氷などによって凸凹していると、空気のきれいな流れができず、揚力が得られないのです。

駐機中の航空機に雪が降り積もった場合、離陸する前にその雪や氷を取り除く除氷（ディアイシング）作業が行われます。主翼や尾翼に除氷液をかけて取り除きます。これに使用されるのがディアイシングカーで、車両本体には除氷液とお湯のタンクが備えられています。その本体から伸びたアームの先に、高さ調節が可能な操作室があり、その先に着いた放水筒から除氷液を機体に振りかけます。また門型のディアイシングゲートが設置されている空港もあるのです。

ディアイシングカー

ディアイシングゲート

除氷液はかけてから暫くの時間、除氷効果を発揮しますが時間に限度があり、気温が低いほど有効時間が短いのです。このため、駐機しているエ

ストックホルム・アーランダ空港ディアイシングエプロン

プロンから離陸を開始する滑走路末端までの距離が長い大規模空港、特に冬場の気温が低い空港では、せっかくエプロンで除氷しても、離陸を開始する時にはまた翼に固い雪が積もっている状態になってしまいます。その対策として、ストックホルム・アーランダ空港のように、滑走路近くにディアイシングを行うための除氷装置を設置したエプロンを設けている空港もあります。

(11) 航空機離着陸とバードストライク対策

航空機が滑走路を離着陸する時の、地上面付近での速度は概ね時速200～300kmです。従って、鳥が衝突した場合に航空機に与えるダメージは大きく、バードストライクと呼ばれています。最も影響が大きいのはエンジンに吸い込まれた場合で内部を破壊することになります。2009年１月に、ラガーディア空港を離陸直後カナダガンの群れに衝突し、両エンジンが停止してハドソン川に

バードストライク

空砲銃による威嚇　出典：東京航空局 HP

不時着水したUSエアウェイズのバードストライク事故は「ハドソン川の奇跡」と呼ばれて、大変有名になりました。エンジン以外にも、コクピットの窓、翼、その他の胴体部などに衝突し、ひびや凹みを発生させ、航空機の安全運航を阻害します。日本の空港においては年間1,500件以上のバードストライクが発生していて、海鳥の多い臨海部に立地し多数の航空機が離着陸している羽田空港における発生数は、14年に約200件に上っています。

空港におけるバードストライク対策としては、バードパトロール（空砲銃や花火を使用して滑走路付近の鳥を追い払う対策法）、銃機音と同様の音や鳥の嫌がる音を定期的に発生する装置を滑走路周辺に配置する対策法などが取られていますが、いずれも大きな効果を上げられていない状況なのです。

佐賀空港と熱気球の共存

(1) 熱気球廃止の約束

晩秋の佐賀空港に着陸する航空機に乗っていると、北側の窓から空に浮かぶたくさんの熱気球を見ることができます。

かつて、この大変すばらしい機上からの光景は「見ることができない」ことが約束されていたのです。1988年（昭和63）9月のことですが、佐賀県は航空局に対して佐賀空港の設置許可を申請しました。佐賀平野ではこの時すでに熱気球の飛行が盛んに行われていて、中でも毎年11月初めに開催されるインターナショナルバルーンフェスタは多くの人々を集める大きなイベントに成長していました。佐賀空港の建設地はその佐賀平野の南端部でした。航空機と熱気球が同じ佐賀平野の上空を飛行することは考えられず、航空局は佐賀県にどうするのかを尋ねました。県は空港開港までに佐賀平野における熱気球の飛行を止める旨を約束し、それを条件に佐賀空港の建設が許可されたのです。航空機と熱気球の共存が不可能なことは誰の目にも明らかで、県としては苦渋の決断でした。

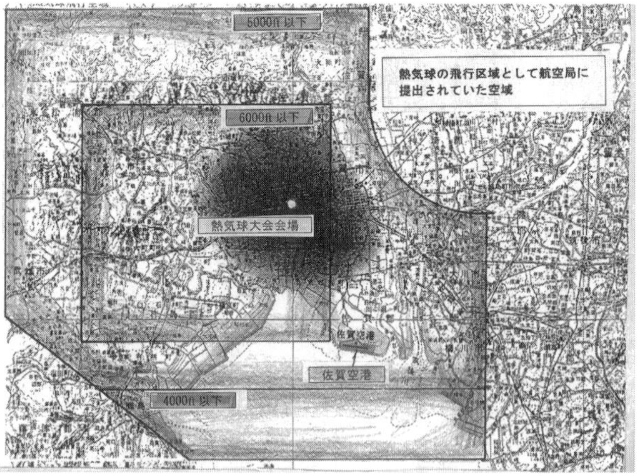

熱気球の飛行範囲と佐賀空港の位置
出典：検討会資料

⑵ 技術的検討会の立ち上げ

1993 年（平成 5）、用地問題を解決した佐賀空港はいよいよ着工の年を迎えました。建設に要する期間は 5 年です。熱気球を止めなければならない時期が 5 年後に迫っていました。熱気球廃止はやむを得ないと分かりながら、何とか熱気球を存続することができないかという気持ちが市民や熱気球関係者の間に高まります。それまで県は自らの具体策を持てず、ただ市民の声に押されて空港開港後の熱気球存続の方法がないかを国に陳情していたのですが、国からはいつも「その問題は解決済み」という回答でした。しかし時期が迫り、共存に対する最後の検討を試みることにしたのです。

理屈の上では共存の方法として、航空機と熱気球飛行の「時間分離」と「空間分離」が考えられますが、実際の共存可能性があるとすれば「空間分離」でした。航空機の運航時間帯は朝から夕方までが必要で、それを削ることは空港の機能を阻害することになってしまいます。熱気球の飛行をそれ以外の時間帯に移すことは夜間の飛行を意味し、現実的ではないのです。県は「空間分離」の方向性を前提に、「佐賀空港及び熱気球飛行の両立可能性に関する技術的検討会（技術的検討会）」を立ち上げることを決め、航空機運航・航空管制等に精通する航空局の関係課職員、熱気球の飛行・性能を熟知する様々な熱気球団体の代表者、そしてインターナショナルバルーンフェスタを後援する佐賀市の職員に参加を呼びかけました。こうして、1994 年（平成 6）10 月、同検討会が発足したのです。開始に先立って、①検討会は航空機と熱気球の共存についてあくまで技術的検討を行う場とする、②仮に共存が可能という結果が出た場合には県がそれを取りまとめた上で改めて航空局に共存を要望する、③仮に共存は不可能という結果が出た場合にはそれを認めて熱気球継続を潔く諦める、という 3 つのことを確認したのでした。

⑶ 航空機と熱気球共存の模索

検討会において 1 番目に行ったのは、佐賀空港を離陸する航空機の標準出発経路と着陸する標準到着飛行経路、及びそれぞれの保護空域の設定です。この作成作業は航空局の専門職員が行いました。これらの保護空域

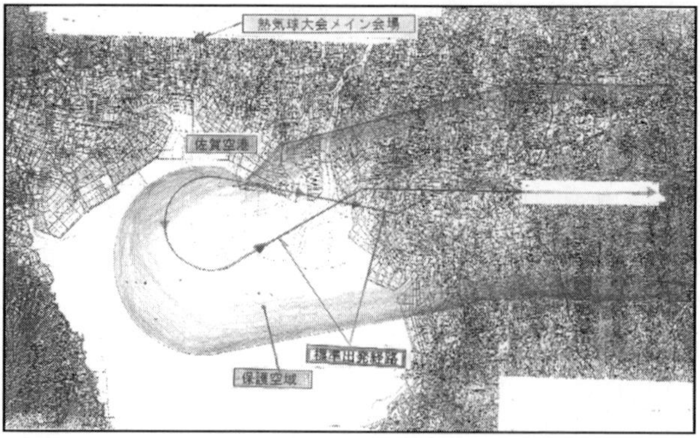

佐賀空港の標準出発経路と保護空域

出典：技術的検討会資料

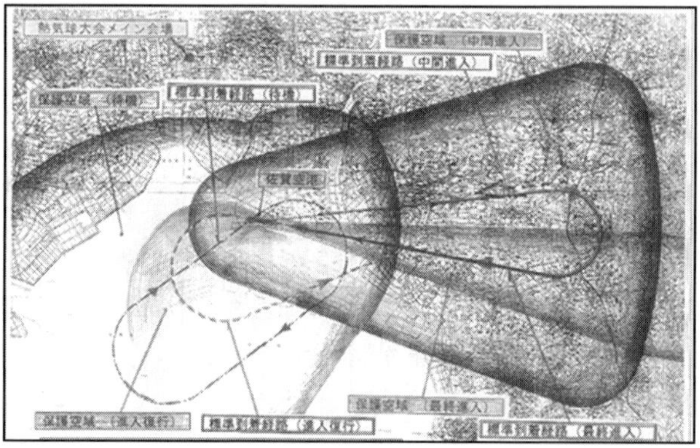

佐賀空港の標準到着経路と保護空域

出典：技術的検討会資料

全体を「航空機飛行空域」とし、その中に熱気球が浮かんでいなければ航空機は安全に離着陸できるのです。

２番目は、「航空機飛行空域」を除いた部分を「熱気球飛行空域」として設定することでした。その２つの空域の間にはバッファーゾーンを設けて、より安全性が高まるようにしました。「熱気球飛行空域」の設定は県の職員が行い、熱気球団体は設定した「熱気球飛行空域」の中だけを使って様々な熱気球競技を効果的に行えることを確認したのです。こうして「空間分離」ができ上がりました。

3番目に必要なことは、操縦機能を持たない熱気球が確実に「熱気球飛行空域」内に止まり、逸脱しないための確実な空間に仕上げることでした。熱気球はバーナーを炊くことにより球皮内の空気を暖めて上昇し、球皮上部の排気弁を開いて空気を逃がすことによって降下します。緊急時には排気弁を大きく開くことによって、「緊急降下速度」で降下することができるのです。この機能を使って熱気球パイロットは高度を調節し、高度によって方向と速さの異なる風に載って行きたい方向に向かうのです。安全のため熱気球飛行することのできる「限界風速」が決められていて、一定以上の風速の場合は飛行を中止することになります。従って、もし熱気球が「限界風速」の風に流されて「航空機飛行空域」の方向に向かったとしても、「熱気球飛行空域」の地上境界線部分から同空域側に斜めに傾斜する「熱気球降下開始線」を設定し、熱気球がその線から一定の距離に接近したことを熱気球パイロットに確実に知らせることができれば、緊急降下によって熱気球を「熱気球使用空域」内で確実に着陸させることができるのです。「熱気球降下開始線」の勾配は、「緊急降下速度÷限界風速」です。

4番目には、「熱気球が熱気球降下開始線から一定の距離に接近したことを熱気球パイロットに確実に知らせる手段」の考案が必要でした。これに対しては熱気球団体が答えを出しました。全ての熱気球に「位置警報装置」を

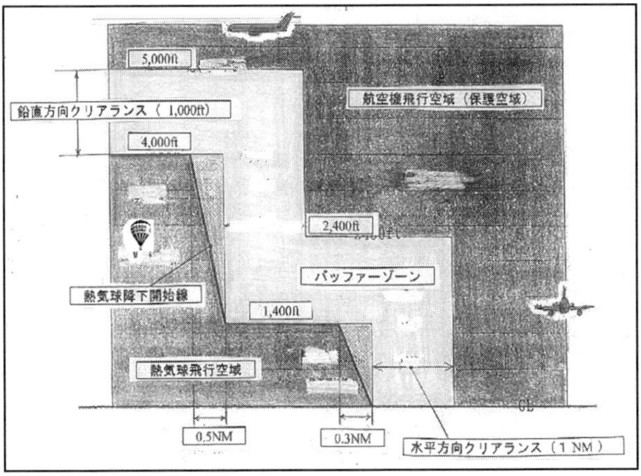

航空機飛行空域と熱気球飛行空域の分離
出典：技術的検討会資料

搭載することを提案したのです。この装置は、GPSと高度計の機能を組み合わせるもので、「熱気球降下開始線」を含む「熱気球飛行空域」の空間情報データを内蔵し、熱気球が「熱気球降下開始線」に接近した場合には音で熱気球パイロットに知らせるという装置でした。その場合、そのパイロットはすぐに「緊急降下速度」での降下を開始するのです。

こうして技術的に、航空機と熱気球の安全な飛行を両立させる方法がつくり出されたのです。保護空域の設定は通常、航空機の出発・到着に対する安全な標準飛行経路を確認する手段として使用されますが、それが航空機と熱気球、2つの空域の分離に活用された事例となりました。

(4) 開港後の佐賀平野に浮かんだ熱気球

検討会の結果は佐賀県によって手作りの報告書にまとめられ、それを添えた要望書が航空局に提出されたのでした。要望書の内容は、佐賀空港開港後も佐賀平野における熱気球の飛行継続を認めてもらいたいというものです。そのために必要な処置は県が責任を持って行うとことも書かれていました。一定の期間をおいて航空局から、佐賀県の責任で安全の設定と管理を行う事を条件として熱気球継続を了解するという回答があったのです。開港まであと2年を残す時期でした。地元では大々的な報道が行われて、熱気球がなくなると思っていた市民の間には大きな喜びが広がったのでした。2年の間に準備が整えられ、佐賀空港が開港した1998年（平成10)、その年も熱気球が秋の空に舞う姿を見ることができたのです。

佐賀平野上空に浮かぶ熱気球

5 航空輸送・地上交通輸送と旅客ターミナル

現代の空港においては、離着陸施設と並んで旅客ターミナルが大変重要な機能を果たしています。この旅客ターミナルをローデングエプロン・旅客ターミナルビル・カーブサイド・駐車場・鉄道駅舎などから構成される一体の施設として捉え、航空輸送・地上交通輸送の結節点という視点で、その施設や活動について説明したいと思います。

(1) 旅客ターミナル

航空旅客輸送と地上交通旅客輸送を結ぶ施設群が旅客ターミナルです。ここでは、旅客機が駐機するローディングエプロン、地上交通のための構内道路・駐車場・駅舎、またそれらの中簡に位置して旅客と手荷物を取り扱う様々な機能を持つ旅客ターミナルビルを合わせた複合施設を旅客ターミナルとして扱います。

(1-1) 空港における旅客ターミナル位置

滑走路に対する旅客ターミナルの位置関係が、その空港における航空機地上走行の効率性に大きな影響を与えることになります。空港規模によりますが、単数あるいは複数の滑走路に対して旅客ターミナルができるだけ近接する位置に配置されていることが、離陸前のあるいは着陸後の航空機地上走行距離を短くし、また走行時間を短くすることになります。また旅客ターミナルが滑走路に対してできるだけシンプルな配置になっていることが地上走行経路の単純化に繋がり、航空機走行経路間の交差を少なくすることになります。

一方で、旅客ターミナルが余り滑走路に近づきすぎると、駐機航空機や旅客ターミナルビルが転移表面に抵触するという問題が発生するので、これを避ける配置とする必要もあるのです。

(1-2) 旅客ターミナル機能

旅客ターミナルには様々な、そして独特の機能が配置されています。航空交通及び地上交通とのインターフェース、また出発・到着する旅客と受託手荷物のフローが分離するという旅客ターミナルの特長を捉え、ここではそれらの機能を航空交通結節機能、地上交通結節機能、出発旅客取扱機能、到着旅客取扱機能、出発受託手荷物取扱機能、到着受託手荷物取扱機能に分けて、それぞれにどのような施設や設備で構成されているかを見ていくことにします。

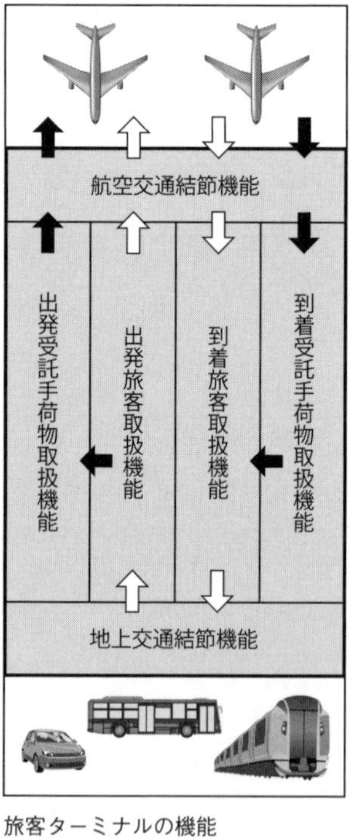

旅客ターミナルの機能

①航空交通結節機能

この機能の中心は、航空機が駐機するスポットと、それに対応するターミナルビル側の旅客の搭乗・降機ゲートで構成されています。スポット・ゲートの関係に注目すると、「固定スポット／固定ゲート」と「オープンスポット／オープンゲート」の２つの種類があります。固定スポット／固定ゲートは、ゲートの前面にスポットが位置し、お互いに１対１の関係に固定化された関係で、多くの場合旅客が航空機に乗降するための搭乗橋が設置されています。地上歩行とタラップ車等使用による乗降を行う空港もあります。これに対してオープンスポット／オープンゲートは、スポットがゲートから離れた位置にあって、多くの場合バス乗降ゲートとスポットとの間をランプバスで結び、タラップ車などを使って乗降する方法が取られます。ひとつのゲートから複数のスポットに歩行でアプローチする空港もあります。

航空交通結節機能の施設・設備としては、スポット（エプロン）、ゲートの他、搭乗橋、ランプバス、タラップ車、搭乗待合ラウンジ、また受託手荷物用のコンテナドーリー、積み卸し車両等を挙げることが出来ます。

②地上交通結節機能

空港への地上交通としては少なくとも自家用車、タクシー、バス、レンタカーなどの道路系交通手段が使用されていますが、大規模な空港になると電車やモノレールのような軌道系大量輸送機関も使われます。道路系交通との結節機能として用意される空港内の施設には構内道路、カーブサイド（接車フロント）、駐車場、バスプール、タクシースタンド、レンタカー置場等があり、軌道系交通用としては駅舎が設けられます。

構内道路システムは円滑な自動車交通の流れを考慮して、通常は交通信号機の無い一方通行道路として作られます。ターミナルビル前面のカーブサイド設置区間では、停止・加減速・通過する様々な交通流を考慮し、多数の車線が確保されます。また、単一では十分な長さのカーブサイド長が確保でき無い場合には、道路内にアイランドを設置して複数のカーブサイドを確保する方法が取られます。カーブサイドには、バス・タクシー・自家用車などの乗降場が置かれ、道路交通を利用する旅客が旅客ターミナルビルに最短距離で辿り着けるように配慮されています。大規模な空港になると、旅客ターミナルビルが2層方式になるのに合わせてビル前面の構内道路にはダブルデッキが採用され、出発旅客と到着旅客の使用するカーブサイドの立体分離が行われるのです。通常は上部階に出発旅客用、下部階に到着旅客用のカーブサイドが設けられます。

一般駐車場は、中小規模の空港においては旅客ターミナルビル前面に平面的に設置されます。しかし、空港の拡大に伴って駐車場規模が大きくなると立体駐車場が設置され、歩行距離の短縮と駐車場用地利用の効率化が図られます。それでも米国のような車社会では、巨大空港の駐車場は広大なエリアに広がり、遠い位置にある駐車場は使いづらくなります。そのため、旅客ターミナルビル近傍に立地して利便性の高い駐車場を短期使用駐車場とし、遠隔地に立地する駐車場を長期使用駐車場と位置付けて、後者の駐車場使用料を前者よりも安くし、場合によっては無料のバスで旅客ターミナルビルとの間を送迎する処置を行うことによって、両方の駐車場ができるだけ均一に使用されるような運営が行われています。

タクシースタンドは、大量のタクシーが構内道路に停車して道路の通行を妨げることが無いようにする目的で設けられます。その出口は、そこを出たタクシーが一般車の通行の流れを阻害せず、またカーブサイドにあるタクシー乗車場に円滑に辿り着ける位置に設置されます。

バスプールもまた、バスによる構内道路上の駐停車によって道路交通が阻害されることが無いようにするために設置され、観光バスの駐車や乗降、路線バスの一時待機などに使用されます。

レンタカーは、来訪者にとって大変便利で大切な交通機関で、空港内での貸出し、また返却が行えることが望ましい姿です。しかし日本においては、国有地である空港用地使用上の制約から、空港外の近傍にレンタカー置場と貸出し・返却事務所が置かれ、受付のある旅客ターミナルビルとの間を無料送迎する形態を取っている空港がほとんどです。一方、海外においては、レンタカー置場と事務所が旅客ターミナルビル近傍の歩行距離圏内に設置されてます。また特別な手続き無しでレンタカーを返却できるシステムが採用されている空港もあり、大変利便性の高い形態が作られています。

③出発旅客取扱機能

地上交通機関を使用して空港に到着した旅客は、航空機に乗るための手続きとして最初にチェックイン（搭乗手続き）を行います。この手続きを行うための施設が出発ロビーにあるチェックインカウンターで、壁際に一列に並んだ形状のものと、ロビー内に島状に配置された形状のものとがあります。チェックインカウンターでは、航空券の購入や、購入済みの航空券を提示し座席・出発時刻・搭乗ゲートが印字された搭乗券の受取を行います。現在では、セルフ式チェックイン機が設置されている空港も多く、またオンラインチェックインを行うことによりカンターでの手続きが不要なシステムを採用している空港もあります。

チェックインのもうひとつの役割は手荷物の受託です。機内持ち込みのできない大きなサイズの手荷物を持っている場合、旅客はそれをチェックイン時に航空会社に預け、搭乗する航空機の下部貨物室に入れて、目的空港へ運んでもらいます。受託手荷物に時限爆弾などが入っていると大変ですので、受託前、空港によっては受託後に保安検査を行います。手荷物受託の方法として、従来のカウンターでの地上スタッフによる受託方法の他、旅客が自分で荷物を預けるセルフ式の自動手荷物預け機も現われています。

セルフ式チェックイン機

自動手荷物預け機

出発ロビーの周辺には、飲食店や物販店が配置されています。

チェックイン手続きの後、搭乗客は機内持込手荷物検査と旅客自身のボディチェックの２つの保安検査を受ける必要があります。この保安検査場も出発旅客取扱機能の重要な施設です。保安検査場を境界線として、その手前をダーティエリア（セキュリティ上問題のある可能性があるエリア）、その後をクリーンエリア（その問題が無いエリア）とはっきり区別して扱います。

国際線を取扱う旅客ターミナルの場合には、出発旅客動線上の次の施設として出国審査場が配置されています。

保安検査場・出国審査場を出た後は、航空交通結節機能である搭乗待合ラウンジに向かうことになりますが、それまでの間に飲食店、物販店（国際線ターミナルの場合は免税店も含む）があり、大規模空港の場合には航空会社ラウンジ等の専用ラウンジが設けられ、旅客移動を支援するためのムービングサイドウォーク（動く歩道）や APM（自動運転軌道システム）等が配置されています。

④到着旅客取扱機能

航空機から降り到着ゲートを通過した旅客は、到着コンコースを通ってバゲージクレイムエリア（受託手荷物返還施設）に向かいます。大規模な空港ではコンコースにムービングサイドウォークが設置されており、あるいは APM があって歩行距離の短縮が図られています。国際線ターミナルではバゲージクレイムの手前に、検疫施設と入国審査場が設置されています。バゲージクレイムではターンテーブルを使って送られてくる受託手荷物を受け取り到着ロビーに出ますが、国際線施設の場合は出る前に、税関・動物検疫・植物検疫の各審査を受け、必要に応じて関税の支払いを行います。到着ロビーへの出口がクリーンエリアとダーティエリアの境界線として扱われ、日本では通常保安職員を配置して、出口から人がクリーンエリアに逆行してくるのを防いでいます。

⑤出発・到着旅客取扱機能分離

日本の空港における国内線ターミナルの場合、クリーンエリアにおける出発旅客動線と到着旅客動線が分離されていないターミナルビル（羽田空港第１旅客ターミナルビル等）と完全に分離されているビル（同空港第２旅客ターミナルビル等）、また非完全な分離が行われているビルがあります。これは時代と共にセキュリティ対策の強化が望まれるようになり、相手空港で保安検査をすり抜けて持ち込んだ武器を仲間の出発旅客に手渡す可能性を防止する、という考え方が途中から導入されたことによるものです。

一方で国際線ターミナルの場合は通常、クリーンエリアにおける出発（出国）旅客動線と到着（入国）旅客動線の完全分離が行われています。しかし海外では、それが分離されていない空港（シンガポール・チャンギー空港等）もあります。

ダーティエリア部分では、1層あるいは1.5層方式が採用される中小規模の空港は、出発・到着動線が同一空間に存在するビルの作り方が行われますが、2層方式が採用される大規模空港の場合は、出発動線と到着動線を分離する作りとなります。

⑥出発受託手荷物取扱機能

出発受託手荷物取扱機能としてはBHS（バゲージハンドリングシステム）が活躍しています。チェックインカウンターで受託された手荷物は通常、ベルトコンベアによって旅客ターミナルビルのエプロン側に位置するメークアップエリアに運ばれ、搭載航空機毎のコンテナに積み込まれます。小規模空港の場合は搬送されてきた手荷物を係員がその場で、目で見て判別するだけですみますが、一度に数多くの航空機が出発する大規模規模空港においては、ベルトコンベアによる搬送中に自動仕分けが行われて、搭載航空機別のメイクアップコンベアに送られるのです。自動仕分けの方法は、その空港が採用しているバケージハンドリングシステムによって異なりますが、バーコード読み取り方式、ICチップ読み取り方式、ウィンドゥ割当て方式など様々です。ウィンドゥ割当て方式は関西国際空港の第1旅客ターミナルビルの国際線BHSで使用されているユニークな方式で、ベルトコンベア上に区画番号を持った一定形状の架空区画（ウィンドゥ）を割り当て、その中にひとつだけの手荷物を置き、コンピューター制御をしながらウィンドゥの番地で仕分けを行う方法なのです。

⑦到着受託手荷物取扱機能

到着した航空機から卸され、コンテナドーリーで旅客ターミナルビルに運ばれてきた受託手荷物は、コンテナから出されて指定のターンテーブルに載せられてビル内部のバゲージクレイムエリアに搬送されます。

(2) 航空機駐機数と旅客ターミナルコンセプト

航空旅客による円滑で効率的な航空機乗降を考慮すると、旅客を取扱う建物である旅客ターミナルビルと航空機が駐機するス

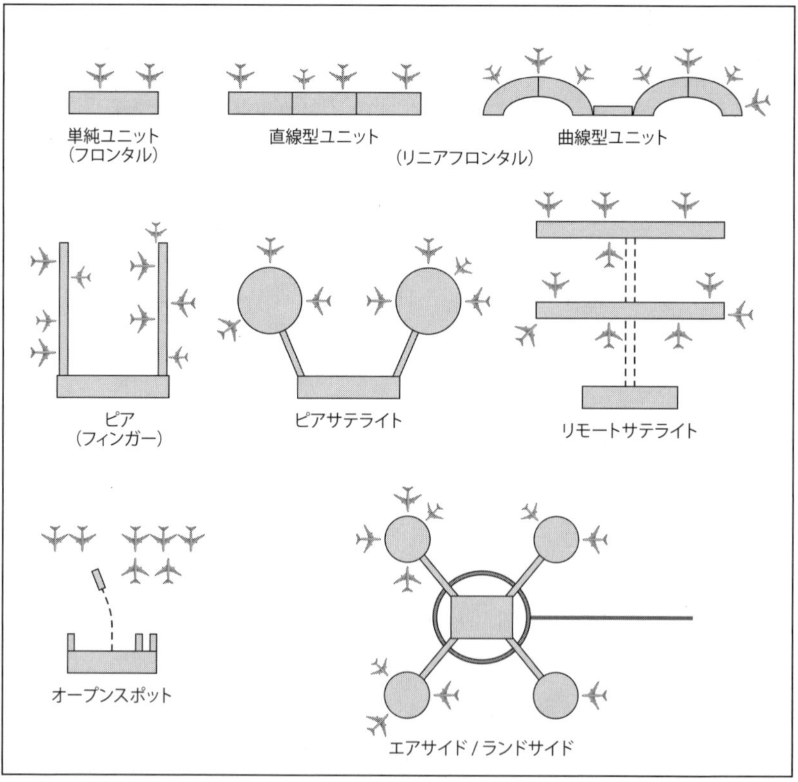

旅客ターミナルコンセプト

ポットを一体的に捉え、「旅客ターミナル」という包括的な施設として計画することが合理的です。その旅客ターミナルの基本構成は「ターミナルコンセプト」として、時代や需要規模（取扱旅客数・駐機数）を背景に様々なタイプが考案され、取り入れられてきました。特に、多数の航空機が就航する大規模空港においては、数多くの駐機スポットが必要となりますが、それに伴って旅客ターミナルビル規模が巨大になり、ビル内部における旅客の出発、到着、乗換の動線距離が長くなってしまいます。チェックイン・搭乗ゲート間の歩行距離快適限度は約300mと言われており、旅客ターミナル計画上これを配慮して様々なターミナルコンセプトが世界中の空港で考案されてきたのです。ここでは古くから、航空機と航空機運航の発達に合わせて、多数の空港が建設され、多様なコンセプトが考え出されてきた米国を中心に、その変遷を含めて旅客ターミナルコンセプトについて説明します。

(2-1) 単純ユニット方式・複数ユニット方式（フロンタル方式）

初期の空港の旅客ターミナルは、ひとつあるいは複数の航空会社を対象に、すべての旅客取扱機能を1棟の建物に収容した機能集中型ターミナルビルで、「単純ユニット方式」と呼ばれました。ターミナルビル前面に駐機スポットが配置される形態から「フロンタル方式」とも呼ばれます。現在でも、航空機内蔵ステップやステップ車を使用して航空機乗降する小規模空港、また鹿児島空港のような搭乗橋を使用する中規模空港でも、世界中で数多く採用されている方式です。

鹿児島空港旅客ターミナル

米国の大都市圏における大規模空港の旅客ターミナルビルは当時、各航空会社によって建設され、それぞれの旅客ターミナルは独自のユニットターミナルとして機能して、「複数ユニット方式」

ジョン・F・ケネディ国際空港旅客ターミナル

と呼ばれます。ジョン・F・ケネディ国際空港はその典型的な事例で、多くのターミナルが建て替えられ、ひとつひとつのターミナルに独自のコンセプトが採用されている現在でも、その当時の名残を見ることができます。

ユニット方式の狙いは、航空機搭乗までの旅客動線の最短化ですが、「複数ユニットターミナル」を必要とする大規模空港になると、航空会社間の乗換えに際し旅客に不便と分かりにくさを強いることになります。

(2-2) リニアフロンタル方式（直線形・曲線形ユニットターミナル）

需要が増え空港規模が拡大するに従い、単純ユニットを横にいくつも並べた形の「直線形ユニット方式」が作られました。各ユニットにはそれぞれに本館機能が設置され、駐機スポットとの間の短距離旅客動線が確保されます。また各ユニットがランドサイド側で繋がっているために乗換移動は便利ですが、ユニット数が増えて来ると移動距離が長すぎるようになってしまいます。

直線型の発展形として、ターミナルを半円状に湾曲させた「曲線型ユニット方式」が作られました。このコンセプトの狙いは、より多くの駐機スポットを確保することです。旅客需要の増加に伴う駐機スポット数の増加に比べて、ターミナルビル規模面積の増大割合は比較的少ないため、このコンセプトは合理的と言えます。

これらのコンセプトは合わせて「リニアフロンタル方式」とも呼ばれます。その空港で乗降する旅客にとっては、旅客動線が大変短く、また分かりやすいコンセプトです。しかし、ユニット数の多い空港では乗り継ぎ客にとっては分かりにくく、また動線が長過ぎるため歩行距離を短縮するための移動手段が必要となります。本館機能を多数の箇所に分散しなければならず、施設設置上、また運営上、効率的とは言えません。

「曲線型ユニット方式」の代表例として、米国のダラス・フォートワース国際空港を挙げることができます。この空港では当時、たくさんの「曲線ユニット方式」の旅客ターミナルを、中央を通る幹線構内道路を挟んで2列に並べ、ターミナルビル間を「トラム」と呼ぶ旅客輸送システムで連結する計画で作られています。現在は5つの「曲線ユニット方式（一棟は矩形)」ターミナルが供用し、より高速の「スカイリンク」と呼ばれる、世界最速の全自動空港内旅客輸送システムで結ばれています。将来的には13の旅客ターミナルを配置する構想があります。

ダラス・フォートワース空港旅客ターミナル

スカイリンク

(2-3) ピア方式（フィンガー方式）

「単純ユニット方式」からのもうひとつの進化方向が「ピア（フィンガー）方式」です。「ユニット方式」ターミナルが機能集中型なのに対して、「ピア方式」は機能分散型ターミナルビルで、旅客ターミナルビル機能が、チェックイン・バゲージクレイム・飲食物販店などの機能を持つ「本館」と航空機乗降機能に特化した「ピア」に分かれたといえます。一棟の旅客ターミナル本館に対して、両側に駐機スポットを持つピアを複数設置することによって、より少ない施設で駐機数を最大化することができるようになったのです。当初は地上階に簡素な乗降コンコースとして設けられたピア（フィンガーと呼ぶ方が適当かもしれません）ですが、時代を経るに従って２階レベルに設けられるようになり、搭乗橋やゲートラウンジの設置、本館での立体的出到着分離等の機能が導入され、大変高度で複雑な形状のコンセプトとして開発されて行ったのです。今日では世界中の多くの空港でこのコンセプトが採用されています。ピアは航空機乗降と搭乗待合機能が主となるので、本館を離れると飲食・物販の機能などが貧弱となる傾向があります。

このコンセプトには、長いピアの末端に行くほど本館からの旅客動線距離が長くなるため搭乗ゲート間のサービスレベルに大きな差が生じること、またゲートによっては乗換の距離が大変長くなるという課題があり、「動く歩道」などの設置によってこの改善を考慮する必要があります。もうひとつの課題はコンコースに駐機する航空機の出入りが、背後を通過する他の航空機のエプロン内走行を妨げることになり、本館近くに駐機する航空機に対する制約が大きくなる傾向があることです。航空機走行レーンの他にプッシュバックレーンを設置してこれを解決する方法がありますが、数本のピアを設置する場合はエプロンエリアが十分に確保できないので容易ではありません。

(2-4) ピアサテライト方式

「ピア方式」が更に進化し、本館から伸びたピア形コンコースの先端に円形や矩形のアトリウムサテライトを配置し、その周囲に航空機が駐機する「ピアサテライト方式」が現れました。サテライトには、各ゲートから近い位置に充実した搭乗待合ラウンジ、飲食、物販機能を配置することができます。また、本館と各ゲート間の距離に大きな差が生じないため、各搭乗ゲート間のサービスレベルの均質化が図れます。航空会社ラウンジを搭乗ゲート近くに確保できることも利点と言えるでしょう。本館とサテライトの間はピアで繋ぎますが、ピアが長くなる場合には、動く歩道や旅客輸送システムなどの、歩行距離を短縮する手段を設置することになります。デメリットですが、ピア部分が２階レベルに設置されるため、航空機がそれを横断して走行することができず、航空機マヌバリングに一定の制約が発生します。大規模空港において複数の本館を設置する場合の欠点は、ピア方式と同様に、使用する本館の異なる航空機間の乗換が分かりにくく、また不便であることが挙げられます。

(2-5) リモートサテライト方式

60～70年代になると、ピアサテライトコンセプトは、本館と大規模なサテライトの間を地下通路で繋ぐ「リモートサテライト方式」へと更に進化しました。本館と各サテライト間の距離が長くなるので、地下通路には通常、全自動運転旅客輸送車両が設置されていて、旅客を円滑かつ大量に輸送します。このコンセプトの利点は、「ピアサテライト方式」と異なり、本館とサテライト間に航空機走行に有効な空間を残しながらサテライトを配置することができる点です。更に、複数のサテライトを直列配置で建設することができ、多数の駐機スポットを持つ複数の大規模サテライトを建設することが可能で、サテライトの増設による将来拡張も容易であることが挙げられます。更に本館を比較的コンパクトにすることが出来るという利点もあります。

このコンセプトの典型事例としては、アトランタ国際空港における「ミッドフィールド方式」と呼ばれる旅客ターミナルコンセプトを挙げることが出来ます。それはターミナルビル本館と５本の平行サテライトから構成される方式でした。大変画期的で有効なコンセプトで、この方式はその後ミュンヘン空港の第２ターミナル、シカゴ・オヘア国際空港の第１ターミナル、デン

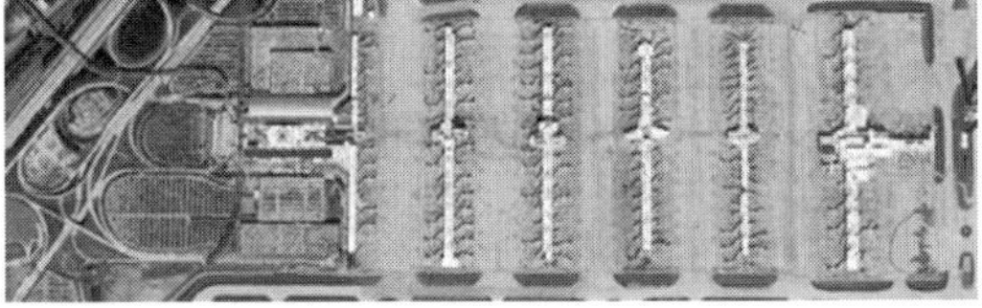
アトランタ空港旅客ターミナル

バー国際空港などで採用されました。この方式はアトランタ空港に要求された条件に適格に応えるためのコンセプトとして考案されたものだったのです。第１に急増する航空旅客需要に対応するためターミナルビルの拡張余地が十分にあり、さらに空港の機能に支障なく容易に拡張可能なことが求められました。２番目には膨大な航空機発着回数に対応するため、地上における航空機動線が単純で短く、駐機スポット数が多く、かつ空港の機能に支障を与えること無くスポットを容易に拡張可能であることが要求されました。３つ目の要求は、高い乗継旅客比率（当時約65%）に対応するため、乗継旅客の移動距離、特に歩行距離が最小限で、かつ動線が単純であることでした。

(2-6) オープンスポット方式

旅客ターミナルビルの搭乗ゲートと搭乗橋によって１対１で結ばれた駐機スポットを固定スポットと言いますが、これに対してビルから離れた位置にあるエプロン上に配置された駐機スポットをオープンスポットと言います。多数のオープンスポットを設置しておいて、本館とこれらのスポット間をランプバスなどで輸送する方法が「オープンスポット方式」です。通常、航空機乗降はステップ車の階段を使用するので、バリアフリーの面、また降雨・強風時の使用を考えると旅客サービスレベルは低く、普通は固定スポット不足を補完するための手段として使用されます。空港によってはこの改善のため、エスカレータや搭乗橋を有するボーディングステーションをオープンスポットに設置している場合もあります。

ボーディングステーション

新たなジェット旅客機の時代に対応する最初の空港としてデザインされたワシントン・ダレス国際空港が62年に開港しましたが、

モビルラウンジ

その旅客ターミナルコンセプトは、「オープンスポット方式」を積極的に取り入れた「モビルラウンジターミナル」という画期的な方式でした。「旅客ターミナル本館」と多数の「オープンスポット」を互いに離して配置し、その間をモビルラウンジと呼ぶ「動く搭乗待合室」で移動するという計画です。モビルラウンジは昇降式で、航空機搭乗口に直結するというコンセプトでした。出発旅客は、本館前にずらりと並んだモビルラウンジのうち、自分が乗る便に向かうラウンジに乗り込んでその出発を待つのです。旅客ターミナルビルは比較的小規模でよく、旅客歩行動線は短く、需要の増加にはモビルラウンジの台数を追加するだけで対応できる、という理想でした。しかし実際は、モビルラウンジの出発時刻に乗り遅れないよう早々に乗り込む客で車内は過度に混雑し、60年代末に大型ジェット機が就航するとその混雑はピークに達しました。またモビルラウンジはメンテナンスに費用がかかり過ぎ、運用コストの増加に繋がりました。90年代半ばには同空港は「モビルラウンジターミナル」を放棄し、それに代わるサテライトや中央コンコースを建設したのです。このモビルラウンジコンセプトを採用する空港はその後現れることはありませんでした。

ランプバスを使用して、あるいは徒歩で本館からオープンスポットに移動し、駐機している航空機に搭乗する方式は世界各地の空港で行われています。

(2-7) エアサイド／ランドサイド方式

「エアサイド施設」と「ランドサイド施設」を物理的に分離するコンセプトである「エアサイド／ランドサイド方式」は、米国

タンパ国際空港

のタンパ国際空港の開港によって出現しました。エアサイド施設には、航空機への旅客の乗降、手荷物の搭載・積卸し、給油等の効果的な処理に焦点を当て、ランドサイド施設にはチェックイン、バゲージクレイムの他、飲食店・物品販売店・アトリュウム等の豊かな快適施設の提供に焦点が当てられました。その両施設を全自動高架型旅客輸送システムで結ぶ方式でした。エアサイド、ランドサイド２つの処理機能を完全に分離し、いずれの環境の変化にも対応する、という大きな柔軟性を持ったコンセプトとして計画されたのです。

ピアサテライト方式の本館とは異なり、ランドサイド施設の位置はエプロンに面しておらず、構内道路内側の中央に、駐車場と一体的に配置されます。

このコンセプトはその後、ピッツバーグ国際空港、オーランド国際空港へと広がって行きました。

(3) 航空機駐機数・駐機時間とエプロンスポット数

搭乗客への良好なサービス提供の面から、また空港の効率的な運用の面からも、航空機が誘導路上に留まることなく、到着後すぐにローディングスポットに駐機できるようにすることが必要です。このため、その空港の航空機就航状況に見合った適切な数の駐機スポットを設置する必要があります。

季節運航や臨時運航などがあるため、航空機の1日当たりの便数は年間を通して同じではなく、スポット数の確保は、適切なピークシーズンの日に合わせて考える必要があります。また、一日の時間帯でも、到着機数と出発機数の変化から駐機数が変わるので、ピークとなる時間帯に合わせる必要があります。ピーク時間の駐機数は各航空機の駐機時間により変わり、その駐機時間は航空機の大きさ、長距離路線・短距離路線の別、FSC・LCCの別等によって変わってくるのです。また、大規模で航空会社の基地になっている空港ではローディングエプロンの他、カーゴエプロン、ナイトスティ専用エプロン等も必要になります。更にスポットの形状には、大型・中型・小型ジェット機用やプロペラ機用の別があり、形状別の所要スポット数を考慮する必要がありま

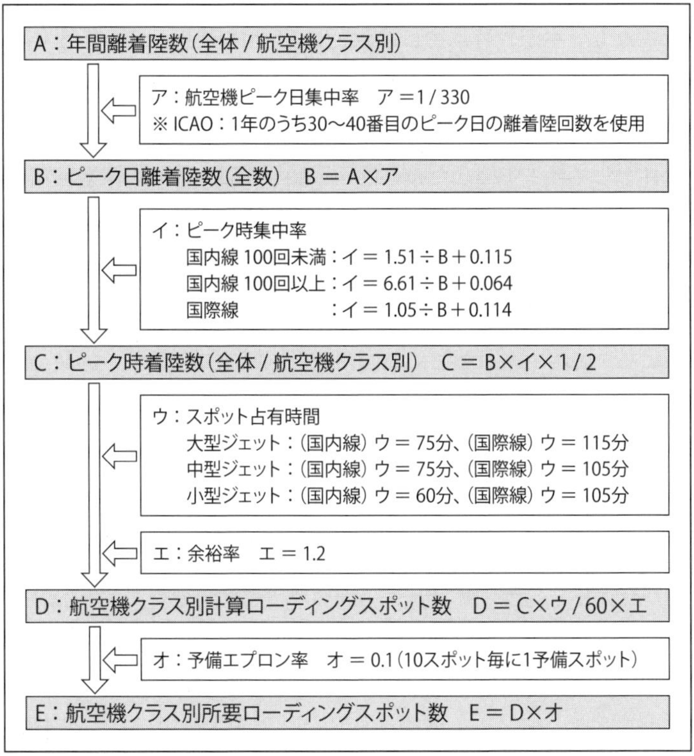

日本におけるスポット数算定手順

す。これらを考えながら、その空港の運用形態や就航状況に適した数のスポットを多少の余裕を持って確保するのです。

日本の空港において使われている、具体的なスポット数算定手順について見てみたいと思います。手順の第1として、当該空港における「年間離着陸回数（A)」を、航空機クラス別とそれらの合計数について整理します。その空港の将来計画の場合は、目標年の離着陸回数ということになります。この場合の航空機クラスは、大型ジェット機（航空機コードE：B777、A340等)、中型ジェット機（コードD：B767、A300等)、小型ジェット機（コードC：B737、A320等）などです。次に「年間離着陸数」に「航空機ピーク時集中率（ア)」を掛けて、「ピーク日離着陸数（B)」を算出します。この場合の「航空機ピーク日集中率」は、「第2ピーク月平均日離着陸数の年間離着陸数に対する率」という考え方ですが、日本では経験的に1/330を使用しています。これは、年間の最高ピーク日の離着陸数を使用すると、施設投資が過大になるという考えが背景にあります。なお、ICAOではピーク日として、1年のうちの上位から30〜40番目の日の離着陸回数を使用するという考え方です。3番目に、「ピーク日離着陸回数」に「ピーク時集中率（イ)」を掛け、それを2分の1して、「ピーク時着陸回数（航空機クラス別)」を得ます。日本では「ピーク時集中率」として、国内線と国際線に分けて、経験を基に作成された「ピーク時離着陸数の関数」から算出するようになっています。国内線の関数は100回未満と100回以上に分けた関数が作られていますが、関数化するための便宜的な方法と言うだけで、特別な意味はありません。第4の手順ですが、航空機クラス別の「ピーク時着陸数」に、国内線・国際選別、航空機クラス別の「スポット占有時間（ウ)」を掛け、それに「余裕率」1.2を掛けて、「航空機クラス別計算ローディングスポット数（D)」を算出します。仮に、大型機クラスのスポット数の計算結果が6.1となった場合には6スポットとし、6.8になった場合には7スポットとするなど、スポット数を整数にするための判断が必要になります。最後の手順として「予備スポット数」を加えます。計算ローディングスポット数10スポット毎に１スポットを予備スポット数とします。計算スポット数が８スポットなら１スポットを、15なら２スポットを予備スポット数として加えて、「所要ローディングスポット数（E)」とするのです。予備スポットは汎用性が必要ですので、その航空機クラスは、最大就航航空機が属しているクラスとします。

これらは、日本の旅客ターミナル計画で共通して使用されている一般的な手順ですが、実際には空港によって、ピーク日集中率、ピーク時集中率、またスポット占有時間などは異なるので、その空港にあった率や時間を使用して所要ローディングスポット数を算出することが望まれます。

各スポットの管理はエプロン管理者によって、スポットアサインチャートを使って行われます。スポットアサインチャートは、スポットの大きさと航空機の大きさ、各便の到着・出発予定時刻等を考慮して予め作成されますが、出発便の遅れなどが生じた時にはその都度調整を行って、航空機が円滑に駐機できるようにするのです。スポットの管理は、当該エプロンを多数の航空会社が使用している場合は空港管理者が行っている場合が多いのですが、ひとつの航空会社が独占的に使用している場合には、その会社が管理を行っている場合もあります。

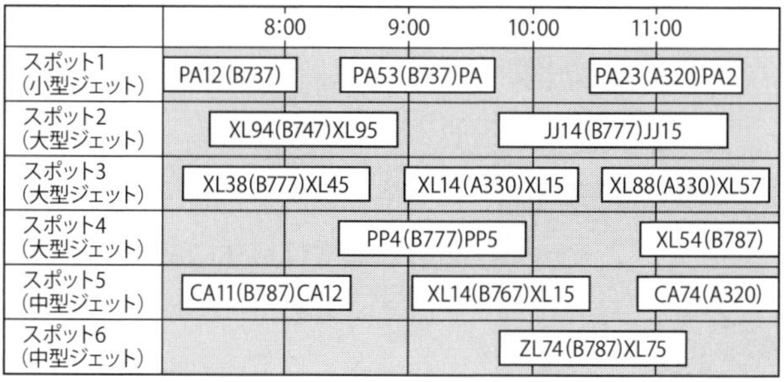

スポットアサインチャート

1
2
3
4
5
6
7
8
9
10

(4) 航空機乗降と旅客ターミナルビル階層方式

スポットに駐機している航空機の乗降方法には、航空機が内蔵しているステップの使用、空港に用意されているステップ車の使用、そして旅客ターミナルビルに設置されている搭乗橋（パッセンジャーボーディングブリッジ）の使用の３つがあります。

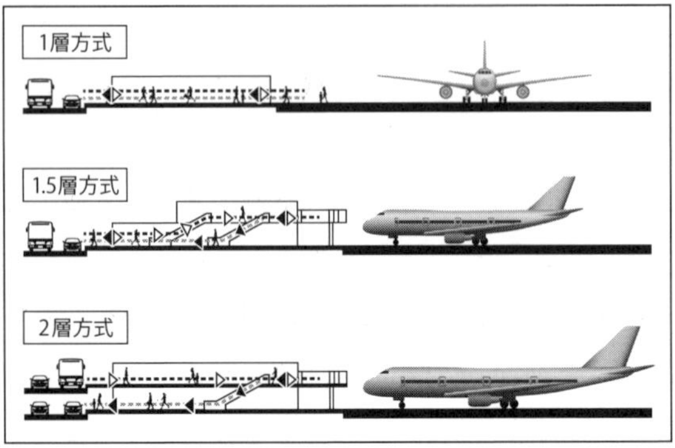

旅客ターミナルビル階層方式

機体内蔵ステップはプロペラ旅客機のような小型の航空機の場合で、このような航空機しか就航していない空港は平屋建ての旅客ターミナルビルが設置されています。１層方式と呼ぶ階層方式で、旅客の出発・到着動線は平面的に分離されます。

旅客ターミナルビル階層方式の例

小型ジェット旅客機以上の航空機になると通常は機体内蔵ステップは持っていませんので、ステップ車か搭乗橋を使用することになります。搭乗橋を使用する空港では通常、旅客ターミナルビルは、中規模空港では1.5層方式、大規模空港では２層方式が採用されます。1.5層方式は、カーブサイド側が１層、エプロン側が２層であることからそのように呼ばれます。旅客の動線は通常、ランドサイド側は平面分離、エアサイド側は立体分離です。

２層方式ではカーブサイドをダブルデッキとし、旅客の出発・到着動線を立体的に完全分離します。通常は上の階が出発階で、１階に到着階が設置されます。

(5) 旅客ターミナルビルの規模

スポット数ほど厳密ではありませんが、旅客ターミナルの規模もその空港の取扱容量を制約することになります。一定の規模の旅客ターミナルビルに対して航空旅客需要が大きく増加すると、チェックインカウンター・保安検査場・入国検査場等の列が長くなり、搭乗を待つ旅客がラウンジに溢れるなど、様々な問題が発生します。旅客ターミナルビルの適正規模は、空港規模、ターミナルコンセプト、階層方式、国内線・国際線の別、各機能部分の充実度合いに対する考え方など、様々な要素によって変わることになります。

ここでは、日本において使用されている、国内線用旅客ターミナルビル面積算定手順を見ていくことにしましょう。まず「年間旅客数（A)」が整理されます。将来の施設計画を行う場合には、目標年において予測される年間旅客数ということになります。これに、「旅客ピーク日集中率（ア)」を掛けて「ピーク日旅客数（B)」を算出します。「旅客ピーク日集中率」は、航空機ピーク日集中率（1/330）とは異なり1/300を使用します。これも日本において経験から得られた数値です。次に、「ピーク日旅客数（B)」に「ピーク時集中率（イ)」を掛けて「ピーク時旅客数（C)」を求めますが、この時使用する「ピーク時集中率」は「航空機のピーク時着陸回数」を得るために使用した「ピーク時集中率」と同じものを使います。求めた「ピーク時旅客数」に「ピーク時旅客一人当たり旅客ターミナルビル延べ床面積（ウ）」を掛けて、「旅客ターミナルビル所要延べ床面積（D）」を算出しますが、この時使用する（ウ）の値は「ピーク時旅客数」の関数で、ウ＝21.6－0.9×ln（C）によって得ます。ここで、ln（C）は自然対数でlog*e*（C）のことですが、関数化のために使用しているだけで特別な意味はありません。従って仮にピーク時旅客数（C）が50人の時は（ウ）は18.0㎡／人、1,500人の時は15.0㎡／人となるのです。「旅客ターミナルビル所要建築面積（E）」は（D）に、「旅客ターミナルビル階層係数（オ）」を掛けて求めますが、同係数は階層方式毎に数値が定められています。

A：年間旅客数

↓ ア：旅客ピーク日集中率　ア＝1/300
※ ICAO：1年のうち30～40番目のピーク日の旅客数を使用

B：ピーク日旅客数　B＝A×ア

↓ イ：ピーク時集中率
100回未満：イ＝1.51÷B＋0.115
100回以上：イ＝6.61÷B＋0.064

C：ピーク時旅客数　C＝B×イ

↓ ウ：ピーク時旅客一人当たり旅客ターミナルビル延べ床面積
ウ＝21.6－0.9×1n(C)

C(人)	ウ(㎡/人)
50	18.0
100	17.5
150	16.0
1,500	15.0

D：旅客ターミナルビル所要延べ床面積数　D＝C×ウ

↓ オ：旅客ターミナルビル階層係数

階層方式	延べ床面積	階層係数
1層	－	1.1
1.5層	5,000㎡未満 5,000㎡以上15,000㎡未満 15,000㎡以上	1.5 1.8 2.0
2層	－	2.0以上

E：旅客ターミナルビル所要建築面積　E＝D÷オ

日本における旅客ターミナルビル面積算定手順

この旅客ターミナル面積算定手順も、スポット数算定手順同様、日本における全体的な経験から得られた数値や関数を使用していますので、対象空港に合ったものを求めて使用する必要があります。

(6) 航空機移動を支える牽引車

航空機はバックができませんので、出発時にはノーズイン駐機（頭を旅客ターミナルビル側に向けた駐機姿勢）した航空を後ろに押し出し、自走できる姿勢にするための車両が必要です。また、パイロットが乗っていない時にもエプロン間を移動させる必要性が生じます。このため航空機を押したり、引っ張ったりする牽引車が使用されます。トゥーバーと呼ばれる棒が着いていて、それを航空機のノーズギア（首脚）に接続するトゥーバー牽引車と、トゥーバーが無くノーズギアを地上から持ち上げて抱え込むトゥーバーレス牽引車があります。トゥーバー牽引車の牽引速度が時速15km に制限されているのに対してトゥーバーレス牽引車は時速30km で牽引することができるので、ナイトスティエプロンに駐機していた航空機をローディングエプロンに移動させる時の使用などに向いています。

牽引車やこのあと説明する様々な地上支援車両はまとめてGSE（Ground Support Equipment：地上支援車両）と総称されます。

トゥーバー牽引車

トゥーバーレス牽引車

(7) 航空機旅客乗降と地上支援施設

航空機の旅客乗降には通常、機体内蔵タラップ、タラップ車、搭乗橋が使用されます。

地域航空輸送に使われる小型のプロペラ機の機体にはタラップが装備されていて、地上の乗降施設が無い小規模空港への就航を容易にしています。そのような空港ではほとんどの場合、航空機は旅客ターミナルビル近くに駐機し、旅客はその間のエプロン上を歩行します。LCC によっては、搭乗橋・タラップ車の使用料を削減する目的から、タラップ内蔵の小型ジェット機を使用している場合もあります。

機体内蔵タラップ

タラップ車

搭乗橋

ジェット旅客機はタラップを装備していない機材が多く、搭乗橋の無い空港では、旅客は空港に配置されているタラップ車を使用して乗降します。駐機数が多く、航空機が旅客ターミナルビルから離れた遠隔スポットに駐機する場合にはランプバスによる旅客送迎が行われます。大中規模空港でも、搭乗橋付スポットの不足を補うために遠隔スポットを使用している空港があります。

大中規模の空港には通常、旅

客ターミナルビルに搭乗橋が設置されており、旅客はそれを使用して乗降します。搭乗橋の使用は、降雨時、降雪時、強風時などでも快適に乗降でき、また短時間に多数の旅客乗降が可能なことから、サービス・運用効率の向上に貢献することになります。

(8) 受託手荷物・航空貨物と地上支援施設

チェックイン時に航空会社が受け取った受託手荷物は、預けた旅客が乗る航空機に搭載されます。大規模な空港では多数のチェックインカウンターが並び任意のカウンターでの受託が行われ、また同じ時間帯に数多くの出発航空機があるので、受託手荷物は出発機に対応するメイクアップコンベアに仕分け・搬送される必要があります。この機能を担っているシステムはバゲージハンドリングシステム（BHS）と呼ばれ、通常のシステムでは受託

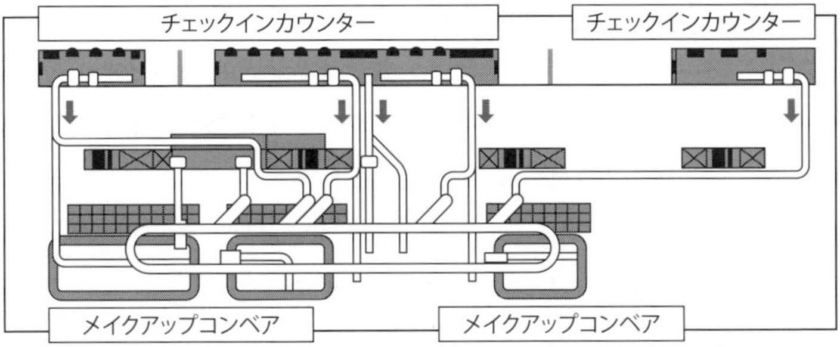

バゲージハンドリングシステム

手荷物に付けられたタグのバーコードを読み取って仕分けが行われます。他の仕分け方法を採用している空港もあり、例えば関西国際空港のBHSはバーコードとは無縁で、手荷物が初めにおかれたコンベアの区画番号がそのまま移動して、その番号を使用して仕分ける仕組みです。

コンテナドーリー

リフトアップ車

ベルトローダー車

指定メイクアップコンベアに運ばれた手荷物は人間の手によってコンテナに搭載され、コンテナドーリーによって出発航空機に運ばれるのです。運ばれたコンテナはリフトアップ車を使用して航空機に搭載されます。またコンテナに収容されていないばら積み手荷物の搭載にはベルトローダー車が使用されます。

航空貨物は旅客機の下部にある貨物室に収納されて輸送される場合（ベリー貨物）と、貨物専用機によって運ばれる場合（フレーター貨物）とがあります。航空貨物は貨物ターミナルでコンテナに搭載され、手荷物と同様に航空機に運ばれ積み込まれます。

(9) 航空機燃料と給油施設

航空機への燃料供給は通常、出発前の駐機中に行われますが、中小規模の空港と大規模空港では異なる方法が用いられています。

レフューラー

中小空港においては、タンクローリーに給油ポンプが設置された形のレフューラーが用いられます。レフューラーの役割は、燃料の運搬、適切な圧力での給油、給油量の計測などです。しかしこの方法では、大型ジェット機の場合には複数の車両が必要で、更に同時間帯に数多くの航空機に給油しなければならない大規模空港では数多くのレフューラーがエプロン上を走り回ることになり効率的な給油が難しいと言えます。このため駐機数の多い空港においては、燃料貯蔵タンクから各駐機スポットまでをエプロン下に埋設された給油管で繋ぎ、スポットに設置されたピットから航空機に給油するハイドラント給油システムが使用されています。ハイドラントピットと航空機翼下の給油口との間には、サービサーと呼ばれる車両を設置し、ハイドラントの圧力によって給油が行われます。サービサーの役割は燃料の濾過、給油圧力の調整、給油量の計測などです。

サービサー

いずれの給油方法が取られるにしろ、空港内には航空燃料貯蔵タンクが設置されており、その空港が一日に使用する燃料の7日分程度の容量が確保されていて、何らかの事情で空港への燃料供給が一時停止したとしても航空機の運航に支障が無いように配慮されているのです。

空港への燃料供給方法は、空港の規模や立地条件により異なりますが、タンクローリー、鉄道、船舶、オイルパイプラインなどが使用されます。例えば、河川・海洋に隣接する羽田空港や関西空港は船舶による方法、内陸部にある成田空港は港まで船舶、そこから空港まではパイプラインによる方法が使われています。

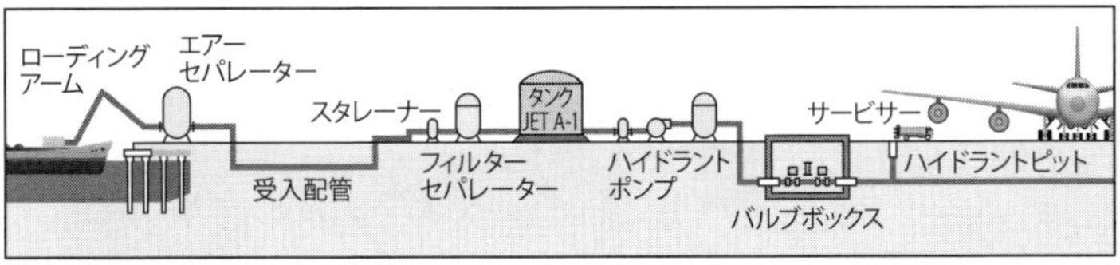

ハイドラントシステム

出典：新関西国際空港エンジニアリング HP

空港物語 6

羽田空港旅客ターミナルのJAL・ANA使用区分

⑴　羽田空港旅客ターミナル施設整備の仕組み

羽田空港の第1・第2旅客ターミナルはそれぞれ、旅客ターミナルビル、エプロン、立体駐車場などで一体的に構成されていますが、各施設の事業者は異っています。旅客ターミナルビルは民間会社の日本空港ビルデング㈱が、国交省の許可を受け、用地を国から借用して建設し、運営を行っています。エプロンの建設・維持は国交省の役割です。立体駐車場は国交省が建設し、民間会社がそれを借りて運営しているのです。複数の事業者が複数の施設を一体的に建設するため、各施設の建設に先立って航空局が旅客ターミナル地域基本計画を定め、各事業者はその計画に基づいて、相互の調整を行いながら各施設の設計を行います。

⑵　第2旅客ターミナル施設整備を巡る航空会社間の確執

沖合展開の第2期事業において建設された第1旅客ターミナルは24の固定スポットを有する規模で、供用開始後は日本航空（JAL）、全日空（ANA）、日本エアシステム（JAS）を含む、国内線航空会社の全てがこれを使用していました。固定スポットというのは搭乗橋で旅客ターミナルビルと直接結ばれた駐機場のことで、旅客にとってはとても便利です。これに対してターミナルビルから離れた位置にあってランプバスで連絡される駐機場をオープンスポットと言います。バスでの移動、航空機に設置されたステップの昇降、風雨時を含む外気への露出と、旅客サービスレベルは固定スポットに比べると低いということ

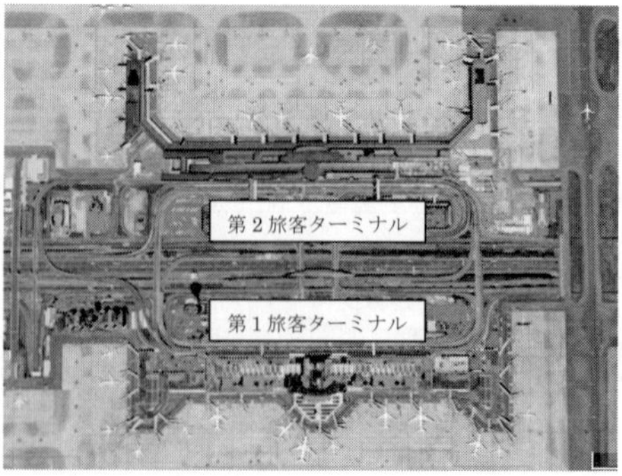

羽田空港第1第2旅客ターミナル

になります。

1998年（平成10）頃のことです。沖合展開事業も3期に入り、C滑走路が建設されて滑走路の離着陸能力は大きく向上しました。しかし、この時期に計画されていた第2旅客ターミナルの事業化は進まず、手狭になり始めた第1ターミナルだけを使い続けている状況でした。主要航空会社3社の思惑が対立して、膠着状態にあったのです。当時JASの固定スポット使用率は5割程度でした。運航する航空機のうちの半分しか固定スポットを使用できなかったのです。これに対してJALの固定スポット使用率はほぼ10割、ANAは7.5割程度という状況でした。羽田空港という営業戦略上重要な空港において旅客サービスレベルが違いすぎ、早く第2ターミナルを整備して格差を解消してもらいたいとJASはビル会社に訴えていました。一方でJALは、第2ターミナルができると第1ターミナルの利用者が減り、使用されない無駄なスペースも大量に発生することになるのでビル経費の負担増になる航空会社は耐えられないと、建設に後ろ向きでした。航空会社間の適切な競争による航空輸送の活性化の一方で航空会社経営基盤の強化が求められていた時代にあって、両者の主張はそれぞれの立場から当然だったのです。日本空港ビルは両者の言い分の間に立って動きが取れない状態でした。

⑶　第2旅客ターミナル整備推進の調整

航空会社間の確執は航空局に持ち込まれました。羽田空港設置管理者として、また沖合展開事業の推進役として、航空局はその調整を行う立場にあったのです。航空会社全体の固定スポット使用率は7割程度と深刻で、新C滑走路供用に伴う離着陸容量の増加に伴って、それが遠からず5割に低下すると予測されました。航空局の判断は第2ターミナルの建設推進でした。それを前提にJALは、JALとANAが第1ターミナルに残り、第2ターミナルは最小限の規模にしてJASが移るという考え方を示しました。しかしそれでは固定スポット使用率全体の大幅な向上には繋がりません。

(4) 第1・第2ターミナルの航空会社使用形態確定

航空局は、3社が取り扱っている航空旅客数と就航便数を考慮して、第2旅客ターミナルにはANAが移ることとし、当面、ターミナル本館と北ピアを建設して、将来旅客需要が増えた段階で南ピアを増設する案を提示し、3社の了解を得たのです。第1ターミナルに残ることを希望したJALの意向もくみ入れたものでした。第1ターミナルはJALとJASを中心にその他の小規模航空会社が使用し、第2ターミナルはANAを中心とする航空会社が使用するという配分ができあがったのです。こうして2つの旅客ターミナルに対する3社の使用形態と固定スポット配分数が決まり、日本空港ビルによる第2旅客ターミナルビル建設と国交省による固定スポット、立体駐車場の建設事業が始まりました。

まさかその後の2002年（平成14）にJALとJASが経営統合し、新たなJALになるとはその時は誰も思っていませんでした。国内幹線を担うJALと地方路線に就航するJASの統合によって、幹線と地方路線の両方を持つANAに対抗する航空会社になったのです。まだ第2旅客ビルを建設中の時期で、もし仮に2社が別々のターミナルビル入る前提でこの事業が進んでいたとしたら、設計の大きな変更あるいは運用上の大きな混乱が発生していたことでしょう。後からそれぞれに胸をなで下ろすことになりました。

こうして、羽田空港の第1旅客ターミナルビルは日本航空を主とする航空会社が、第2ビルは全日空が主として使用する形態ができあがったのです。

6 航空機セキュリティと対策施設

旅客機は従来から、武器や爆発物の持ち込みに対するハイジャック対策が要求されてきましたが、2001年9月に発生した米国同時多発テロ以降、一層のセキュリティ対策が求められるようになりました。航空機側の対策に着目すると、航空機のコクピットドアには防弾性の素材が使用され、こじ開けることができない大変頑丈な構造です。飛行中は常に施錠され、キャビン側からは開けることができませんし、キャビンでセキュリティ問題が発生した場合は目立たずにパイロットに知らせることのできる装置も導入されています。では、空港側ではどのような対策が講じられているのでしょうか。

(1) 航空機持込み禁止物とセキュリティ対策

航空機セキュリティ上で要求されるのは、ハイジャックと爆破の防止です。そのためには、武器（拳銃・ナイフ・爆発物等）の機内持ち込みと、受託手荷物の爆発物内蔵を防止することが必要です。

空港には必ず保安検査場が設置され、機内持ち込み手荷物はX線検査装置で、旅客は金属探知機によって、武器などの持ち込みが無いことを検査されます。最近では機内手荷物検査用に高性能X線検査装置が導入されている空港もあり、より高い精度の検査が可能となり、また爆発物検査を同時に行うことができるようになりました。旅客検査用にボディスキャナーが導入されている空港では、より精度の高い検査が、より効率的に行われるようになっています。

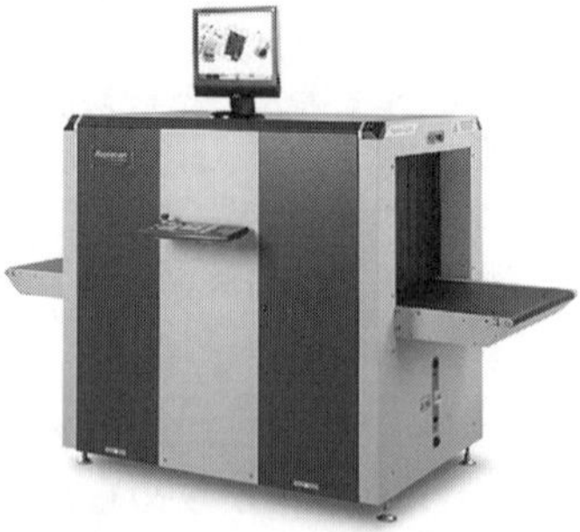

X 線検査装置

高性能 X 線検査装置

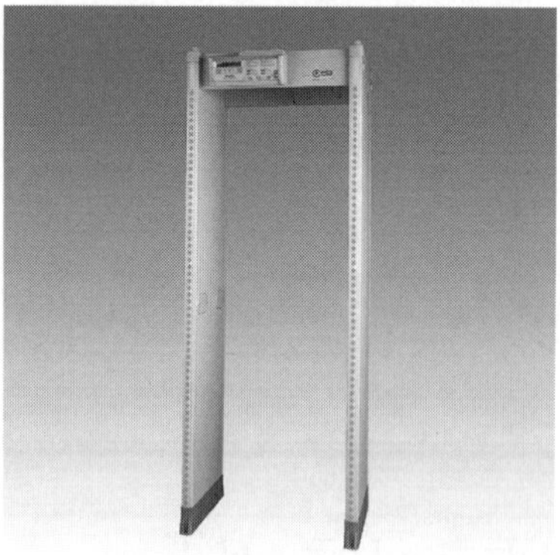

門型金属探知機

ボディスキャナー

インラインスクリーニング検査装置

また、乗り継ぎ旅客に対しては、到着動線から出発動線に変わる地点に、乗継ぎ客専用保安検査場が設置されています。空港により、また航空会社によっては、搭乗ゲート付近において再度、機内持ち込み手荷物と旅客の検査を行っているケースもあります。更に、搭乗待合ラウンジなどで働く従業員の入場や持ち込まれる物品搬入のためのルートが別に設けられている空港では、その入口での検査も行われているのです。

受託手荷物検査は通常、手荷物を預けるチェックイン前に行われますが、大規模な空港ではそれに代わりインラインスクリーニングシステムが導入されています。チェックインカウンターで受託された手荷物は、バゲージハンドリングシステムによって積込み航空機毎に区分された地上階メイクアップコンベアに仕分けられますが、そのシステムの途中に３段階に分かれた爆発物検査装置が設置されているのです。第１ステージでは爆発物内蔵が疑われる手荷物が自動的に仕分けられ、第２ステージではモニター装置によって人間の目で検査され、最終ステージでは現場での開披検査が行われて、爆発物が発見されると耐爆防護容器に格納されて処理場に搬送されます。

(2) 国際線乗継ぎ（トランジット・トランスファー）のセキュリティ対策

国際線では、空港における乗継ぎがよく行われます。厳密にはこの乗継ぎに２つの種類があり、到着したのと同じ航空機で再び出発する場合はトランジット（狭義の「乗継ぎ」）といい、別の航空機で出発する場合をトランスファー（狭義の「乗換え」）といいます。このような場合の空港でのセキュリティ対策はどのように行われるのでしょうか。

トランジットには３つのケースが考えられます。①出発まで機内で待機、②降機してトランジットルームで待機して再搭乗、③

降機して他の出発客のいる出発ラウンジで待機し再搭乗の３つです。機内待機の場合には再度の保安検査を行う必要がないことは明らかです。専用のトランジットルームに「隔離」される形で待機する場合も、機内待機と同じで再検査の必要はないことになります。最後の出発ラウンジでの待機の場合の保安検査方法は、空港によって２つの種類があります。ひとつは成田国際空港などのように、出発旅客動線と完全分離された到着動線の途中から保安検査を受けて出発動線に移る方法です。この場合の保安検査場は集約型の乗継ぎ客専用検査場ということになります。これによって、仮にセキュリティチェックの脆弱な空港から到着した旅客に対しても再度検査を行うことによって、必要な検査レベルを確保するのです。ふたつ目の方法は、シンガポールのチャンギ国際空港などのように出発・到着の旅客動線を分離せず、到着旅客をそのまま出発旅客の中に混ぜてしまうやり方です。この場合、セキュリティチェックレベルの低い空港から到着した旅客が含まれている可能性を含めてこれらの旅客は十分に安全な旅客とは言い切れません。そのため搭乗前にゲート近くに設けられた個々の保安検査場で再度の検査を行うのです。

トランスファーの場合は、トランジットの待機の３番目のケース「出発ラウンジでの待機」と同様なので、集約型の乗継ぎ客専用検査場で、または分散型のゲート付近の検査場において再度検査を受けることになります。

(3) 航空機走行地域と制限区域

滑走路、誘導路、エプロン等、航空機が走行・駐機するエリアのセキュリティ対策も重要です。施設や駐機中の航空機に爆発物を仕掛ける犯罪・テロ行為を想定すると、その地域への入場は規制される必要があります。このため航空機走行地域は通常、「制限区域（立入制限区域）」に指定され、強固な立入禁止柵で囲い、侵入防止用センサーや監視カメラを設置し、日常的に使用する出入りゲートにはガードマンを配置して、出入りする人間をチェックします。「制限区域」に入ることのできるのは事前に立入許可を受けた人間だけで、立入を許可されていることを示すカードの所持が求められます。

日本では、立入禁止柵は高さ1.8m以上で上部に0.45mの忍び返しが付く構造であることが必要です。また車両等を外部から故意に衝突させて立入禁止柵を破壊し侵入することを防ぐため、柵の周辺にはガードレール、コンクリート壁、杭等を設置する必要があります。通常は鋼製の柵が使用されますが、ILSグライドパスアンテナから放射される電波の障害になる位置に設置される柵はFRP（強化プラスチック）製が使用されます。更に、柵を乗り越えて侵入する者を防止・監視するためのセンサーや監視カメラが設置されている空港もあります。

空港立入禁止柵

旅客ターミナルビル出発・到着旅客動線の分離と非分離

(1) 逆行事件

出発する旅客は出発ロビーから保安検査場を通って出発ゲートへ向かいます。保安検査場を過ぎた区域をクリーンエリア、検査場以前の区域をダーティエリアと呼んで区別しています。保安検査によって航空旅客は武器や爆発物を持たない安全な人間として認められ、航空機に搭乗することができるのです。

これに対して航空機から降りてきた航空旅客は、搭乗空港で保安検査を受けているので安全な人間です。クリーンエリアの出発ラウンジを通り、階下に降り、人によってはバケージクレイムエリアで受託手荷物を受け取って、出口ドア（センサーにより到着旅客を感知して自動的に開き、自動的に閉まる。到着ロビー側からは開かない。）を通過して到着ロビーに出ます。到着ロビーはダーティエリアです。

ある時、羽田空港の第1旅客ターミナルビルで、セキュリティ対策の根幹に関わる小さな事件が起きました。ある人物が到着ロビーから、到着旅客を感知して開いた出口ドアを通過して中に入り、階段を上って出発ラウンジに辿り着いたのです。彼はそのことを当局に伝え、セキュリティの不備を訴えたのです。武器と搭乗券を持って同じ行動を取れば、武器を航空機の中に持ち込むことができることは明らかでした。

(2) セキュリティ対策の強化

航空局はその事件を知り、対策を検討しました。そして、到着ロビーへの出口ドアの全てにガードマンを配置し、人が逆行して中に入ることを防ぐ処置を取りました。もうひとつ、クリーンエリアだと思っていたバゲージクレイム

空港フラッパーゲート

エリアが実はダーティエリアであることに気づきました。受託手荷物に武器を隠し、受け取った手荷物を持って出発ラウンジに上がれば、武器を機内に持ち込めるのです。搭乗券を持った仲間に武器を渡すことは簡単です。この対策として、バゲージクレイムエリアの手前、到着動線を２階から降りた辺りにフラッパーゲートを設置することにしました。逆流しようとするとフラパーが閉まってそれを阻止し、アラームが鳴ってガードマンに知らせる仕組みです。

⑶　出発到着旅客動線分離の導入

最後に考えたのがクリーンエリアにおける航空旅客の出発動線と到着動線の分離でした。航空機を降りてきた旅客は出発空港で保安検査を受けているので本来は全て安全な人達です。しかし例えば、「航続距離が短くハイジャック対象になりそうもない小型プロペラ機が出発してきた空港の保安検査体制」は羽田空港と同等レベルなのか？　その空港での保安検査をくぐり抜けて持ち込んだ武器を出発ラウンジで、大型ジェット旅客機で出発する仲間に渡すことができるのではないか？」と疑うと、出発動線と到着動線を分離しておいた方がましだと考えられました。今後建設する旅客ターミナルビルは出発・到着の旅客動線を完全に分離することにしたのです。

ちょうど羽田空港第２旅客ターミナルビルの設計を行っている時期で、その方針はビル会社に伝えられ設計に反映されました。一方で既存の第１旅客ターミナルビルの動線を分離することは不可能でした。そのような事情から、第１ビルは旅客動線非分離、第２ビルは動線分離という、アンバランスな状態が形成されたのです。

第１ビル出発到着旅客動線（混在）

第２ビル出発到着旅客動線（分離）

他の空港の既存旅客ターミナルビルついては、ガードマン配置とフラッパーゲート設置についてはほぼ導入され、旅客動線分離についてはそのビル構造を考慮してできるだけ分離するという処置が取られました。ただし、どの空港でも旅客ターミナルビルを新設する場合には出発・到着旅客動線の分離を行なうことになったのです。

7 航空機事故と空港対応

航空機は、事故が発生すると一度に大量の死傷者を出してしまいます。そのため、航空機自体が、また航空機が使用する様々な空港施設が、事故の発生を防ぎ、また仮に発生した場合でも被害を軽減するために様々な安全対策（必要に応じて2重3重の安全対策）が施されています。

しかしそれでも人的損害を伴う航空機事故が絶対に起こらないと言い切ることはできません。そのため空港においては、航空機の離着陸に際して事故が発生してしまった場合、あるいは上空で重大なトラブルが発生した航空機が着陸してくる場合などに備え、消火救難のための施設や体制が整えられています。また、航空機事故発生に対する救命活動から空港機能の再開までにわたる緊急活動計画を用意することが求められています。ここでは、これらの観点から航空機と空港の関係を説明したいと思います。

(1) 航空機事故とその対応施設

航空機が万が一事故を起こした場合に備え、空港には化学消防車が配置されています。就航する航空機の全長と胴体幅の組み合わせによって、空港防災レベルがカテゴリー 1から10まで定められており（B747はカテゴリー 9、B767は８）、レベルに応じて最小限の搭載消火薬剤量、消防車両台数（カテゴリー 8～10は３台）が定められています。また、事故が発生し、出動指示が出された後２分以内で（遅くとも３分以内で）事故現場に到達できる位置に、消防車（その車庫が設置された消防所）が配置され

大型化学消防車　出典：航空局 HP

空港用救急医療搬送車　出典：航空局 HP

ていることが要求されているのです。

大規模な空港には緊急医療搬送車も配置されていて、中には医療資器材をはじめ、テント、ストレッチャーなどが納められています。

(2) 航空機事故発生時の緊急活動計画

空港で航空機事故が発生した場合、空港においてどのような緊急活動が行われる必要があるのか、優先順位を含めて考えてみましょう。①事故機搭乗者の救出・救命・応急手当・病院搬送、②二次災害発生の防止、③軽症者・無傷者への対応、④死亡者の遺体収容・安置・身元確認、⑤事故機搭乗者名簿の整理と照合、⑥事故機搭乗者の家族等への対応、⑦マスコミへの情報提供、⑧事故機以外の航空機・搭乗者への対応、⑨旅客ターミナルビル内航空旅客への対応、⑩事故原因の究明、⑪空港運用の再開という目的に即した活動が行われる必要があります。これらの活動を、空港管理者、航空局を含む空港関係者、航空会社、医療関係者、消防機関、警察機関が協力して効果的に実施できるよう、あらかじめ緊急活動計画を作成しておく必要があるのです。

(2-1) 事故機搭乗者の救出・救命・応急手当・病院搬送

着陸失敗のような事故機の搭乗者の救出・救命・応急手当・病院搬送は、人命救助のために最優先で行うべきものです。航空機の消火と搭乗者の救出については、就航する最大航空機に合わせた消火能力を有する化学消防車と人員を配置することが国際基準で定められていて、事故発生後２分以内に現場に到着して活動が開始されることになります。問題は救命・応急手当・搬送です。これらの活動の重要な部分は、重傷者・中傷者を判別するトリアージ（治療・搬送の優先度判別）、その重傷者・中傷者の応急手当と手術可能な病院への搬送ですが、大量の搭乗者が被災状態にある事故現場でこれを行うためには、複数の医師（できれば緊急医療に精通した医師）が必要です。しかし、空港にこれに携わる医師は常駐していないので、命を救うことのできる限られた時間内にどうやって確保するか、事前の計画が大切になります。ヘリコプターによる災害派遣医療チーム（DMAT）の緊急派遣はこれに一定の答えを出してくれるでしょう。また、多くの重中傷者が発生する状況を想定すると、手術可能な病院とそこへの搬送手段の確保も重要で、事前計画の有無が活動の成否を分けることになります。緊急手術が可能な近隣病院のリストを予め作成しておくこと、関係機関との連携による搬送体制（救急車・救急ヘリコプター）の整備が有効な手段です。

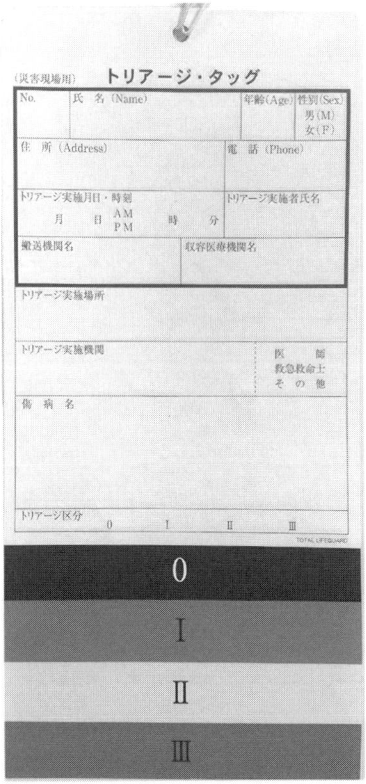

トリアージタグ

なおトリアージは無傷者・死亡者を含めてすべての被災者を対象に行い、使用するトリアージタグは必ず一連の通し番号が付けられた１組のものを使用することによって、被災者の管理が確実に行われるようにする必要があります。

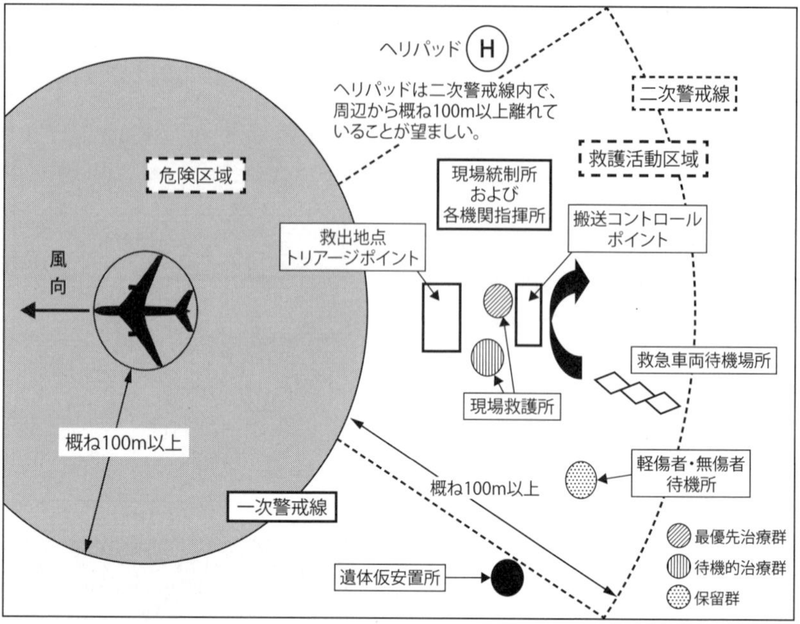

航空機事故緊急配置標準図

出典：「成田国際空港緊急活動研究会」報告書

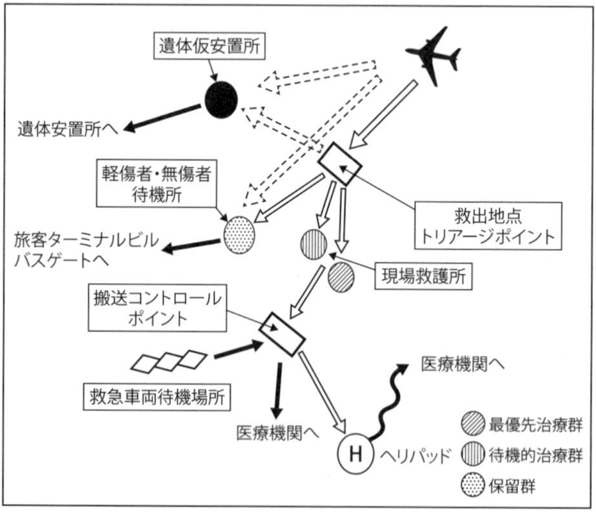

航空機事故被災者取扱フロー

出典：「成田国際空港緊急活動研究会」報告書

(2-2) 二次災害発生の防止

航空機事故の発生により、現場は大変混乱します。それに伴って起こる二次災害を防がなければなりません。もし低視界の中を着陸した航空機が事故を起こした場合、続いて降りてくる後続機のパイロットにはそれを遠くから視認することができません。管制官の冷静な判断により、パイロットに進入復行を指示し、衝突という二次災害を回避することが必要です。また、上空には報道関係のヘリコプターが無秩序に集まり、一方で重傷者の搬送のために数多くの救急ヘリコプターが飛来し飛び立っていきます。お互いにぶつかることの無いよう、管制上の処置が必要です。また当然、混乱する現場にあって、救助された被災者、緊急活動に携わる人達の安全が十分に確保されるようにすることが大切です。事故機から一定の距離を確保するなど、安全で合理的な現場配置を行う必要があります。

(2-3) 軽症者・無傷者への対応

トリアージによって軽傷と判別された搭乗者に対しては、緊急治療を行った上で、心身共に安定を図る必要があります。特に炎天下、風雨、降雪の中で救助された場合には、直ちに快適な環境の中に移すことが大切です。たとえ無傷の搭乗者であっても同様に落ち着ける環境へ移す必要があり、マスコミからの隔離も重要な処置です。

(2-4) 死亡者の遺体収容・安置・身元確認

トリアージの結果死亡が確認された場合には、その遺体を適切な場所に収容・安置し、腐乱を防ぐ処置を施す必要があります。また所持品の確認や写真撮影を行うことによって、後での遺体の身元確認が可能なようにしておくことも重要です。

(2-5) 事故機搭乗者名簿の整理と照合

事故の被害者が誰なのかを確認し、整理する必要があります。そのためには、航空会社が所有している搭乗者名簿（乗客と航空会社職員）を入手し、すべての被害者と照合することになります。名前や住所などを聞くことのできる人と、重体や重傷で搬送されそれができない人もいますし、既に死亡している場合もあります。所有物や家族による確認などによって一人一人確認をして、被害者のリストを作っていくことになります。

その被害者リストには、被災者の状態や連絡先が記載される必要があることは言うまでもありません。

(2-6) 事故機搭乗者の家族等への対応

事故機搭乗者が、死亡、重体などによって自分で家族などに連絡できない場合、早急に知らせる必要があります。あるいは逆に、被災者の中に関係者が入っていないかを確認してくる場合もありますので、整理された搭乗者名簿によって搭乗の有無を正確に伝える必要があります。またそれらの連絡の際、個々人の被災状況とその時点での所在場所、連絡方法を知らせなければなりません。被災者がどのような状態であっても、またどの場所にいたとしても、家族や関係者と引き合わせるための支援も必要となります。

(2-7) マスコミへの情報提供

マスコミに対する情報の提供も重要です。事故の状況、事故に伴う同空港の運航制限の状況、今後の見通しなどを整理し、できるだけ統一的な情報提供を行います。搭乗者に関する情報の提供はマスコミから強く求められるところですが、個々の被災者のプライバシーに配慮しながらの提供となります。

(2-8) 事故機以外の航空機・搭乗者への対応

事故が発生し空港が閉鎖されると、空港に向かっていた数多くの到着機を他の空港へダイバートさせる必要があります。また出発のために旅客を乗せて滑走路・誘導路・エプロンで待機していた航空機をスポットに戻し、搭乗客をターミナルビルに戻すことが必要です。

(2-9) 旅客ターミナルビル内航空旅客への対応

旅客ターミナルビル内には、戻ってきた旅客のほか、出発を待つ多数の旅客がいますので、状況と今後の見通しをできるだけ正確に伝え、冷静な反応や行動が醸成されるようにする必要があります。また空港内にとどまる旅客に対して、毛布や飲食物の提供など物質的なサポートを行う必要があります。受託済みの手荷物を個々の旅客に返還する作業も混乱無く行うことが求められます。

(2-10) 事故原因の究明

事故後の混乱が落ち着いたところで、運輸安全委員会による事故原因究明の調査、警察による過失責任・事件性の有無の調査が行われることになります。消火救難活動後の事故現場等などは、それらの調査が終了するまでの間の保全が要求されます。

(2-11) 空港運用の再開

航空機事故が発生した場合、最後に行わなければならないことは空港運用再開です。航空機事故発生によって空港は即座に閉鎖されますが、特に大規模で重要な役割を担っている空港の場合、それによる他の就航機に対する影響は甚大で、早期の空港運用再開は大変重要です。

複数の滑走路を持つ空港の場合でも、事故発生直後は空港内のすべての消防車と消防隊員が消火救難活動に当たることになるので、事故の発生していない滑走路も使用できなくなります。その滑走路に求められている消火救難体制が整っていて初めて使用が認められるからです。また、上空には被災者緊急搬送や報道のためのヘリコプターが飛行しており、その面からも旅客機の離着陸はできないでしょう。

まず、被災していない滑走路の運用再開をできるだけ早く行う必要があります。そのためには救護活動が一定沈静化した後、運用する滑走路の消火救難体制を通常の状態に戻し、また被災者搬送などを行っていた、医療機関・自衛隊等のヘリコプター飛行を通常の状態に戻し、報道機関のヘリコプター取材を問題の無い範囲外に遠ざける処置が必要です。それぞれの活動に当たっている当事者は滑走路の早期運用再開を念頭に置かないことが考えられるので、空港管理者がそれぞれの機関の責任者の協力を求めて、運用再開が可能な状態に持って行くことが求められます。

事故が発生した滑走路の場合の運用再開には、運輸安全委員会や警察による事故調査を行い、事故機を撤去し、破損した舗装や航空灯火などを修復するという手順が必要になり、数日の期間を要することになります。この間、この滑走路が使えないため離着陸容量が減少または全く無い状態になりますので、この運用再開をできるだけ早く行う必要があり、空港管理者が中心となって、関係機関の協力を得ながら早期再開を期すことになります。

空港物語 8

那覇空港新旧ビル会社問題の解決

(1) NATCO・NABCO 問題

2000 年（平成 12）当時、那覇空港には新旧 2 つのビル会社が存在し、沖縄県や国を巻き込んで、紛争状態にありました。旧ビル会社の那覇空港ターミナル㈱（NATCO）は沖縄海洋博に合わせて建設された暫定国内線ターミナルビルや国際線ビル、離島ターミナルビルを建設・運営していました。新ビル会社の那覇空港ビルデング㈱（NABCO）は現在の新しい国内線ターミナルビルを建設・運営している会社でした。純粋民間会社であったNATCOに対し、NABCOは沖縄県の資本を中心に、NATCO、航空会社、その他の民間資本を合わせて設立された第 3 セクターでした。当初の構想や当事者間の合意はどうだったのでしょうか……。NATCO経営陣の意図に反してだと思われますが、結果としてNABCOの経営は、沖縄県の影響力が及ぶ経営陣が掌握するところとなっていました。同社が新国内線ターミナルビルを運営する一方、NATCOは離島線ターミナルビル・国際線ターミナルビルの運営を継続していたのでした。ひとつの空港に 2 つのターミナルビル会社が存在する形ができあがっていたのです。国内線機能が全て移転してしまい空っぽになった旧暫定国内線ターミナルビルは撤去されず、そのままNATCOが所有し続ける事態となっていました。課題は次の 5 つでした。

①NATCOが国の行政処置を不服として提訴し、法廷で争っている。

②NATCOがNABCOに旧暫定国内線ターミナル

平成 12 年当時の那覇空港ターミナル地域

ビルの残存補償を求めているがそれが行われず、同ビルを撤去できないでいる。

③国内線機能の新ビルへの移転以降NATCOは国に対し旧暫定国内線ターミナルビルの国有財産（土地）使用料を支払わず滞納したままになっていて、国は督促を繰り返している。

④国際線ターミナルビル・離島ターミナルビルをNATCOが設置・運営したままであり、国内線ターミナルビルを設置・運営するNABCOとの間で1空港2社ターミナルビル会社体制が続いている。

⑤離島線ターミナルビル用地はNATCOの所有地であり、国は買収して国有地とすることにより那覇空港の安定的な管理を確保したいと考えている。

(2) 提訴と離島線ターミナルビル用地買収

NATCOによる国を相手取った訴訟は2回行われました。第1回目は国がNABCOに対して新旅客ターミナルビルの設置及び構内営業の許可を行った行為は不当である」という行政訴訟で、当時1審、2審とも国の勝訴で決着していたのでした。第2回目の訴訟は、「NATCOが設置し構内営業していた暫定国内線ターミナルビル用地の一時使用権と構内営業権を取り消した国の行為は不当である」という行政訴訟で、1審で争われていました。

戦後の米軍統治の影響を受け、那覇空港はその「3分の1の用地」が民有地のままでした。離島線ターミナルビル用地は元々NATCOが所有している土地で、それを国が他の民有地と同様にNATCOから借り上げた上で逆にNATCOに貸すことにより、那覇空港の一体管理を行うという形態が取られていたのでした。しかし国とNATCOの関係が悪化して以来、この形態が崩れてしまっていました。

この用地は、那覇空港の将来施設展開上のネックとなる位置にあり、関係が悪化したNATCOの所有のままとすることは円滑な施設展開ができないことを意味していたのです。従ってその土地をなんとかNATCOから買収してしまいたい、というのが国側の本音でした。

⑶　「敵同士」の出会い

NATCOについては黒い噂がつきまとっていました。沖縄県の人間は、「NATCOの黒幕は沖縄の裏社会を牛耳っているヤクザだ」と盛んに話していました。当時NATCOは「社会的に大変危ない存在」として捉えられていたのです。

そんなNATCOの社長と会ってみないかという話が大阪航空局に持ち込まれたのは2000年（平成12）のことでした。法廷で争っている敵同士であり、怖い黒幕のいる会社の社長との直接面談に担当職員が臨むことになったのです。大阪市内の高層ビルにある眺望の良い個室が会合場所です。NATCOの社長はヤクザではなく普通の紳士でした。

社長は元々東京の会計士で、NATCOの会計に携わるうちに同社に勤めることになったという経歴でした。国への提訴、暫定国内線ビルの補償などは全て株主訴訟を意識したもので、判決の結果であればたとえ会社に損害が出ても取締役の責任は問われないとの認識だったのです。国に対する悪意を持った行為ではないことを示したかったのでしょう。たとえ裁判では原告・被告の立場で争っても、これからも連絡を取り続ける関係を保ちたいとの考えが示されました。

この機会を通じて両者は信頼関係を築き、その後電話での連絡、那覇での会社訪問、大阪航空局への来訪などを相互に行い、それが問題解決のための太いパイプとなったのです。

⑷　那覇空港ターミナル整備計画

当時、那覇空港の国内線旅客ターミナルは新ビルが建設され運用を行っていましたが、固定スポット（ターミナルビルから搭乗橋を使って直接乗降できる駐機場）が十分ではなく、将来の拡張が必要でした。また貨物ターミナル施設は大変手狭で、旧暫定国内線ターミナルビルの跡地に拡張移転する計画だったのです。更に、老朽化した国際線ターミナルビル、離島線ターミナルビルの再整備も考えられていました。その施設整備を進めるためには、旧暫定国内線ターミナルビルの撤去、離島線ターミナルビル用地の取得、NATCO

が所有・運営している国際線ターミナルビルのNABCOへの移管がどうしても必要だったのです。

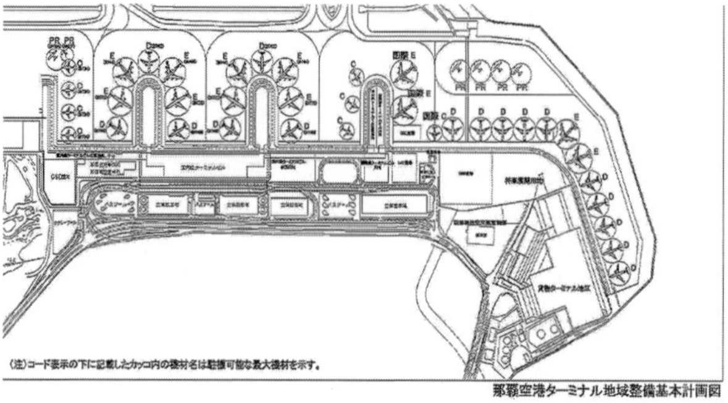

那覇空港ターミナル地域整備基本計画

(5)　ワンパッケージの破綻と個別解決

沖縄県は本件に関わる諸問題を、ワンパッケージにして一挙に解決したいと考えていました。ワンパッケージとして扱われていた問題は次のとおりです。

①NATCOが所有する旧暫定国内線ターミナルビルの譲渡と撤去

②国際線ターミナルビル・離島線ターミナルビルの所有権・運営権のNATCOからNABCOへの譲渡

③NATCOが所有するNABCO株のNABCOへの譲渡

④NATCOが所有する離島線ターミナルビル用地の国への売却

⑤国に対するNATCOの行政訴訟の取り下げ

①の「NATCOが所有する旧暫定国内線ターミナルビルの撤去」については、NABCO設立時のNATCOとの覚書において、NATCOからNABCOへの有償譲渡を謳っていたにもかかわらず、ワンパッケージでは無償譲渡としていたのです。沖縄県の主張は、「撤去する建物を有償で譲り受けることはできない」というものでした。これに対して、NATCO側の主張は「譲渡するに当たり、覚書に従って同施設の残存価値分のお金を支払ってもらいたい」というものだったのです。両者の主張は完全に対立していました。沖縄県は、同施設を無償譲渡とする代わりに、その残存価値分を、④の

「NATCOが所有する離島線ターミナルビル用地の国への売却」において、国の用地買収金額に上乗せしてもらいたいと国に要請していました。NATCOに対しては、NATCOが手にする合計金額が要求金額と同じであればその内訳は問わなくとも良いのではないかという主張でした。ここに沖縄県のワンパッケージに拘る考え方の根本があったのです。沖縄県の「ツケ」を国に回そうというものでした。

しかしこれは、2つの理由から実現できるものではなかったのです。第1に、国の用地買収額は定められた方式によってその買収単価が決まるもので、「上乗せ」は不可能でした。他の空港内民有地の買収単価と同じ方式で決める必要があったのです。第2に、NATCOの主張は、「手にする金額」ではなく覚書に従った旧暫定国内線ターミナルビルの有償譲渡でした。「株主代表訴訟」の回避のためには、そこに拘る必要があったのです。

このような状況から、沖縄県とNATCO間の交渉は長期に渡って平行線が続き、ワンパッケージによる解決は先が見えない状況となっていたのです。一方で、国と沖縄県は「NATCO・NABCO問題」は沖縄県が責任を持って解決するという基本的な合意を行っていて、国（本省）は問題を解決できない沖縄県に対して催促するしかない状況に陥っていたのでした。

そのような膠着状態の中で、大阪航空局はその状態の打開に乗り出しました。解決できる問題から解決していくしかないと考えたのです。NATCOの基本的な考え方をベースにすると、まず解決できそうな問題は、④の「NATCOが所有する離島線ターミナルビル用地の国への売却」でした。その年度に用地買収予算が付いていたのです。大阪航空局はNATCOに連絡を入れ、他の問題と切り離して「離島線ターミナルビル用地の買収」を行いたいと申し入れ、了解するとの回答を得たのです。大阪航空局が沖縄県担当者に「離島線ターミナルビル用地の買収」を先行したい旨を伝えると、返事はあくまでワンパッケージで行きたいという主張でした。年末になり、その年度末まであと3か月しかないという時期になりました。大阪航空局は沖縄県担当者の来訪を求めました。このままでは予算が流れるが、新たな予算化は沖縄県がワンパッケージで問題を解決した後予算要求することになり、実際に予算が付くのは更にその次の年度になる旨を伝えたのです。仮にNATCOとの間でワンパッケージでの解決が了解されたとしても、その一角を形成する「離島線ターミナルビル用地の買収」はずっと遅れることになる。用地買収の先行実施にあくまで反対し、今年度の予算が流れてしまった場合、その責任はあくまで沖縄県にあると説得したのです。持ち帰って検討と言うことになりましたが、すぐに了解するという返事が返ってきました。こうして、NATCO所有地（離島線ターミナルビル用地）の買収の買収問題が解決しました。

一方で、NATCOが支払いを滞納していた「暫定国内線ビル用地借料」の問題についても話し合いを持ち、滞納分の支払いと今後撤去されるまでの間の借料の支払いについてNATCOの了解を得たのです。これよって国が抱えていたもうひとつの問題も解決したのです。

(6) 判決とその後

「離島線ターミナルビル用地買収」の話が進む前に、那覇地裁の一審判決が出ることになりました。判決の前日、大阪航空局とNATCOは電話連絡し、どのような判決が出てもお互いの協力関係は維持することを確認し合ったのでした。結局、裁判は国側の勝訴となりNATCOが控訴し裁判は続きましたが、裁判以外の場ではそれ以降もお互いに前向きの対応を進めていったのです。控訴審判決も国側の勝訴となったのでした。

その後、残された問題も次々に解決して行ったのでした。旧暫定国内線ターミナルビルは撤去されてその跡に大規模な貨物ターミナルビルが建設され、ANAカーゴ拠点基地になるとともにLCCターミナルとして有効に活用されています。旧国際線ターミナル・旧離島ターミナルの撤去跡はNABCOの新旅客ターミナルビル拡張用地として使用され、発展を続ける那覇空港の基幹部分を構成しているのです。

8 航空機騒音と空港

かつて航空機騒音は大きな社会問題で、我が国における伊丹空港の騒音問題はその典型的な事例です。この空港は周辺の市街化が進んでいたのですが、1964年6月からジェット機の運航が開始され、航空機騒音問題を引き起こしたのです。着陸経路下にあるは豊中市の住民、また離陸経路下にある伊丹市住民から夜間飛行の禁止、大阪国際空港の廃止などが求められたのでした。これに対して国は65年度以降、夜間運航規制・便数制限・低騒音機導入などの発生源対策、また移転補償・民間防音工事などの空港周辺騒音対策を進めました。現在では就航する航空機が低騒音ジェット機に代わり、騒音影響の低減が進みましたが、離着陸時間帯は7:00～21:00、離着陸回数は総枠370便という規制が続いています。

世界の空港を見ても、大都市の中に位置する空港は航空機騒音の問題を抱える空港が多く、夜間離着陸規制、飛行経路規制、また新滑走路建設の中止など、その運用や施設整備に大きな影響を受けています。

このような、空港のあり方に大きな影響を与える航空機騒音とその対策について説明します。

(1) 航空機騒音の特性と評価

工場で一日中回り続けるモーターが出す音を同じ場所で聞く場合の騒音は、常に同じ大きさの音です。これを定常騒音と言い、dB（デシベル）という単位で表します。

これに対して空港の周辺に住んでいて、上空を通過していく離

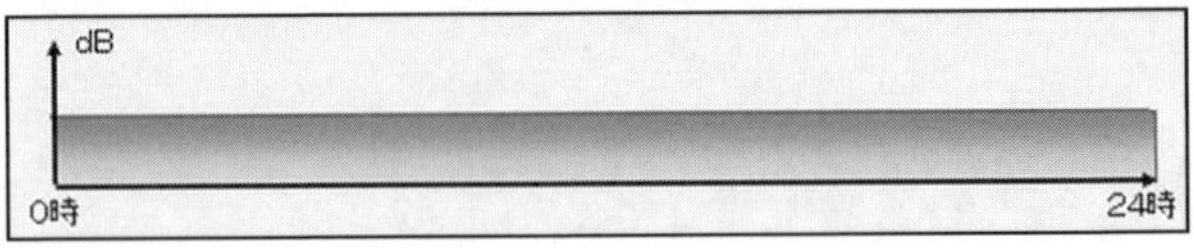

定常騒音

着陸機が発する音を耳にする場合はどうでしょうか。航空機騒音には、発生間隔、音の大きさ、継続時間に不規則性があり、聞こえ方は小さかった音が次第に大きくなりピークを越えた後また小さくなるという特長があります。このような特性を持った航空機騒音を評価するために航空機騒音評価指標としてLden（時間帯補正等価騒音レベル）（エルデンと読みます）という値が使用され、これを使って空港周辺の環境対策のレベルを定めています。ここではこのLdenについて、分かり易く説明したいと思います。

航空機が発する音の聞こえる大きさをdBで表すと、上空の航空機が近づいて来るに従ってdB値が次第に上昇し、その最大値に達した後、次第に小さくなっていきます。この最大値から10dB低いレベルの騒音範囲のエネルギー量を、その航空機一機から受ける騒音量だと考えます。実際には一日に何機もの航空機が上空通過しますので、これらの騒音エネルギー量をすべて測定し足し合わせたものが、その地点で一日に受ける航空機の騒音エネルギー量になります。Ldenに辿り着くまでにはもう2つのステップが必要です。日中受ける航空機騒音と夜中に受ける騒音では人間のうるささの感じ方が異なるという要素を加えます。具体的には、19時から22時までの騒音エネルギー量には5dB分、0時から7時までと22時から24時までの騒音エネルギー量には10dB分

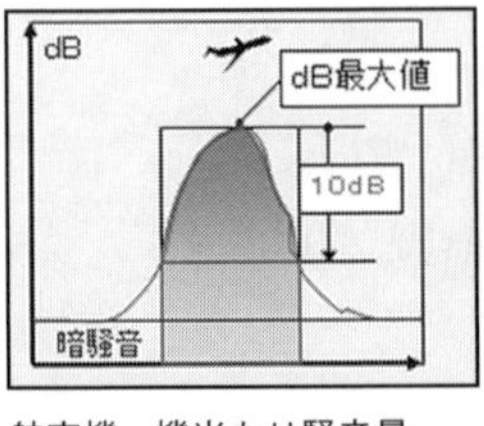

航空機一機当たり騒音量

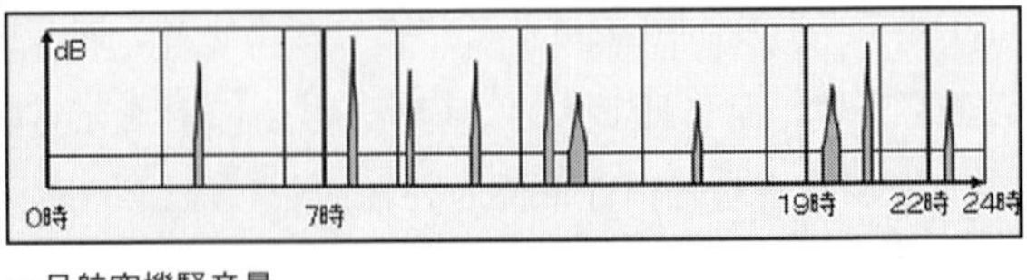

一日航空機騒音量

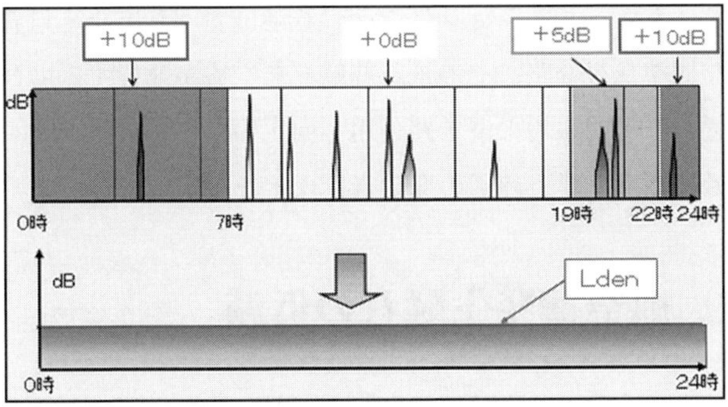

時間帯補正一日航空機騒音量と Lden

の騒音エネルギー量を加えるという時間帯補正を行います。そして、その地点における時間帯補正後の総騒音エネルギー量を算出するのです。しかし総騒音エネルギー量という評価値は分かりにくい面があります。そこでこの総騒音エネルギー量を、仮に定常騒音として一日に受けると考えた場合の、その定常騒音の大きさを dB の単位で表した評価値が Lden なのです。なお、Lden の L は騒音レベルを、d、e、n はそれぞれ、日中、夕方、夜間を表す文字を組み合わせた用語です。

Lden という航空機騒音評価指標は、そのような考え方の下に作成されますが、仮にある空港周辺の同じ場所で一年間騒音測定を行った場合、航空機が飛行する状況が異なるので、毎日の Lden 値は同じでは無いことが想像できます。それでは、空港周辺の環境対策を行うための指針としては適当ではありません。そこで実際には、コンピューターシミュレーションによって当該空港周辺の Lden 等高線図（コンター図）を作成し、その図を基に対策の種類毎の範囲を定めて

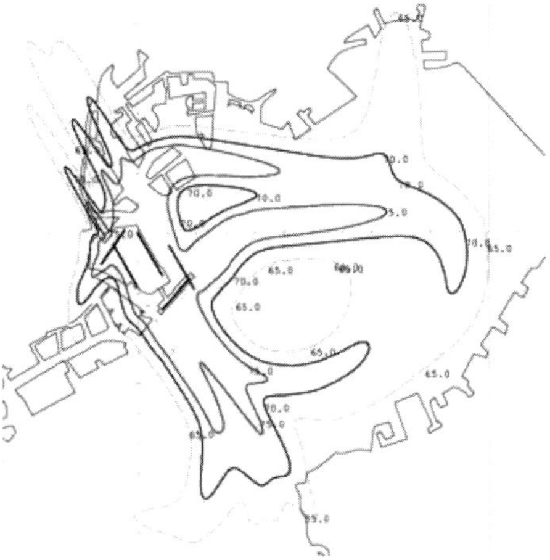

羽田空港航空機騒音影響コンター図

います。シミュレーションは、その空港における出発・到着の立体的な標準飛行経路、その飛行経路を航空機が飛行する場合の分散状態、一年間平均の滑走路使用方向比率、一日に離着陸する航空機の種類別・離着陸別の発生音量などを設定して行います。

(2) 航空機発生騒音の低減

ジェット旅客機の低騒音化は、エンジンと機体の改良によって進められてきました。ジェットエンジンのコア部分にはターボジェットが設置されていますが、その前面にファンを取付け、コアエンジン部をバイパスする空気の流れを作り出し、そのバイパ

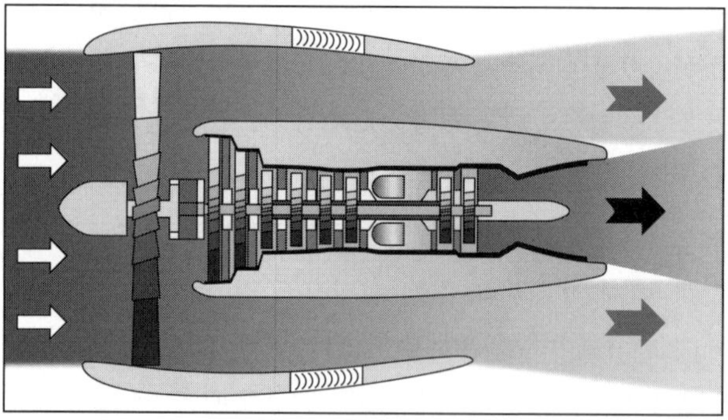

ターボファンエンジン

ス比率を高めることによって、低騒音化とエンジン推力の増大が図られてきたのです（高バイパス比ターボエンジン）。コア部分で発生したエンジン音をバイパスエアによるオブラート効果で低減する仕組みです。機体の改良は、空気抵抗を減らすことによって胴体と翼から発生する風切り音を減らして来たのです。航空機の離陸時及び着陸時に発生する騒音の大きさをdB（A）の等高線で示した図を航空機騒音フットプリントと言いますが、DC 8に代表される第1世代からB767のような第4世代に至までの大きさを比べてみると、騒音源がずいぶん小さくなっていることが分かります。

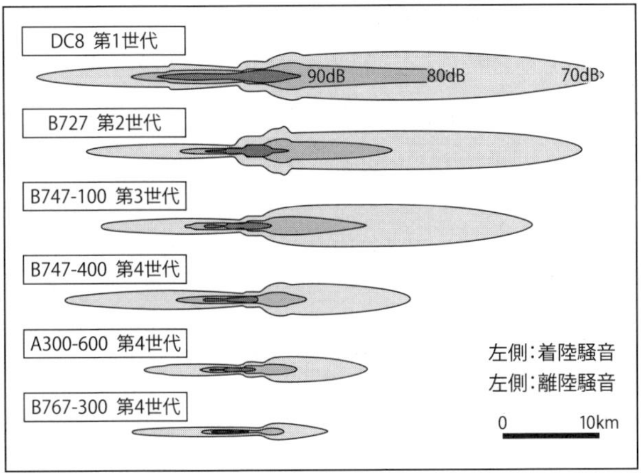

航空機騒音フットプリント

(3) 騒音軽減運航方式

航空機の騒音影響を軽減するための運航方式が、空港周辺の市街地の状況や地形条件に応じて、多くの空港で使用されています。

a) 急上昇方式（離陸）

航空機は通常、最大のエンジン出力で離陸し、その出力で少し上昇した後ほぼ水平な飛行に移って速度を上げ、その後再び上昇を行う方式を使います。しかしこの方式では、滑走路延長上の近隣に市街地がある場合、水平飛行区間の高度が低いため、航空機騒音の影響が市街地に広がることになってしまいます。このため、離陸後の上昇時間を長くして高度1,000m近くまで急上昇し、市街地上空を騒音影響の少ない高度で通過する方法が急上昇方式です。

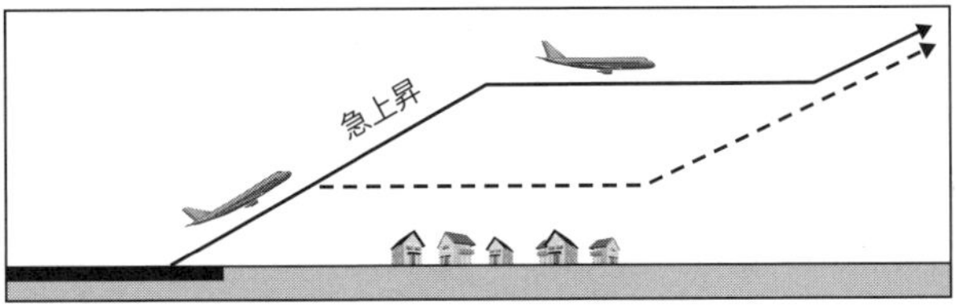

急上昇方式

b）カットバック方式（離陸）

最大出力で離陸後に一定高度に達したら、出力を絞って低騒音で市街地上空を通過し、海洋上空などに出た後、出力を上げて再び上昇を行う方式です。

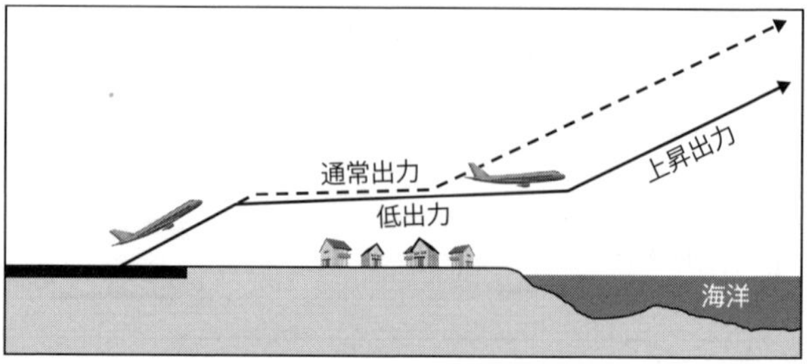

カットバック方式

c）ディレイドフラップ進入方式（着陸）

着陸に際しては脚やフラップを下げますが、それによって空気抵抗が増し、風切り音が大きくなります。またその分エンジン出力も大きくする必要があり、騒音が増加します。この脚やフラップを下げる操作をできるだけ遅らせることによって、市街地への騒音影響を軽減する方法なのです。

d）低フラップ角着陸方式（着陸）

着陸に際してはフラップを最大限に下げて、低速度でも大きな揚力を得られるようにしますが、空気抵抗の増大により、その分エンジン出力を大きくする必要があり、騒音が増加します。接地するまで、このフラップ角度をできるだけ浅くすることによって、市街地上空での騒音を軽減する方式です。

e）優先滑走路方式

航空機は通常、風に向かって離着陸しますが、滑走路長に問題が無ければ追い風5ノット（時速約9km）程度までならば許容できます。また1時間当たりの離着陸回数の少ない空港であれば、滑走路の同じ側から、離陸と着陸を行うことができます。これらの条件を満足する時、滑走路の一方に海洋のような市街地の無いエリアがある場合、可能な限りその方向を使用して離着陸することにより、市街地の騒音を減少させる方法なのです。

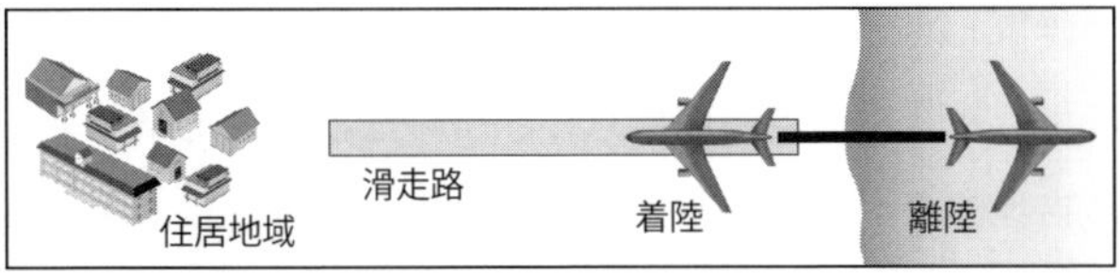

優先滑走路方式

f) 優先飛行経路方式

航空機が旋回しながら滑走路に進入する場合、できるだけ市街地上空の通過を避ける飛行経路を使用することにより、騒音影響の軽減を図ることができます。また、離陸後に旋回して市街地上空通過を避け、海洋上空などに出ることができれば,同様の効果

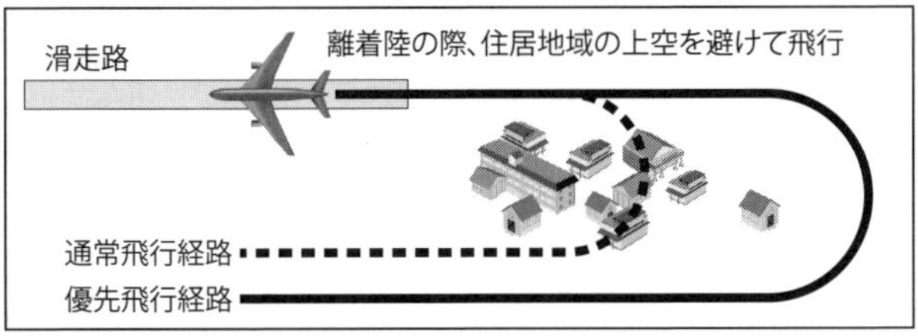

優先飛行経路方式

を得ることができるのです。

(4) 着陸滑走路の短縮運用

普通、航空機は離陸距離に比べて着陸距離の方が短いのです。着陸機がほぼ降下角度3度と、地上に近い上空を進入してくることを考えると、着陸目標地点をできるだけ滑走路の内側に移動することは、着陸機の航空機騒音影響を軽減するために効果的です。これによって、市街地上空の航空機通過高度が高くなり、騒音影響を軽減することができるのです。通常の滑走路末端標識は滑走路端部に、着陸目標地点を示す目標点標識はそこから400m 程度内側に、他の滑走路標識もそれらに合わせた位置に設置するのですが、短縮運用を行う滑走路では滑走路末端標識と目標点標識を

数百メートル内側に設置し、他の滑走路標識もそれらに合わせて内側に設置します。

離陸する航空機の離陸開始点は、十分な離陸滑走路長を確保するため物理的な滑走路末端の地点にします。滑走路末端と滑走路末端標識の間には矢印（→）の標識を設置し、その部分が滑走路舗装として十分な強度を有することを明示するのです。

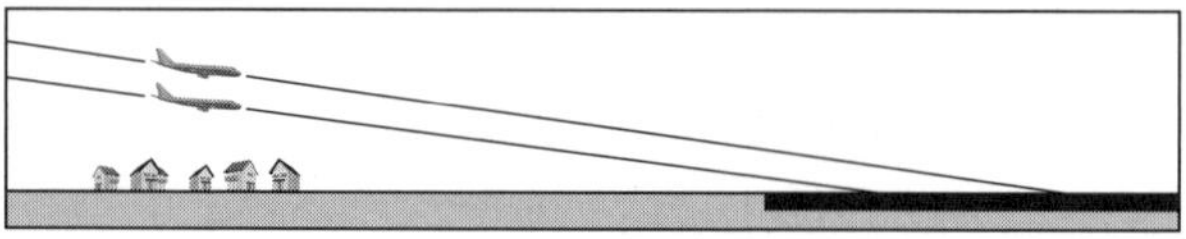

着陸滑走路短縮運用による航空機騒音影響の軽減

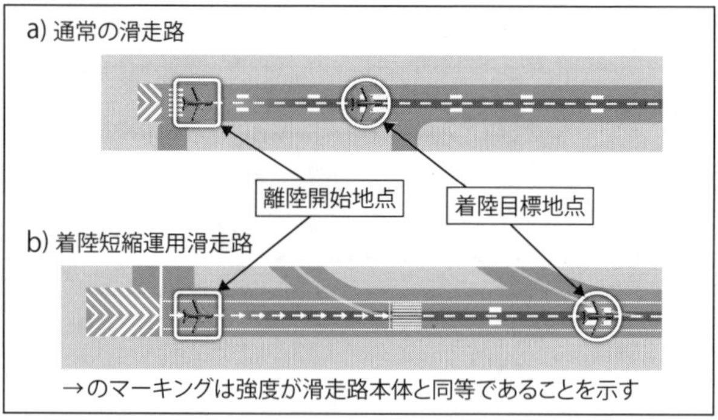

着陸短縮運用滑走路の滑走路標識と運用方法

(5) 空港周辺騒音対策

エンジンや機体の改良から航空機からの発生騒音量が減少してきたとはいえ、空港周辺における騒音影響が全くなくなったわけではありません。航空機騒音影響のある空港においては、その影響の程度を、前述したコンピューターシミュレーションによって年間平均の航空機騒音影響コンター図を作成し、それに基づく航空機騒音対策区域を指定して、区域毎に対策を行っているのです。どの程度の航空機騒音影響を受ける区域に対してどのような対策を施すかは国によって異なることになります。

日本では前述したLdenを航空機騒音の評価指標にしているので、このコンター図を作成し、それを基にして航空機騒音対策区域を指定しています。Lden値62dB以上を第1種区域、73以上を第2種区域、76以上を第3種区域に指定します。第1種区域においては住宅防音工事、第2種区域においては移転補償、第3種区域においては緩衝緑地帯整備を中心とする対策が行われており、更にLdenが57dBの地域については教育施設等の防音工事が行われています。

伊丹空港（大阪国際空港）を例として航空機騒音対策区域の指定実態を見てみましょう。この空港は市街地にあり数多くの航空機が離着陸しているため、広範な対策区域が指定されています。初めてジェット旅客機が就航した1964年（昭和39）当時、初期型のジェット機から発生される騒音騒音は非常に大きかったため、騒音影響の範囲は現在に比べて相当に広いものでした。航空機の離陸・着陸経路下に住む広範囲の住民から様々な訴訟・調停（2万人以上）が申し立てられていた事実は、その深刻さを如実に物語っています。一時期の伊丹空港周辺における航空機騒音対策費用は年間数百億円という額に上っていました。しかし時代とともにジェット旅客機の低騒音化が進み旧型のジェット機が次々に現役を退いていくと、航空機騒音影響は次第に改善され、対策範囲は縮小されていったのです。2009年（平成21）3月に航空機騒音対策区域の指定範囲を変更する告示が出されましたが、長さ・幅ともに縮小する傾向を読み取ることができます。

一方で、この指定範囲の形状から、航空機騒音影響範囲の特徴を見ることができます。伊丹空港においては年間を通してほとんど、南東方向から直線的に着陸し、北西方向に離陸して左へ旋回する飛行経路が使用されています。着陸側は、航空機はエンジン出力を絞って降下して来るのですが、降下勾配が3度と低いため地上との距離が近く、影響範囲は全体として細長い形状になる傾向にあります。一方離陸側は、エンジン出力を最大にして急上昇するため地上との距離が早いうちに遠くなり、影響範囲は比較的横に広く縦に短くなる傾向があるのです。

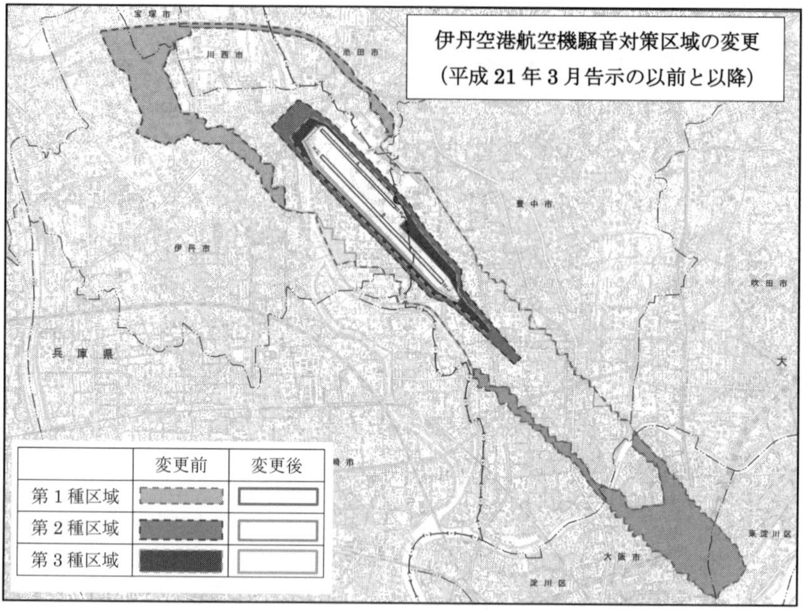

伊丹空港航空機騒音対策区域

関西3空港

(1) 伊丹空港騒音問題

伊丹空港（大阪国際空港）の飛行経路は、空港北側にある山岳部の存在や市街地への騒音影響を考慮して、進入は南東側の大阪市・豊中市上空を通るILS進入ルート、出発は北西側の伊丹市上空を通過して直ちに左旋回し武庫川に沿って上昇しながら大阪湾に出るルートが主として使用されています。

1958年（昭和33）に米軍から返還された伊丹空港は日本の基幹民間空港の1つとしての歩みを再開しました。それから6年後の64年（昭和39）6月、世界の旅客機がプロペラ機からジェット機に代わっていく時代の中で、この空港にもジェット旅客機が就航を開始しました。当時のジェット旅客機（B707、DC8など）は開発されたばかりで、その発生騒音は現在の航空機とは比較にならないほど大きかったのです。また70年（昭和45）には既存のA滑走路（1,828m）に加えてB滑走路（3,000m）がオープンし長距離国際線大型ジェット機の就航が始まるなど、航空機騒音影響は更に拡大していったのです。飛行経路下に居住する住民は空港反対の狼煙を上げ始めました。69年（昭和44）、夜間（21:00～7:00）の飛行差し止めや損害賠償を求めて、住民が国を相手取り行政訴訟を起こすなどその動きは拡大していったのです。訴訟の最高裁判決は81年（昭和56）に出されましたが、判決後和解交渉が進められ、84年（昭和59）には和解調書の調印が行われています。一方1973年（昭和48）には、公害等調整委員会に対して住民グループから最初の調停申請が提出され、その後いくつものグループから申請が提出されました。その数が2万人を越える規模に拡大するなど、当時の騒音影響の激しさと広さが読み取れます。最も影響の大きい伊丹市のグループによる調停申請の主な内容は、81年（昭和56）度以降の伊丹空港の廃港、それまでの間の航空機就航については居住地における騒音レベルをWECPNL（Ldenに変更される前の航空機騒音評価値）70以下に抑制、精神的苦痛に対する損害賠償などでした。同年伊丹市は「大阪国際空港撤去都市」を宣言しています。伊丹市を含む8グループに対する調停案が78年（昭和53）に示され、調停が成立したのでした。

国はこれらの和解、また調停状況を考慮しながら、1975年（昭和50）から伊丹空港の使用時間帯を朝7時から夜21時までとし、77年（昭和52）からは一日の離着陸回数を370回（ジェット機200回、プロペラ機170回）に制限するなどの騒音発生源対策を行ったのです。また空港周辺地域の航空機騒音影響地域に対して、移転補償や住居・学校・公共施設等に対する防音工事等を強力に進めて行きました。騒音対策費予算の大半が伊丹空港に使用されたのでした。こうして住宅防音工事は85年（昭和60）には概ね完了している状態でした。

(2) 関西国際空港の候補地選定

国は伊丹空港周辺住民や兵庫県からの要望に応え、1968年（昭和43）から新空港の調査を始めていました。71年（昭和46）には調査概要を公表し、海上6箇所、陸上2箇所を候補地として挙げています。国としても増加する関西地区の航空需要に対応するためには、航空機騒音問題を抱えて運用上の制約が大きい伊丹空港に代わる新空港が必要であるとの認識があり、候補地選定を急ぐ必要があったのでした。同年、国は航空審議会に新空港の規模と位置を諮問し、専門部会が設置されて審議を行うことになりました。73年（昭和48）には候補地は、淡路島、播磨灘、神戸沖、泉州沖の4箇所に絞られています。そして騒音影響のある淡路島を除く3箇所が候補地として浮上して行きました。74年（昭和49）の第1次答申では、「大阪国際空港の廃止を前提」としてという表現が使われましたが、その意味は「たとえ伊丹空港が廃止されることになったとしても、新空港はそれに代わる機能と規模を持つ必要がある」ことを謳ったもので、この時点では伊丹空港の取扱は未定でした。

国がそのような動きをする一方で、大阪湾を取り巻く自治体のほとんどが新空港反対の旗を掲げていたのです。周辺地域における大きな航空機騒音問題が発生している伊丹空港のツケを自分のところに回されたくないとの思いだったのでしょう。市民の目には空港は騒音を初めとする環境問題発生源の塊と映り、どの自治体もその市民感覚を反映した姿勢を取らざるを得なかったのです。1972年（昭和47）に神戸市議会は神戸沖空港反対決議を行い、翌年空港反対を掲げて選挙に勝利した市長も神戸沖空港反対を強力に表明したのでした。また泉州の各市町でも泉州沖空港に反対する決議が行われている状況でした。

大阪、神戸、京都という関西圏の大都市との距離の近さなどを考慮すると、本当は神戸沖案が最有力でしたが、神戸市の反対姿勢の強さを考慮した国は、泉州沖案の選択に照準を絞っていきました。泉州の各市町との協議、各地での説明会実施、海上観測塔の設置とその使用による様々な環境条件の観測等の取り組みは、泉州沖を新空港として確定したわけではないという表向きの態度とは裏腹に、この地での実現を追求するもので、そのための努力を積み重ねていたのです。その中で、滑走路を陸域から5km離して設置、陸域に掛からない出発・進入飛行経路の設定、それらによって環境基準に基づく航空機騒音影響範囲が全て海上にとどまること、空港建設に合わせて対岸部の地域開発を行う計画であることなどが地元に理解されて行きました。このような国の努力の中で、泉州の各市町は泉州沖空港案に対する反対決議を撤回して行ったのです。そして1982年（昭和57）には、地元12市町が「泉州沖空港建設の要望決議」を行うまでになりました。こうして、泉州沖に関西新空港が建設されることになったのです。開港は1994年（平成6）でした。

⑶　伊丹空港の存続

関西空港の開港を4年後に控えた1990年（平成2)、関西空港開港後の伊丹空港存続が決定しました。運輸省と周辺自治体連合（11市協）との間で、国内線に限定という条件の下に存続協定が締結されたのです。存廃の決定は国の責任の下に行うことになっていたので、運輸省が地元自治体に伊丹空港存続を打診し、地元がそれを受け入れたという形が取られました。国とすれば、建設中の関西空港1期（滑走路1本）だけでは関西地域の航空需要はまかなえず、伊丹空港を廃港するならば、更に莫大な費用を要する第２期を続けて早急に建設しなければならなくなるという事情を抱えていました。伊丹空港の周辺市にから見ると、航空機性能向上に伴う発生騒音の格段の減少、家屋防音工事等環境対策の概ねの完了、離着陸時間・便数規制の定着、空港の地元への経済効果、近傍空港の利便性等を考慮すると、伊丹空港の存続は望むところだったのでしょう。

⑷　神戸空港の建設

話は遡りますが、泉州沖における観測塔設置を大阪府が受け入れる動きの中で、神戸市・市議会は1982年（昭和57）空港反対決議を撤回し、運輸省に対して神戸沖空港試案を提出しました。政策の完全な転換です。港町として発展してきた神戸市は、将来の重要な交通インフラである空の港を初めから受け入れるべきだったのです。神戸市は兵庫県を巻き込んで、関西新空港の立地について神戸沖の優位性を主張しましたが、運輸省は泉州沖案からぶれることはありませんでした。関西新空港を泉州沖に建設することに同意するにあたり、兵庫県は、神戸市による神戸沖空港建設を条件にしたのでした。そして90年（平成2）神戸市議会は神戸沖空港建設の推進決議を行い、神戸市による設置申請を運輸省が許可して、神戸空港建設が開始され、2006年（平成18）に開港したのでした。

⑸　３空港一体運営

こうして関西に３つの空港が存在する状況ができ上がりました。伊丹空港は国交省（旅客ターミナルビルは民間会社）が、関空は関空会社が、神戸空港は神戸市がそれぞれに管理・運営を担っていたのでした。そのような状況に大

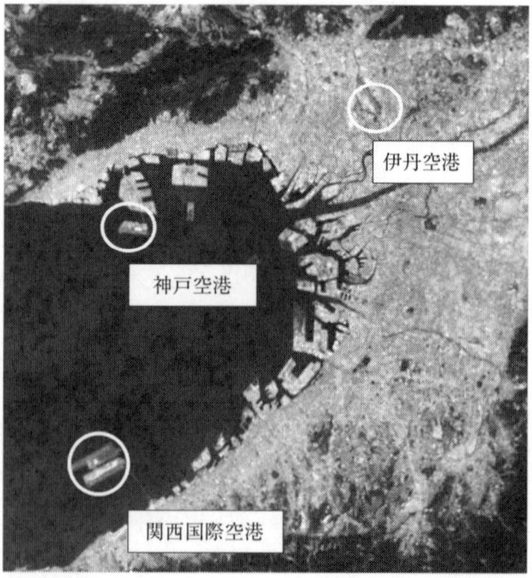

関西の３空港

きな変化が生まれたのが、民間会社に一定期間の空港運営権を売却するコンセッション方式の導入で、まず伊丹空港と関西空港の一体化運営が実現しました。両空港は運営権を獲得した関西エアポート㈱（オリックス、ヴァンシ・エアポート他の資本構成による新会社）が2016年（平成28）から45年間にわたる両空港の運営を開始したのです。そして18年（平成30）からは神戸空港の運営権も売却され、同社による関西3空港の一体運営体制が確立されたのでした。

羽田空港沖合展開の合意形成

(1) 沖合展開の必要性

B747-SR

ジャンボジェット機の愛称を持つB747-100（最大座席数約450席）が1969年（昭和44）に初飛行し、翌70年（昭和45）に羽田空港に国際線として就航を開始しました。同機は国際線用の航空機として開発されたのですが、日本航空は73年（昭和48）に、航続距離を短くし座席数を増やした国内線用のジャンボ機のB747-SR（同536席）を、羽田空港を中心とする国内幹線に就航させました。全日空もこれに続きますが、B747-SRを使用した航空会社は日本以外にはありませんでした。羽田空港を発着する国内路線におけるジャンボ機使用は、78年（昭和53）の成田空港開港後も続きます。このことは、羽田空港の滑走路容量が大幅に不足していて、国内線旅客を一度に大量に運ばなければならなかった当時の状況を如実に物語っています。

国内線航空旅客需要の増加は更に続き、交差する2本の滑走路（B、C）、拡張余地のない旅客ターミナルビルと駐機場という施設しか持たない羽田空港は、容量の限界に達していきます。また一方で、就航旅客機のジェット化・大型化は、羽田空港周辺の騒音影響の増加という副作用をもたらしたのです。地元では、1973年（昭和48）に大田区議会が「空港撤去に関する決議」を行っています。運輸省航空局は71年（昭和46）5月、「東京国際空港拡張計画作成委員会」を設置して、空港容量不足と騒音影響の問題の抜本的解決を図るための検討を始めていました。羽田空港沖合展開計画です。その計画内容は、10年以上にわたる国と地元自治体との間の真摯な協議を踏まえて83年（昭和58）に結実することになります。既存の羽田空港の沖合を埋め立てて、そこに十分な容量を持つ近代的な空港を建設するとともに、滑走路位置を既存市街地から遠ざけることによって騒音問題を抜本的に解決するという理念を踏まえた計画内容となったのでした。

⑵ 沖合展開計画合意形成の経緯

沖合展開事業着手の前哨戦となる、沖合展開計画成立までの国と地元自治体間の協議・調整の経緯を振り返ってみます。運輸省は、羽田空港の航空機騒音問題の抜本的解消と今後の需要増大に対処するため、長期的視野に立って1971年（昭和46）頃から整備計画の検討を進めていました。77年（昭和52）3月、東京都知事から現空港の羽田沖への移転を前提に地元を含めた話し合いの場を設けたいとの申し入れがあり、これを受けて同年8月運輸省、東京都及び地元区（大田区、品川区）で構成する「羽田空港移転問題協議会（三者協議会)」が設置されました。運輸省は、東京都が廃棄物処理場としている羽田沖埋立地を活用して現空港を沖合に展開することにより、将来の航空需要への対応と航空機騒音問題の抜本的な解決という課題を解決できるという検討結果（試案）を取りまとめ、78年（昭和53)12月に第7回三者協議会に提示したのです。その後この試案をもとにして、三者協議会で調整を進めることになりますが、この案では航空機騒音の抜本的解消が図れないというのが地元の主張で、再検討するよう強い要望が出されたのでした。これに対して運輸省は、港湾計画、道路計画及び船舶の安全航行等について関係機関と調整を図りながら試案の修正について検討を行ったのです。その結果、B滑走路を海側へ380m移設して新B滑走路とすることによって市街地から遠ざける、また新A・新C滑走路を既存のC滑走路の方位に対して時計回りに5度振ることにより新C滑走路を陸側に離陸した航空機がすぐに右旋回できるようにする、という航空機騒音問題への対応強化を施した修正案を作成し、三者協議会に提示したのでした。その修正案に対し、東京都は地元区の同意を得て了承しました。その後運輸大臣と東京都知事が会談し、修正案に基づく滑走路配置等基本的事項の合意が行われました。81年（昭和56）10月運輸省は、基本的合意を踏まえた具体的計画を策定することを目的として、関連する事業との調整を図るため、建設省、運輸省及び東京都からなる「東京国際空港沖合展開計画連絡調整会議」を設置しました。そして廃棄物埋立計画、道路計画、鉄道計画と整合をとりながら、「東京国際空港沖合展開基本計画案」をとりまとめたのです。この中で、廃棄物埋め立て範囲の沖展計画範囲までの拡張、湾岸道路計画位置の新A・新B間中心への変更、環状8号線延伸計画、東京モノレール・京浜急行乗り入れ計画などが整えられて行きました。こうして羽田空港沖合展開計画の骨格が基本計画案としてまとめられて82年（昭和57）11月の第20回三者協議会に提示され、12月の三者協議会において了承されたのでした。10年余りに及ぶ検討・調整の結果、羽田空港沖合展開計画は東京都知事の了承を得るに至ったのです。

1978年（昭和53）の成田空港開港から2年後の80年（昭和55）の羽田空港航空旅客数は2,000万人でした。これに対して2017年（平成29）は8,500万人を越えています。もし羽田空港の沖合展開が行われていなかったとしたら、今の羽田空港はどのような状態だったのでしょうか。そして首都圏や羽田空港を中心とする日本全体の航空輸送はどれだけ制約された状態になっていたのでしょうか。想像すると大変恐ろしいことです。現在の羽田空港の姿をつくり出すために、国や地元自治体がお互いに調整の努力を積み重ねて合意に達した歴史は、現在羽田空港を利用している旅客、また羽田空港で働く人々にさえほとんど知られていないのではないでしょうか。

(3) 沖合展開計画事業化のための法手続

運輸省は1983年（昭和58）2月東京国際空港整備基本計画を決定し、3月には航空法に基づく手続きとして、飛行場の施設変更予定告示を行い、5月には広く意見を聞くための公聴会を開催、その後施設変更告示を行いました。一方で、本計画に係る環境影響評価を東京都条例に準じて行うこととして、同年4月東京都知事に環境影響評価書案を提出し、都知事の審査意見書を受けて環境影響評価書を作成したのでした。こうして法律に基づく手続きが終わり、事業着工を待つことになったのです。

⑷　沖合展開計画の概要

この時まとめられた羽田空港沖合展開計画の概要をご説明しましょう。羽田空港沖合展開の目的は次の３つです。

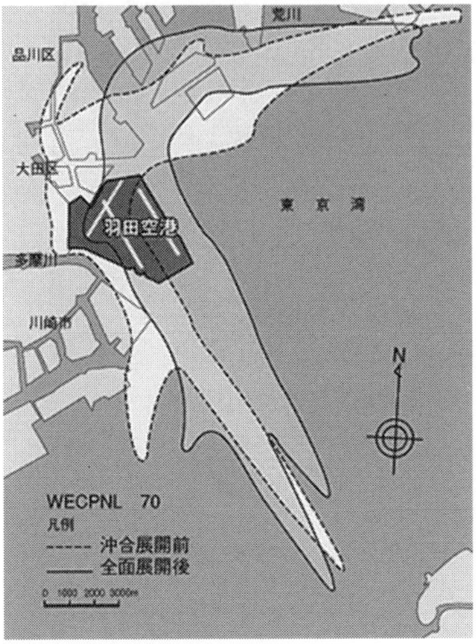

沖展による騒音影響の解消

①既存空港の沖合に滑走路を移設及び新設し、飛行径路を市街地から遠ざけることにより騒音問題を抜本的に解消。

②離着陸処理能力を年間約 24 万回程度まで向上させ、長期にわたって国内航空の拠点としての機能を確保。

③廃棄物の埋立地に新しい滑走路と空港ターミナル施設を建設することにより、廃棄物処理と空港整備の両立。

そして従来の空港用地の一部を跡地とし、都市施設整備のために有効に利用しようというものでした。空港面積は既存の 408 ヘクタールから 1,100 ヘクタールに拡張することになり、そこに中心線間の距離が 1,700m の２本の平行滑走路（新 A 滑走路:3,000m、新 C 滑走路:3,000m）及び斜めの新 B 滑走路（2,500m）を整備し、新 A・新 C の２本の滑走路間に東西２組の国内線旅客ターミナル施設（ターミナルビル・エプロン・立体駐車場）、貨物ターミナル施設、航空機整備施設、空港管理施設等を整備するという施設計画です。それによって、年間 8,500 万人程度の国内航空旅客を取り扱う計画でした。またアクセス交通については、道路は既存の環状８号線と首都高速１号線を新旅客ターミナルへ延伸し、また２つの旅客ターミナル間に計画中の湾岸道路（高速湾岸線・国道 357 号線）をターミナルに接続するという計画です。また軌道は第１旅客ターミナル供用開始時に東京モノレールを同ターミナルまで延伸し、京浜急行空港線をモノレールに接続する地点まで延伸する計画でした。その後の旅客需要の動向を勘案した上で適当な時期に京浜急行を更に旅客ターミナルまで延伸するという計画だったのです。沖合展開事業は、工事期間中も運用を続けることになる羽田空港の機能を損なうことのないよう、またその効果をなるべく早く発揮出来るようにするために、段階的に整備を行うこととしました。第一期は新A滑走路の建設、第二期は第1旅客ターミナル（西旅客ターミナル）の建設、第三期は新C・新B滑走路及び第2旅客ターミナル（東旅客ターミナル）の建設が各段階の主な整備内容でした。

沖合展開事業着工前の羽田空港

9 航空機運航と舗装施設維持工事

航空機は滑走路・誘導路・エプロン等の舗装上を走行しますが、それらの舗装体は航空機荷重、日照、温度変化、雨水の浸透など様々な原因によって経年的に劣化します。亀裂の発生、表面の凹凸、わだち掘れ、剥離など様々な劣化症状が現れ、そのままでは航空機の安全な走行が脅かされることになります。このため、劣化の状態を定期的に点検し、状態の悪化が進行した場合には、許容の範囲を越える前に改修工事を行う必要があるのです。

運用中の空港において改修工事を行うことになるので、その実施に当たっては、航空機の運航に制約を与えないこと、また航空機運航の安全が確保されるようにすることが求められます。

(1) 事前準備

(1-1) 航空機運航を制約しない工事計画

工事を実施するための事前準備として、対象となる舗装施設の改修工事をどのように実施するか計画を立てる必要があります。航空機運航を制約しない、また仮にやむをえず制約せざるを得ない場合にも最小限の制約に止めるという前提で、工事計画を立てるのです。

滑走路の改修工事の多くは、航空機に対する運航制約発生を避けるために、空港の運用時間帯以外の、限られた夜間時間帯に実施されることが多いのです。日本の空港では、滑走路舗装はほとんどアスファルトですが、劣化したアスファルト上部を削り、新しいアスファルトを敷設し、それが固化して航空機通過荷重に耐えられる強度になるまでに必要な時間を考えて、一夜で工事可能な改修長さを想定し、滑走路全体をいくつもの区画に分けて、毎夜順番に実施して行くのです。滑走路が複数ある空港でも、工事を行う滑走路の閉鎖によって離着陸容量が減少し、昼間の需要の多い時間帯を満足できない場合には、離着陸回数の少ない夜間に工事を行うことになります。24時間運用空港の場合、やむを得ず滑走路閉鎖による工事実施が必要となりますが、この場合でも航空機離着陸回数の少ない夜間に工事を行うことになります。

誘導路の改修工事では、当該部分の工事を行う場合、その部分を迂回する航空機走行経路が確保できるかどうかを考慮することになります。迂回経路が確保できる場合には空港運用時間帯における工事を行うことが可能ですが、確保できない場合にはその時間帯を避けた夜間に工事を行うことになります。

エプロンはひとつのスポットで工事を行っても他のスポットは使用できますので、総スポット数が不足しないよう配慮しながら、スポットをひとつずつ閉鎖して、順番に工事を行うことになります。

(1-2) 工事情報のパイロットへの周知 (NOTAM)

航空機が使用する舗装の改修工事が、どの箇所で、どの期間のどの時間帯に行われるのか、またそれによって航空機の運航にはどのような影響があるのか等、当該空港を使用するパイロットは事前に知っておく必要があります。それが工事期間中における航空機の安全運航に繋がるのです。

それらの情報をパイロットに知らせる仕組みとしてノータム（NOTAM）があります。NOTAMは航空保安施設や航空に危険を及ぼすものなどの設定や状態等についての航空情報を、航空交通情報システムや国際航空固定通信網という通信回線を通してパイロットに提供する方法なのです。NOTAM発出手続きは国の仕事なので、工事発注者は工事会社と調整の上で空港にある航空局の機関にその発出手続きを依頼することになります。

(1-3) 工事作業員への講習

これらの改修工事は、航空機の離着陸や走行が行われているエアサイドエリアで行われるため、航空機の安全な運航に支障が発生しないよう、工事を実施する作業員はエアサイドエリア工事におけるルールを、事前に熟知しておく必要があります。このルールは作業の監督に当たる者だけでは無く、作業員全員が知り、理解し、実行することが必要です。このため、工事に先立ち、現場に入る作業員全員を対象にした講習会を開催することが必要なのです。

講習で大切なのは、具体的な行動ルールの明示、及びなぜその行動ルールが必要なのかの理由が簡潔に説明されることです。工事作業員は空港の運用や航空機の運航に慣れていないという前提で、分かり易く説明されることが重要です。その中で、航空機運航の安全と安定が、工事作業よりも優先される必要があるという考え方の理解が求められることになります。

過去には、空港エアサイドエリアの工事において、地下ケーブルの切断、航空灯器の破損、路面上への資材飛散や工事用具の置き忘れ、工事作業区域への航空機誤進入、航空機運航中の着陸帯内への作業員の侵入など、様々なトラブルが発生しています。トラブルの発生を未然に防ぐ手段として講習は大変重要なのです。

(1-4) 工事作業員の身元確認

工事の対象となるエアサイドエリアは立入制限区域（通常「制限区域」と呼ばれています。）に指定され、許可を受けたもの以外の立入が規制されています。それによって、航空機に対するテロ行為（例えば機外からの時限爆弾装着）、安全阻害行為（例えば使用中の滑走路への意図的な異物放置）など、航空機の運航の安全を脅かす行為を行おうとする者がそのエリアに入ることを防いでいるのです。そのため、工事作業員についても事前に身元確認を行い、制限区域への立入を許可するという手続きが必要なのです。

(2) 工事現場入場時の行動

(2-1) 工事作業員・航空管制官間の無線交信の確保

エアサイドエリアでの工事に当たっては、航空管制官との連絡手段が確保されていることが必要で、通常は相互の無線交信が行えるようにします。

空港の運用時間帯（この場合、管制塔に管制官がいる時間帯と考えると分かり易いでしょう。）は、空港によって異なります。24時間運用空港でも、航空機が実際に夜間でも離着陸している空港もありますが、騒音問題により夜間の一定時間帯の通常の離着陸は規制している空港もあります。実際の利用時間帯が制限されている24時間運用空港（例えば成田空港は24時間運用、利用時間帯は6:00～24:00）の場合、利用時間帯以外の時間における航空機緊急着陸が行われることがあるので、その場合には管制官が作業員に無線で緊急退避の指示を行うことになります。また大規模な空港においては、離着陸が行われない時間帯でも、航空機の誘導路・エプロン上の地上走行が夜間を通して行われるので、管制官と作業員の連絡体制の確保は重要なのです。

管制官のいない空港運用時間外の時間帯に工事を行う場合は別にして、空港運用時間帯に工事を行う場合には、常に工事作業員と管制官が無線交信できるようにし、工事作業員が乗る作業車の滑走路・誘導路への進入時の許可、退出時の連絡、航空機緊急着陸等の通報、工事に起因する航空機運航影響発生の緊急連絡などを行う必要があるのです。

(2-2) 工事作業員入場時の入場チェック

工事作業当日、工事作業員はまとまって工事車両でエアサイドエリア（制限区域）に入りますが、制限区域への入口ゲートで保安職員の入場チェックを受けます。入場できるのは、事前に身元確認を受けて入場許可を受けている作業員だけです。

工事が終了したあとの退場時にもチェックを行い、作業員が制限区域に残っていないことが確認されます。

保安職員による入場チェック

(2-3) 工事車両走行時の航空機優先

ゲートを通過した工事車両はまとまって当日の工事現場に向かいますが、この時、運用中の誘導路を使用したり、横断したりすることがあります。航空機の走行が行われているので、その走行を妨げないようにする必要があります。そのため、誘導路への進入に当たっては、航空機翼端からの十分なクリアランスが確保される位置に一時停止し、無線で管制官からの許可を受けてから進入します。あくまで航空機の運航が優先で、その走行を妨げないようにしなければなりません。

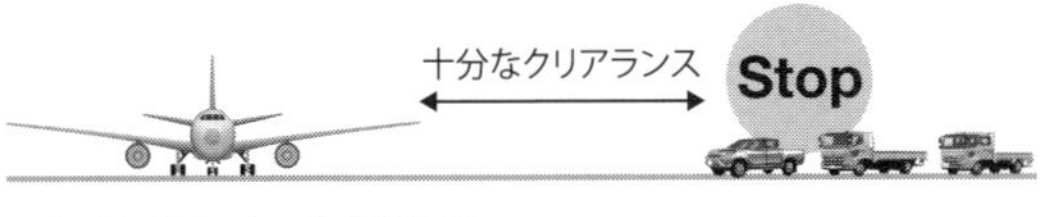

工事車両走行時の航空機優先

(2-4) 工事車両からの落下物防止

工事作業車両には様々な資機材が積まれています。車両がエプロン・誘導路・滑走路を走行中にこれらの物が路面に落下しないようにする必要があります。資機材が路面に落下し残置された場合、その後その箇所を走行する航空機のタイヤのパンク、エンジンへの吸引による故障というトラブルに繋がります。このため落下防止は勿論のこと、もし間違って落下した場合には、それを撤去し路面を清掃する処置が必要になるのです。

工事車両からの落下物防止

(2-5) 工事車両からのオイル漏れの防止

工事車両走行中、航空機が走行する路面にオイル漏れが発生しないよう万全の注意を払う必要があります。万が一オイル漏れがあった場合には、航空機のタイヤへの付着を防ぐためただちにオイルを除去し、きれいに清掃する必要があるのです。

(3) 工事実施時の行動

(3-1) 航空機走行経路の確保

空港運用時間帯に誘導路の改修工事を行う場合には、滑走路とエプロンの間を航空機が地上走行できるようにする必要があります。風向きによってその時の滑走路の使用方向が変わるので、この航空機走行経路は使用する滑走路の方向に拘わらず確保される必要があります。また、使用中の滑走路を誘導路代わりに使用することは避けなければなりません。事前の計画に基づき、現場においてこれを確実に実行します。

(3-2) 空港運用時間以外の時間帯での確実な工事完了

空港運用時間が一定（例えば6 :00〜22:00）で、夜間（この場合22:00〜 6 :00）の運用が行われていない空港では、ほとんどの場合、この夜間の時間帯に滑走路改修工事が行われます。ゲート付近で待機していた工事作業員を乗せた工事車両の一団は、その日の航空機離着陸の終了を確認した後、工事現場に入ります。工事の現場準備を行い、本工事を実施し、改修した路面が所要の強度に固化していること、新旧路面間段差部分の摺り付けを含めて路面の所要勾配が確保されていること、路面に残留物が無いこと、工事現場に残置する資機材の飛散や制限表面への抵触が無いこと等を確認した上で、空港の運用開始時間の30分前までに作業員を載せた工事車両は退去します。この残り30分は、滑走路の路面が航空機の安全な離着陸に支障が無いことを、空港を管理する組織の担当者が点検するための時間に充てられるのです。航空機の運航が妨げられることがないよう、空港運用開始時刻までに工事と点検を確実に完了する必要があるのです。

(3-3) 安全な航空機走行状態の確保

既に述べたように、滑走路や誘導路において空港運用時間以外の限られた夜間時間帯に工事を行う場合、その工事は、その時間帯内に実施可能なよう工事エリアをいくつもの区画に分割して行うことになります。改修工事の内容は、既存のアスファルト表面を少し掘削し、その上に掘削厚よりも厚くアスファルトを打設する工事が多いのです。

そのため、既存の部分と工事を終了した部分の間に段差ができてしまいます。その区画の夜間工事が終了し運用時間帯が来ると航空機の離着陸や走行が再開されるので、段差があるままでは航空機の脚に損傷を与え、大きなトラブルに繋がってしまいます。そのため、新旧路面間に仮設の擦り付けを施して、所要の路面勾配が確保されるようにするのです。次の夜の工事ではその仮設擦り付けを除去するところから始めます。このような夜間工事終了後の安全な航空機走行状態の確保は大変重要なのです。また、舗装路面の改修工事によって路面上の飛行場標識が一時的に撤去されてしまうので、工事時間帯にそれを復旧し、航空機の運航に支障が発生しない状態を確保する必要もあります。

嵩上工事実施舗装部分と既存舗装部分の仮設摺り付け

(3-4) 制限表面の確保

空港運用中に誘導路舗装の改修工事を行う場合には、工事区域で使用される重機や車両も制限表面に抵触しないようにする必要があります。この場合に関係する可能性のある制限表面は進入表面と転移表面ですが、ほとんどの場合は転移表面に注意する必要があります。制限表面のところで説明したように、転移表面は着陸帯の縁部から７分の１の勾配で上方に延びている平面ですが、工事区域に置かれた重機や車両がこの表面の上に突出すると、制限表面が確保されていない滑走路として扱うことになり、航空機の離着陸ができなくなるのです。従って、当該工事区域の滑走路からの距離とその工事区域に置くことになる機材の高さを考慮して、空港運用時間帯にその区域での工事を行うことが可能かどうかを判断する必要があるのです。

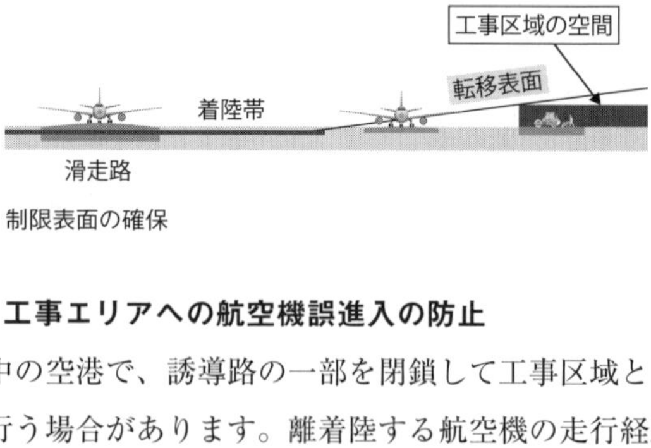

制限表面の確保

(3-5) 工事エリアへの航空機誤進入の防止

運用中の空港で、誘導路の一部を閉鎖して工事区域とし、改修工事を行う場合があります。離着陸する航空機の走行経路は確保しているので、航空機は他の誘導路やエプロン内誘導路を走行します。その時に誤って航空機が工事区域に進入すると、バックすることのできない航空機はその場で立ち往生することになってしまいます。牽引車を持ってきて、航空機を走行可能な位置までバックさせる必要が発生し、その間停止した航空機によって他の航空機の走行が妨げられるので、離着陸ができない状態となるのです。従って、航空機が誤って工事区域に進入しないよう、昼間、夜間に関わらず、パイロットに対して、この先へは進入できないことを明確に示す路面標識や灯火を設置する必要があります。

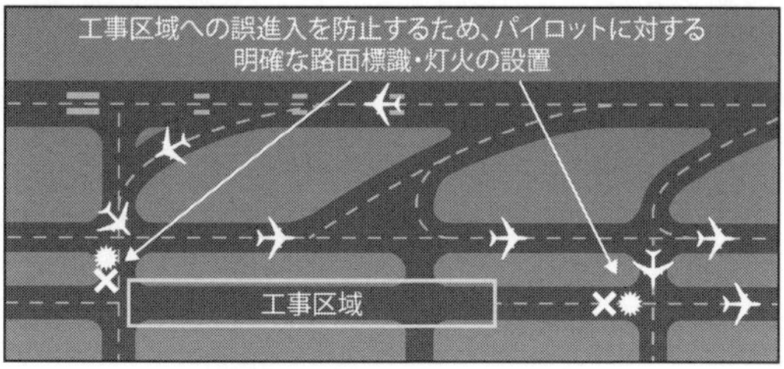

工事エリアへの航空機誤侵入防止

(3-6) 航空機翼端と工事区域間のクリアランス確保

運用中の時間帯において誘導路の改修工事を行う場合、隣り合う誘導路やエプロン内誘導路を走行する最大航空機の翼端と工事区域の間に十分なクリアランスを確保する必要があります。航空機翼端と固定障害物の間のクリアランスは15m 以上となっていますが、より大きな間隔の確保がトラブルの発生防止に繋がります。重機や車両は動き回りますので、航空機走行経路側の工事区域境界線を明確に表示し、誤ってその区域範囲から逸脱しないようにする手段を講じることが必要です。

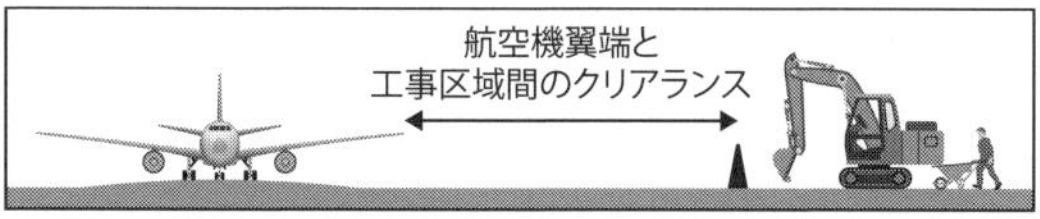

航空機翼端と工事区域間のクリアランス確保

(3-7) 地下埋設ケーブルの切断防止

滑走路や誘導路には航空灯火が設置されていますが、それらに対する電力の供給は、舗装や地面の下に埋められた地下ケーブルによって行われています。また場所により、無線施設等へ給電する電力ケーブルや通信ケーブルが埋設されています。これらのケーブルの埋設位置は空港の管理者が事前に提供する図面によって把握されますが、図面に記された位置が必ずしも正確ではないのです。このため、重機による掘削によって誤ってケーブルを切断してしまうことのないよう、設置箇所付近では探知器を使用して確実な位置を確認した上で、まず人力により慎重に掘削する必要があるのです。

ケーブルの切断によって、それが繋がる航空灯火や無線施設が使用できなくなり、航空機の運航が停止することになるので、確実に防止されなければならないのです。

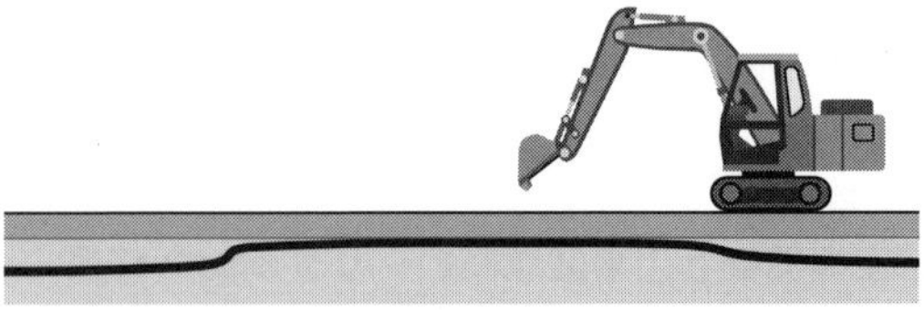

地下埋設ケーブルの切断防止

(3-8) 地上灯器の破損防止

滑走路・誘導路に設置されている航空灯火には、立ち上がり型と埋め込み型があります。立ち上がり型灯器は滑走路・誘導路縁部の路肩内にあり、路面の上に出ていて車両や重機が衝突すると容易に破損してしまいます。工事中は消灯しているので、その設置箇所の目視確認はしづらい状態です。車両の走行、重機による作業においてこの破損事故が発生しないよう、灯火位置がはっきりと分かるような手段を講じる必要があります。埋め込み型灯器は滑走路・誘導路の路面に埋め込まれていて、航空機の脚の車輪が乗っても破損しない強度を有していますが、重機などの金属とぶつかった場合、灯器が埋め込まれた舗装を含めて破損する場合もあり、やはりダメージを与えないよう注意する必要があります。

(3-9) 塵埃・資材の飛散防止

強風の中で工事を行う場合、塵埃や資材が飛散する恐れがあります。使用中の滑走路や誘導路にそれらが散乱すると、航空機運航ができなくなります。また空港運用の休止時間の夜間に工事を行う場合でも、その飛散は運用開始時間になっても航空機運航に支障をきたすことになります。更に工事を行わない昼間時間帯に、工事現場に資材などを留置しておく場合、強風によるそれらの飛散は航空機運航に大きな影響を与えてしまいます。従って、様々な状況を想定し、強風や航空機のブラストによって塵埃・資材が飛散することの無いよう、防止処置を施すことが大切なのです。

塵埃・資材の飛散防止

(3-10) 作業員・車両への航空機ブラスト影響の回避

空港運用中に工事を行う場合、走行中の航空機エンジンから出るブラストの影響を受けないようにする必要があります。航空機の地上走行は車輪の駆動ではなく、ジェットエンジンの推進力で行われます。特に、航空機が一旦停止したあと動き出す場合、また曲がる場合に大きなエンジン出力が必要となるのです。この強いエンジンブラストが至近距離で工事現場に吹き付けた場合、作業員や資機材には転倒や飛散などのトラブルが発生してしまいます。工事区域と航空機走行経路を考慮して、ブラストの影響を受けないようにする必要があるのです。

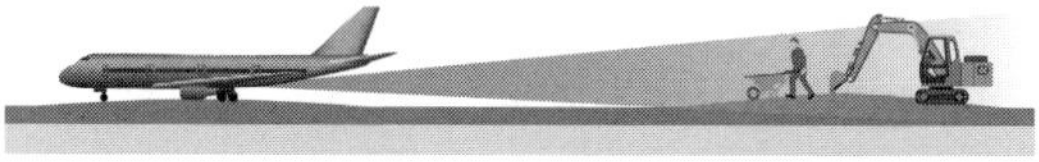

作業員・車両への航空機エンジンブラスト影響の回避

(3-11) 航空機運航の安全・安定阻害事故発生時の緊急連絡

空港運用中に工事を行っている場合、工事現場において航空機運航の安全を脅かすような事故、また運航に制約を与えるような事故が発生した場合には、直ちに管制塔に通報する必要があります。その上で、可能な限り早急にその事態を収拾し、安全で制約の無い運航の再開が可能なような状態にした上で、管制塔に知らせる必要があります。

(3-12) 航空機緊急着陸時の避難と緊急復元

24時間運用空港でありながら、航空機騒音問題からその夜間の離着陸を規制している空港があります。そのような空港では、航空機運航の規制時間帯においても、管制官が待機しているなど夜間でも航空機緊急着陸が可能な体制が取られているのです。その空港での滑走路・誘導路工事は夜間の運航規制時間帯に行うことになりますが、管制塔からの緊急着陸の通報に対して、常に注意しておく必要があります。もし緊急着陸通報を受けた場合には、その着陸を妨げないよう、直ちに滑走路から遠く離れた場所に作業員や重機などの全てを避難させる必要があります。緊急着陸の理由によっては滑走路から着陸帯に逸脱する事態の発生も想定されるので、滑走路に対して十分な距離を取り、また転移表面に抵触しないようにする必要があります。

(4) 工事終了後の行動

(4-1) 滑走路・誘導路上の異物除去

工事中にまた車両での移動中に、資材・機材・塵埃等が滑走路・誘導路上に飛散・落下することがないよう細心の注意を払う必要がありますが、それでも最後には工事作業に当たる監督者が、路面に異物が残っていないかをチェックする必要があるのです。そして仮に異物（FOD）があった場合にはそれを除去し、必要があれば清掃を行います。

(4-2) 滑走路・誘導路の安全状態確認

夜間工事が終了し、空港の運用を再開するケースでは、空港の管理をする職員が最後に、滑走路を中心に異物や段差などが無いかの安全確認を行います。これによって安全が確認されて初めて、その日の航空機運航が開始されるのです。

滑走路・誘導路の安全状態確認

空港物語 11

羽田空港「祟りの鳥居」の移転

⑴ 新B滑走路建設地に残っていた「祟りの鳥居」

1998年（平成10）に遡って見ると、その頃の羽田空港は沖合展開事業第3期の真っ盛りの時期でした。第3期事業の対象施設のメインは第2旅客ターミナル、新C滑走路、及び新B滑走路の建設でした。新C滑走路は既に完成し、1期事業で建設された新A滑走路と一体となって、羽田空港の離着陸能力を大きく向上させていたのです。第2期事業で建設された第1旅客ターミナルは、その後の航空旅客数や航空機発着回数の増加からターミナルビル容量やエプロン固定スポット数の不足が発生していました。そのため第2旅客ターミナルの早期建設が求められている状況にあったのですが、事業化が進まず関係者間での模索が続いているという状況下にありました。

新B滑走路の主たる目的は航空機騒音を羽田の市街地から遠ざけることですが、旧B滑走路からの移転によって離着陸容量の2万回増加に繋がることも期待されていました。用地造成は着々と進み、供用開始は2000年（平成12）3月が目標になっていました。その供用を妨げる問題がひとつだけありました。それは新B滑走路末端部に建つ「祟りの鳥居」の存在でした。1年半の間にそれを撤去しなければならなかったのです。

⑵ 移設上の課題と解決方法の模索

沖合展開前の古い旅客ターミナルを利用したことのある人は、平らな駐車場の真ん中辺りに、古びた赤い大きな鳥居が建っていたのを記憶しているかもしれません。誰がおいたのか、足下には賽銭箱が置かれていたような気がします。その鳥居が、沖合展開事業着工（1984年（昭和59））から14年が経過したこの時点においても、広々とした

旧旅客ターミナル駐車場に建つ鳥居

空港工事現場の中に残っていたのです。この鳥居は「祟りの鳥居」と呼ばれ、「羽田の七不思議」のひとつとして、マスコミに興味深く取り上げられて来たのでした。撤去期限が近づくと、新Ｂ滑走路の建設と関連して、ますます注目を浴びていたのでした。従って、撤去のやり方によってはマスコミに面白く取り上げられ、社会的に問題視されるリスクがあったのです。

その鳥居が「祟りの鳥居」として注目を浴びている理由は、羽田空港の米軍占領時代に遡ります。彼らは、占拠した東京飛行場を拡張してハネダ・アーミー・エアベースを建設するために、隣接する３つの町（羽田鈴木町、羽田穴守町、羽田江戸見町）の住民3,000人を強制退去させて、終戦直後に残っていた街を完全に撤去したのですが、その鳥居だけは残ったからです。米軍関係者が撤去しようとしたが事故が起こって死傷者が出たと噂され、壊そうとすると祟りがあるという伝説が語り継がれてきていたのです。元々は穴守稲荷神社に通じる参道の、穴守駅前に建っていた鳥居でした。羽田空港が米軍から返還された後も、特に邪魔にならないという理由からか、誰も撤去しようとして来なかったのでした。

羽田空港を管理し、沖合展開事業を実施しているのは国土交通省ですから、その鳥居撤去の責任は国交省にあります。航空局の沖合展開事業責任者はその取扱いをどうするか、悩ましい検討を重ねていたのでした。悩んでいたのは「祟り」ではなく、「政教分離」の問題でした。政治と宗教の分離というポリシィです。国は宗教に対して財政的な支援をできないのです。突き詰めて考えれば、どの宗教法人にも属していないこの鳥居が、政教分離の対象となる宗教物なのか疑問ですが、宗教的なモノの移設に国が大金を投じた場合、それに対する行政訴訟を起こされるリスクを考えてしまったのです。一方で、1983年（昭和58）５月に開催した沖合展開事業に関する公聴会で、旧３町住民の一人が、「鳥居を是非残してもらいたい。鳥居はあそこに自分達の町があった証であり、心のふるさとだ。」と訴えていたのでした。航空局は移設を前提に鳥居をどう扱うか、模索をしました。宗教色を消し文化財としての扱いをできないか。大田区は、コンクリート製の鳥居に文化財としての価値はないとして断りました。京急に引き取ってもらえないか。京急は、戦前の会社の役員が建てたモノで、京急が引き取ることはできないと断りました。ついに、鳥居は壊し、代わりにここに３つの町があったことを示すモニュメントを設置する案に傾きかけました。

(3) 民間の協力による移設

最後に出て来たアイデアは、民間の協力を得て鳥居の移設を行う方法でした。新Ｂ滑走路建設に邪魔になる鳥居を国が撤去し、それを民間組織に渡し、受けとった民間組織は邪魔にならない場所にそれを運んで設置する、という方法でした。早速、羽田空港内の主要民間会社（日本航空、全日空、日本エアシステム、日本空港ビルデング、空港施設、京浜急行、東京モノレール、中央工営、空港環境整備協会の９社）に協力が要請され、民間会社は一緒になって、鳥居移設のための組織を設立しました。

次に撤去・移設に掛かる費用を低減する方法が考えられました。それまでは、鳥居の下に埋まっている巨大で重たい基礎を含めて掘りおこし、全体を運ぶ計画でしたが、大きさと重量が有り過ぎ、運搬だけでも多額の費用になると見込まれていたのです。そこで、基礎は残して鳥居本体だけを基礎から切断して運搬し、移設地に新設した基礎に填め込む方法を採用することとしました。これによって、撤去・運搬の費用は当初の３分の１に減り、民間各社の負担額も激減しました。

(4) 「祟りの鳥居の真実」の発掘

伝説の「鳥居を壊そうとした時の事故」は本当にあったことなのでしょうか。「米軍は祟りを恐れて鳥居を壊すことができなかった」というのは真実なのでしょうか。

実は在日米軍は今でも鳥居を彼らのシンボルマークに使用しているのです。日本にある米軍基地では数多くの鳥居を見ることができ、使用している紋章には鳥居があしらわれています。沖縄にある基地トリイ・ステーションなどは、名前にまで鳥居が使われています。終戦直後に占領軍として羽田空港を占拠し、ハネダ・アーミー・エア・ベースを建設したとき、米軍は家屋や穴守神社とともに、

在日米軍紋章の例

参道沿いにあったたくさんの鳥居を破壊しましたが、この大きな鳥居だけは残して基地のシンボルにしたのです。町を追い出され海老取川の対岸部に移り住んだ人々は、自分達の街が壊されていくのを見てどんなに悲しんだことでしょうか。そんな中で、ひとつだけ残った鳥居の姿が、あの米軍でさえも祟りを恐れて壊せなかったという伝説を生んだと思うのです。自分達を追い出した米軍に対して少しだけ溜飲を下げたのです。

近代的な航空の世界ですが、案外神頼みの部分があって、空の安全祈願という行事がよく行われます。建設会社は工事に先立ち安全祈願祭を催すのを常としています。空の安全、工事の安全を願いながら沖合展開事業を進めている羽田空港の現場において、鳥居にまつわる「祟り」の色合いはできるだけ消しておいた方が、航空・空港・建設に携わる関係者の気持ちは楽になります。マスコミが「祟りの鳥居」の撤去を、何かが起こることを期待しながら、面白おかしく報道することは目に見えていたからです。航空局の担当者はマスコミが取材しに来る度に、米軍が好んで鳥居を残したことを「新たな真実」として説明したのです。一部のテレビ局や新聞社は米軍基地を取材してシンボルマークとしての使用を確認し報道しています。米軍広報担当者が「鳥居の形はとてもアジア的で、赤い色はエキサイティング。在日米軍はそんな鳥居をシンボルマークとして好んで使用している。」と語る姿も放映されました。

(5) 鳥居の移設

鳥居の移設先は多摩川と海老取川の合流部です。ここは隣接する羽田町のお祭り御輿の出発地として昔から使用され、将来は跡地として地元自治体に売却される予定になっていたので最適でした。それになりより、羽田の３つの町があった地域の一角です。

移転当日は多くの報道陣が詰めかけました。基礎から切り離され鉄骨の枠で囲まれた鳥居がクレーンで静かに釣り上げられ、大型の運搬車に載せられました。マスコミはその時の様子を「一陣の風が吹き、黒雲が舞い上がった」と報道しましたが、風で砂埃が舞い上がっただけでした。そして鳥居はＢ滑走路の末端付近を横切って運ばれ、予め作られていた基礎の上に設置されたのでした。化粧を施されたあとの鳥居は、以前より綺麗な姿に変わり、地元羽田町と羽田空港を繋ぐ要になっています。奇しくもそこは、鈴木新田干拓前に「要島」があった場所でした。

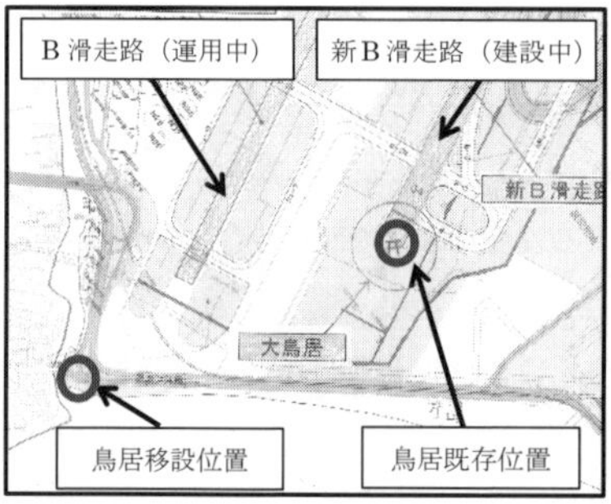

鳥居の既存位置と移設位置

鳥居移設工事

移設後の鳥居

10 近未来の航空機と空港

まもなく21世紀のはじめの20年が経とうとしています。19世紀初頭に始まり、大きな進歩と発展を遂げてきた航空の世界は、近未来にはどのような姿になっているのでしょうか。今後の航空機とそれを使用した航空輸送に求められるものは何か、またそれを受け入れる空港のあり方という視点から考えてみたいと思います。

(1) 長距離航空輸送の高速化

1950年代にジェット旅客機が登場し、亜音速飛行を開始して以来70年近く、短命に終わったコンコルドというほんの一部の例外を除いて、音速の壁を超えない旅客輸送運航がずっと続いてきました。それらの航空機の航続距離が大きく伸びたため、今や大陸間を結ぶ多数の長距離国際路線がありますが、速度の問題から十数時間を機内に拘束されることになります。長距離路線を数時間で、できれば3時間以内で結ぶ超音速ジェット旅客機の登場が求められています。

(1-1) 超音速旅客機の開発

超音速旅客機に対する夢は常に追いかけられ、大学、研究機関、航空機メーカーなどで、たゆまぬ研究開発が続けられています。コンコルド時代に比べて、空気力学に対するコンピューターシミュレーション技術の向上、炭素繊維などの新素材の使用、格段に向上したエンジンなど、めざましい技術の進歩を考えると、いずれ音速を遙かに超えるジェット旅客機が商業ベースに乗りながら、長距離路線を、しかも陸域上空を含めて短時間で結ぶ時代がやって来ることでしょう。

例えば米国ベンチャー企業ブーム（Boom）社は、マッハ2.2、航続距離8,300kmの航空機を2020年代半ばに実用化させる目標で開発を行っています。ソニックブームはコンコルドの30分の１以下になるとしています。またボーイング社は、マッハ５で高度３万ｍ近くを巡航する極超音速旅客機の構想を発表しています。これらはまだ、高額の料金を払えるビジネス客を対象とした小型ジェット機ですが、その先には大型の超音速ジェット旅客機が待っていることでしょう。

コンコルドを反面教師として考えると、近未来の超音速ジェット旅客機に求められる条件は、①長距離飛行において現在の亜音速ジェット旅客機に対し格段の所要時間短縮効果を発揮できる超音速巡航速度、②グローバルな大都市間（東京－ニューヨーク・パリなど）路線を直行で就航可能な航続距離、③大陸上空を飛行可能な低騒音化（ソニックブームの抑制）、④現行のファーストクラスなみの料金で採算可能な座席数と運航コストが考えられます。

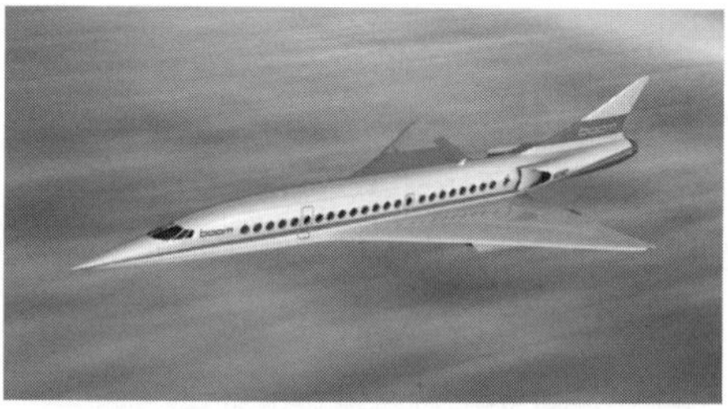

ブーム社超音速旅客機コンセプト

ボーイング社極超音速旅客機コンセプト

（1-2）超音速航空機への空港対応

超音速旅客機は、現在の開発モデルからデルタ翼で、機首の長い形状になると考えられます。この機体形状は超音速飛行における最適化が追求される結果で、低速飛行が要求される離着陸時の揚力は現行機に比べて小さくなることでしょう。また、翼面積増大と長距離飛行に対応する燃料搭載によって離陸重量が大きくなり、同等の座席数を有する現行機に比べてより長い離陸距離が必要になると予想されます。超音速機就航を受け入れる空港は、現有滑走路延長の必要性を見極めて対応することになります。
また、現行機に比べノーズギア（首脚）・メインギア（主脚）間の距離が長くなることから地上走行時の内輪差が大きくなること、エプロンスポットの奥行きが長くなること、旅客ターミナル内での出発・到着（出国・入国）所用時間の大幅短縮が要求されることなどが予想されます。

(2) 航空燃料の革新

現在の旅客ジェット機に使用されている航空燃料（ケロシン）は化石燃料の一つである石油から作られていますので、地球温暖化物質の排出、埋蔵量の限界という問題を抱えています。このため将来は、地球環境の悪化に影響を与えず供給が持続可能な航空燃料への切り替えが求められることになります。

(2-1) 水素燃料航空機の開発

現在のジェット燃料に代わる近未来の航空燃料として有望視されているのは水素で、様々な機関で研究開発が行われています。
液体水素を燃料とする航空機のエンジンは、水素を酸素で燃焼させて発電し、モーターで推進力を得る航空機です。従って、地球環境に優しいだけではなく、空港周辺の航空機騒音問題の飛躍的な解決にもつながることになります。

水素燃料航空機
出典：スマートジャパンＨＰ

ジョー・エルマンズ教授（オ

ランダ・ライデン大学）によると、航空機にとって、ポスト化石燃料として液体水素が最適とし、その理由を３つ挙げています。一つ目は、航空機の燃料供給は自動車などと異なり、精通した専門職員だけによって取り扱われるため、液体水素を現在の航空燃料と同じ水準の安全性を維持したまま航空機に供給することができることです。二つ目の理由として、液体水素の密度が水の14分の１しかなく軽量であることを指摘しています。これは、離陸重量に制約を持つ航空機が搭載燃料重量を現在よりも大幅に減少させられることを示しています。一方液体水素からは、同じ重量のガソリンに比べて約４倍のエネルギーを取り出すことができるとしています。三つ目に、高度約１万ｍを巡航する航空機の外気温が−55度程度と低いので、液体水素を−253度の低温に維持することが地表よりもたやすいことを挙げています。

水素燃料航空機の実現のためには、航空機に搭載する液体水素の貯蔵タンクの開発、航空機の離陸推進力を得るための電気動力エンジンの開発、発電した電力を一時蓄えるためのバッテリーの開発など様々な課題がありますが、近未来の世界ではきっと水素を燃料とする航空機が主流になっていることでしょう。

(2-2) 水素燃料航空機への空港対応

来るべき水素燃料航空機の時代に向けて、空港では水素燃料の貯蔵・供給施設を整備することになります。当然、水素燃料航空機が出現する時代が到来し、２種類の燃料を使う航空機が混在する時代を経て、やがて全てが水素燃料となるという時間経過を考えると、空港は一時期、現在のジェット燃料貯蔵・供給施設を維持しながら、合わせて水素燃料を貯蔵・供給する施設を整備することを求められることになります。一時的には大きな投資が必要になりますが、将来的に枯渇する化石燃料の代替燃料導入は必至であり、地球温暖化対策、空港周辺騒音対策という大きな効果を考慮すれば、空港は喜んで投資を行うことになるでしょう。

(3) 静音航空機と都市型24時間運用空港

(3-1) 静音航空機 (Silent Aircraft) の開発

ジェット旅客機の出現以降、航空機の開発の歴史は低騒音化の追求の歴史でもありました。高バイパス化によってジェットエンジンの発生騒音を小さくし、機体の改良によって風切り音の低下を図ってきたのです。エンジンや機体が発生する騒音は音というエネルギーなので、発生騒音を低くすることは無駄なエネルギーの消費を抑えることに繋がります。それは燃費効率をよくすることですから航空会社が求める経済的な航空機という事になるのです。ですから航空機の低騒音化の追求は今後も更に進められて行くことになるのだと思います。

静音航空機の開発研究は様々な機関で行われていますが、そのひとつがケンブリッジ大学とマサチューセッツ工科大学の共同研究として2003年から開始された「Silent Aircraft Initiative (SAI):静音航空機戦略」プロジェクトです。このプロジェクトには機体メーカー (ボーイング) やエンジンメーカー (ロールスロイス) を始めとする30を越える航空関連組織が参加しています。設計上の機能として、巡航速度マッハ0.8、航続距離約9,000km、座席数215が設定され、胴体そのものが揚力を生み出す形状 (低速時・巡航時共に所要性能を発揮出来る形状)、地上への伝達騒音が小さくなるよう機体上部に設置されたエンジン搭載形態、非常に高いバイパス比のターボファンエンジン等が追求されました。SAX (Silent Aircraft eXperimental:静音実験航空機) と名付けられた実験機が順次開発され、SAX40の騒音レベルは人口密度の高

SAX40

い市街地の暗騒音よりも低いとされています。実用化にはまだまだ多くの課題がありますが、2030年を目標に開発が進められているのです。

一方、ジェットエンジンの高バイパス化の追求とは別の方向の低騒音化か考えられます。先に見てきた水素燃料航空機の出現は画期的な静音航空機を人類が手に入れることになると期待できます。水素を燃焼させて発電し、その電気でモーターを回して推進力を得る航空機は、ジェットエンジン型航空機とは異なり静寂そのものでしょう。先にも触れましたが、将来的な石油の枯渇、地球温暖化対策を背景として、水素燃料航空機がジェットエンジン航空機に代わる時代が必ず来ることになるのだと思います。そうでなければ航空輸送そのものが成立しなくなってしまうのです。

(3-2) 都市型24時間運用空港

日本の伊丹空港や福岡空港の例を挙げるまでもなく、世界の大都市市街地の中に立地している空港はほとんど、航空機騒音を要因として実運用時間、便数、離着陸飛行経路設定に制約を受けています。また羽田空港のような24時間運用空港といえども、市街地上空の離着陸飛行ルートの使用は制約され、ましてや夜間における都市部上空飛行は実質的に不可能です。

将来、離着陸のために頭上を低空で飛行しても居住者が全くそれに気づかないような静音航空機が就航することになれば、たとえ大都市の中に立地する空港でも、深夜を含む24時間の使用が可能になるのだと思います。その進入・出発の経路は市街地の存在に影響されずに、複数に分散して自由に設定することができ、離着陸容量の拡大が図れることになります。また防音工事のような環境対策が不要になり、騒音軽減運航方式も使用する必要がなくなります。そして、新しい空港や滑走路を計画する際に航空機騒音影響という要素を考慮する必要がなくなるのです。そのような近未来の空港の姿が頭に浮かびます。

(4) 離着陸飛行経路設定の自由化・高精度化（MLSの普及）

現代の旅客機は、低視程・低雲高時においても安定して着陸することが求められています。このため、正しい進入コースに精密誘導する、水平方向・鉛直方向の電波を発するILS（計器着陸装置）が使用されていますが、滑走路から概ね10kmの直線進入距離が必要で、また降下角度が一定（多くの空港では3度）などの制約があります。また離陸後の出発コースを精密に誘導する装置の設置はなされていません。将来における空港においては、より高頻度の離着陸が求められ、また市街地への騒音影響を可能な限り減少させる必要から、進入は自由な方向から曲線的に、また経路途中の角度に変化を持たせながら精密に行えることが求められることになります。また出発についても精密な誘導が要求されると想定されます。

(4-1) MLS出発・進入方式の普及

ILSの欠点を解決する新しい航空機運航支援システムとして、MLS（マイクロ波着陸装置）が開発され、実用化しています（1980年にICAOの国際標準方式として採択)。MLSは、滑走路に進入する航空機に対して方位・進入角・距離の誘導電波を発する装置ですが、水平方向80度、鉛直方向15度、奥行き20nm（約37km）の扇状の覆域を持ち、ILSとは異なって複数の曲線精密進入経路を設定することが可能です。滑走路延長上に山岳部などの障害物があるためILSが設置できない空港でも、MLSによって精密進入が行えるようになるのです。また出発機に対しては、水平方向40度、奥行き10nm（約18km）の扇状の覆域を有する誘導電波を発して、高精度曲線出発経路の設定を可能にします。また、ビーム状のマイクロ波を使用しているため、ILSに比べて精度が高いという利点もあります。

このように多くのメリットを持つMLSですが、現在は世界中に普及しているILSに置き換わる動きはないというのが現状です。MLSの普及には、空港におけるMLS装置の設置、航空機へのMLS装置の搭載、MLS運航方式を使用するパイロットの訓練と資格取得という膨大な投資が必要で、それが普及を阻んでいると言えます。しかし、近未来の航空界においては、離着陸飛行経路設定の自由化・高精度化の要求が投資の壁を乗り越え、MLSの普及が促進されていくと考えられます。

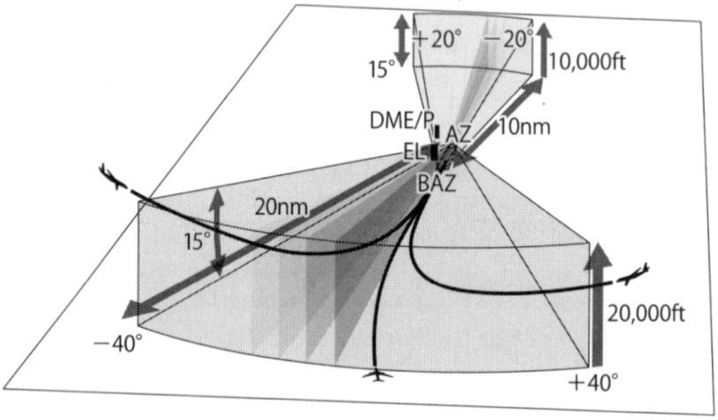

ＭＬＳ進入・出発方式

(4-2) 近未来空港の対応

MLSを構成する装置は基本的に、AZ（Azimuth Guidance：水平ガイダンス装置)、EL（Elevation Guidance：垂直ガイダンス装置)、DME（Distance Measuring Equipment：距離情報提供装置）の3つです。これに、BAZ（Back Azimuth Guidance：後方水平ガイダンス装置）を追加し、またDMEの代わりにDME/P（Distance Measuring Equipment/Precision：精密距離情報提供装置）を使用することができます。

AZ装置（ILSのLLZに相当する進入機用の水平方向誘導装置）とBAZ装置（出発機用誘導装置）はそれぞれ、滑走路両末端付近の軸線上に設置され、縦方向に薄く鋭い帯状ビームを、AZは左右80度の範囲に、BAZは40度の範囲に往復しながら放射します。EL（ILSのGPに相当する進入機用の鉛直方向誘導装置）は滑走路側方付近に設置され、横方向に薄く鋭いビームを、上下0～15度の範囲に往復しながら放射するのです。DME（マーカーに相当する進入機用距離測定装置）は現在も使用されている距離測定装置ですが、DME/PはMLS用に開発された高精度の距離測定装置です。

AZ 装置

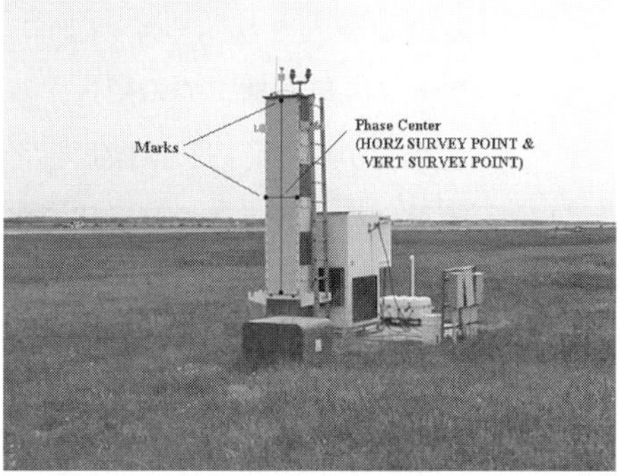

EL 装置

空港及びその周辺においては、これらの誘導電波が、障害物の影響を受けずに正常に放射されるようにする必要があり、また、曲線進入経路・出発経路のための空間を確保するための新たな制限表面の設定が必要になると考えられます。

ここで説明したMLSは40年近く前に開発された機器で、この間の様々な技術の進歩を考えると近未来で普及するMLSは新型MLSに変貌していることでしょう。空港側・航空機側の機器はともに性能が格段に向上しているでしょうし、価格はその普及を後押しするに十分なものに下がっていることが期待されるのです。

(5) 省力化

航空機の運航性能、自動化が向上し、パイロットの数は以前の4人から今では2人体制に減少しました。また、空港においても自動チェックイン の導入、受託手荷物保安検査のインライン化など省力化が進められてきています、労働人口が減少する社会の到来を背景に将来、機械化・自動化が可能な箇所での更なる省力化が求められますが、そのような視点で近未来の航空を考えてみたいと思います。

(5-1) 受託手荷物ハンドリング省力化

(5-1-1) 省力化の要求

受託手荷物については、自動仕分けを行う装置導入や保安検査設備のインライン化が進み、またチェックイン時の自動手荷物預け機が導入され始めています。しかし、出発時の手荷物メイクアップ、航空機までの搬送、航空機への積み込み、また到着時の航空機からの荷卸し、搬送、ターンテーブルへの積み替えは全て人手に頼っているのが現状です。チェックインを含めて、これらを全て一体的に自動化することができれば、大きな省力化に繋がることになります。

(5-1-2) 近未来空港での自動化

出発する受託手荷物の自動化については、チェックイン、仕分け、インライン保安検査までは既に構築されていますので、将来の大規模空港においては、これらに加えてメイクアップ（コンテナ化)、蔵置、航空機までの搬送、航空機機への搭載までの一連の自動システムの形成が行われることになると想定されます。手

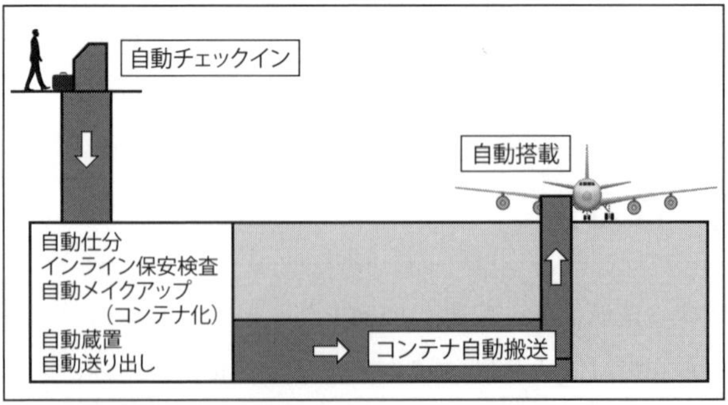

受託手荷物自動ハンドリングシステム

荷物タグには、バーコードに代わって識別用ICチップが付けられ、手荷物の判別を確実に行えるようになっていることでしょう。到着した手荷物はこのシステムを活用し、コンテナを航空機から自動的に卸して搬送し、コンテナ解体とターンテーブルへの積み置きも自動的に行われる全体システムが使用されているという想定です。

(5-2) グランドハンドリング省力化

(5-2-1) 省力化の要求

航空機のスポットインにおいては地上職員の誘導・監視、スポットアウトにおいてはそれらに加えて牽引車装着とプッシュバック作業が地上職員によって行われています。また、搭乗橋やステップ車の着脱、コンテナドーリー・給油車・ステップ車・ランプバス等のGSE車両のエプロン上走行もまた地上職員が行っています。未来社会における一般公道自動車走行の完全自動化の研究・開発が進められている現在ですが、エプロンという限られたエリアにおけるこれらの作業の完全自動化は、より容易なのだと考えられます。

(5-2-2) 近未来空港での自動化

航空機のスポットイン操縦はパイロットの役割ですが、航空機を駐機スポットへ誘導し、翼端の衝突防止を監視する作業は地上作業員が行い、また機体をスポットセンターライン上に正対させ、ノーズギアを停止線で確実に停止させるための誘導はマーシャラーが行っています。スポットアウトは地上職員が牽引車を航空機に装着し、自走できる姿勢になるまでプッシュバックする作業を行います。これらを自動化するため、近未来の空港においては、マルチラテレーションシステム（航空機・GSE車両の識別・位置監視システム）、高精度GPS、エプロン埋設型誘導ライン、人工知能、監視モニターカメラを組み合わせた統合システムが活躍していることでしょう。このシステムはトランスポンダーを搭載

トーイングトラクター自動走行試験（佐賀空港）

した他のGSE車両にも使用できるので、近未来の空港では多数の航空機とGSE車両がお互いに連動しながら、安全・確実に自動走行・自動操作を行っている姿を見ることになります。

搭乗橋の自動着脱は、片側が固定されているため更に容易で、既にボタン一つで機体から10cmの距離まで自動で着装できる搭乗橋の技術が完成していますので、近い将来、ドア開閉までを含めた完全な自動化が可能になることでしょう。国交省は将来のGSE自動運転を目標に、ランプバスの自動走行試験を開始しました。また様々な企業が、GSE車両自動運転の実験を行っています。

（5-3）保安検査省力化

（5-3-1）省力化の要求

保安検査場における機内持ち込み手荷物検査、旅客人体検査にもまた人手がかかっています。手荷物検査についてはX線による透視検査装置を使用し、モニター映像を人間の目で見て、武器になる形状のものが入っていないかを判断します。不審物がある場合には、人手により手荷物を戻して再度検査装置を使用するか、あるいは開披検査を行います。また手荷物を乗せるトレイを検査装置出口側から入り口側に戻すという作業にも多くの場合人手がかかっています。

人体検査についても金属探知器による感知やボディスキャナーの映像を検査職員人が耳や目で判断し、不審物所持の可能性があると、その検査方法を繰り返します。近未来においては、これらの検査の自動化が求められます。

（5-3-2）近未来空港での自動化

保安検査の目的は、武器として使用できる物品と爆発物を機内に持ち込ませないことです。従って検査では、対象物の材質（金属・強化プラスチック・爆発物など）と形状の判別が問われることになります。機内持ち込み手荷物検査は、導入が始まった高性能X線検査装置によって立体的な形状映像を得られるようになり、また爆発物の自動検出が可能になりました。近未来の空港においては、更に一定以上の強度を有する物質の特定も加わり、武器・爆発物の判別を画像読み取り技術と人工知能技術を用いて検査機器が自動的に行い、問題のない手荷物は通過させながら、問題のある手荷物を区別して二次検査装置に送り更に検査する方法が取られることになるでしょう。トレイの自動回収装置は既に開発されているので、その効率化と普及が進むことになります。

人体検査については、より高精度化したボディスキャナーによって、持ち込み禁止対象となる材質と形状の情報画像を取得し、検査装置が自動的に判別して、問題箇所の位置を職員に指示する方法が使用されると考えられます。

羽田空港の跡地と国際線ターミナル施設

⑴　埋立地買収と跡地売却

羽田空港の沖合展開事業は、東京都が従来から空港東側の水域を埋め立てていた産業廃棄物処理場の範囲を沖合展開事業の空港用地範囲にまで拡大し、それを活用して行ってきたのです。国は東京都に相応の金額を支払い埋立地を購入したのですが、沖展事業にかかる他の経費も含めて、財政投融資という方法を使用して、この事業実施に掛かる莫大な資金を調達したのです。この資金調達方法は国による有利子の借金なので、できるだけ早く返した方が全体経費がそれだけ安く済むことになります。そこで国は、沖合展開によって従来の空港施設が移転して空いた用地（跡地）を売却することによって、埋立地購入費として支払った額を賄おうと考えていました。売却対象とする跡地面積を約200haと目論んでいたのです。この面積は買収対象の埋立地面積より小さいのですが、使用できる状態にするための地盤改良・造成が必要な埋立地に比べ、跡地はそのまま使用でき、また市街地に近いため、相対的に高い単価で売却できると踏んでいたのです。

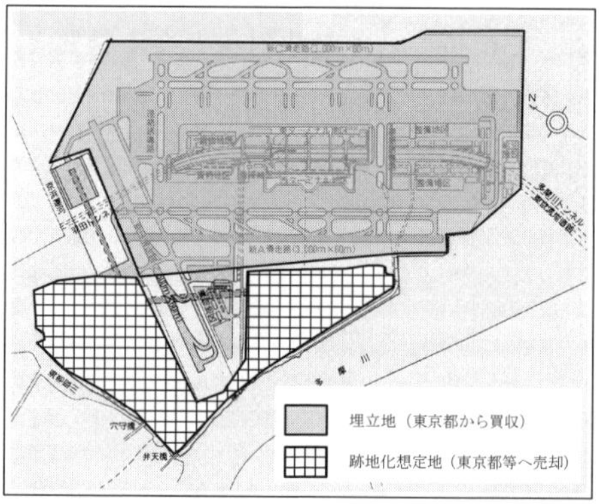

羽田空港沖合展開事業　買収埋立地と当時の跡地想定地（イメージ）

⑵　跡地処分の遅延と縮小

沖合展開事業はほぼ予定通り順調に進捗して行きましたが、跡地処分は遅々として進みませんでした。東京都が跡地の購入と使用に意欲を示さなくなったこともありますが、国の側でも羽田空港の将来発展を考慮すると、空港用地をもっと残しておいた方が良いのではないかという考えが出てきていたのです。現にエプロンが不足し、当初計画にはなかったA滑走路の多摩川側にエプロンを増設する案が浮上してきました。国の中に、収入額を増やして借金返済を促進する考え方と、将来のために空港用地を確保しておく考え方が混在している時代だったのです。

⑶ 羽田空港再国際空港化

羽田空港の沖合展開事業も完成の時期を迎えていましたが、将来の首都圏の航空需要を羽田空港、成田空港の空港容量だけでは賄うことができなくなるとの認識の元に、運輸省は首都圏第3空港についての研究を進めてきていました。そして2000年（平成12）からは、学識経験者、関係地方公共団体等からなる「首都圏第3空港調査検討会」を開催して広く意見を聞くとともに、羽田空港の再拡張案と公募により提案された首都圏第3空港15候補地案について比較検討を行ったのです。その結果、羽田空港を更に拡張することが他の候補地案と比較して、既存ストックの有効活用、アクセス等の旅客利便等の観点から大きな優位性があるとの判断が行われ、これを優先して推進することとされたのでした。容量拡張と航空機騒音の沖合移転という2つの目的を持っていた沖合展開事業に続く、容量拡大を目的とする再拡張事業という視点で捉えられたのです。運輸省と建設省が合併して国土交通省となった2001年（平成13）には、都市再生プロジェクトにおいて「羽田空港の国際化を視野に入れ、4本目の滑走路を整備する」旨が謳われ、B滑走路に対してオープンパラレルになるD滑走路の配置が新生の国土交通省として決定したのでした。02年（平成14）には羽田空港の国際定期便就航が閣議決定されたのです。

この一連の動きの中には2つの大変大きな要素が含まれています。1つ目は多摩川河口部に半分以上突き出したD滑走路を河川局が容認したことで、2つ目は航空局が羽田空港の再国際化に大きく舵を切ったことです。

旧来から河川局による河川管理の姿勢は大変厳しく、河川の流れを阻害する構造物の河川内への設置は容易ではなかったのです。その理由は上流部における洪水の防止でした。同じ省内の道路局が河川を横断する橋梁を設置する場合も、斜めの横断ルートを河川に直交するルートに変更させると言われていました。桟橋構造で多摩川の水は橋脚の間を流れる構造なのですが、以前であればＤ滑走路設置は認められなかったのではないかと思います。国土交通省という一つの省になったこと、羽田空港の社会インフラとしての重要性が様々な方面で認識されていることがその容認の背景にあるのではないかと想像してしまうのです。

成田空港が開港し全ての国際線が成田空港に移って依頼、羽田空港は国内線空港、成田空港は国際線空港という仕分けが航空政策のひとつになっていました。成田空港が長距離国際線の航空機が離陸できるよう長さ4,000mの滑走路を持っているのに対して、羽田空港が鹿児島空港などと同じ3,000m級滑走路で整備されているのはその現れです。しかし航空機の性能が上がり、3,000mの滑走路から中長距離国際線航空機が離陸できる時代になっていて、羽田空港の国際化はその面では不都合がなかったのです。羽田空港に再び国際線を就航させることは社会的な要請だったのだと思いますが、全日空の営業戦略でもありました。日本の航空旅客輸送の歴史の中で、全日空の国際線進出はフラッグシップ航空会社であった日本航空に比べてずっと遅かったのです。全ての国際線が移った成田空港は日本航空の牙城となっていて、離着陸容量の限定された同空港では全日空の国際線の大きな伸び期待できなかったのです。そこで成田空港よりもアクセス利便性の高い羽田空港を国際化し自社の国際路線の増加を図るという長期計画を持っていたのだと思います。羽田空港に最も近い市街地として羽田町がありますが、全日空の社員がその町に溶け込んで、羽田空港の再国際化の「夢」を語る姿がありました。

⑷ 羽田空港国際線ターミナル整備

問題は、沖合展開の時代に国内線専用と位置づけられた羽田空港には、例外的に就航していた国際線航空会社用の大変小規模なターミナルを除いて、まともな国際線ターミナル施設がなく、その計画さえもなかったことでした。離着陸はできても、駐機や旅客取扱いを行うターミナルがなければ国際線の就航はできないのです。

幸いなことに、跡地がまるまる残っていたのです。A 滑走路を挟んで第 1 旅客ターミナルの反対側にある、多摩川に面した用地は国際線旅客ターミナル（エプロン・旅客ターミナルビル・駐車場等）と国際線貨物ターミナルの整備を行うに十分な面積と奥行きを持っていました。跡地売却に対する意図的なサボりが功を奏する時代が訪れたのでした。こうして、モノレールと京浜急行の両方のアクセスを持ち、国内線旅客ターミナルともそれらの軌道で連絡する国際線旅客ターミナルが整備されたのです。

京浜急行の線路は地下にあり、その駅舎も地下にあります。高頻度で電車が通過する地下の線路付近で後から駅舎を建設することは容易ではないので、線路の建設と同時に駅舎の躯体もあらかじめ作られていたのです。京浜急行が国内線旅客ターミナルまで延伸したのは 1998 年（平成 10）のことですが、羽田空港への国際線再就航が決定したのはその 4 年後の 2002 年（平成 14）のことです。将来この地に旅客ターミナルが建設されるかどうか分からない時代に、そのような日が来るかもしれないと考えて、駅舎構造物をあらかじめこっそりと埋め込んでいた人達がいたのです。羽田空港には今でも、あちこちにそのような将来を見据えた仕掛けがしてあるのかもしれません。

(5) 多摩川沿いの跡地整備

2008 年（平成 20）、羽田空港移転問題協議会によって「羽田空港跡地利用基本計画」がまとめられました。国際線ターミナルから天空橋駅付近までの多摩川沿いの地域が跡地として整備されることになったのです。

羽田空港跡地第 1 ゾーン整備事業は、鹿島建設等 9 社で構成される「羽田みらい開発」によって整備されており、「HANEDA INNOVATION CITY（羽田イノベーションシティ）」と名付けられた街が 2020 年（令和 2）夏に先行開業、22 年（令和 4）にグランドオープンする予定です。

羽田空港跡地第 2 ゾーン整備事業は「住友不動産・東京国際空港プロジェクトチーム」が実施することになりました。宿泊機能、国際交流機能、都市観光等の機能を整備すると共に、国際線ターミナルに接続するプロムナード、バスターミナル等を建設して交通結節点としの機能を強化する計画です。

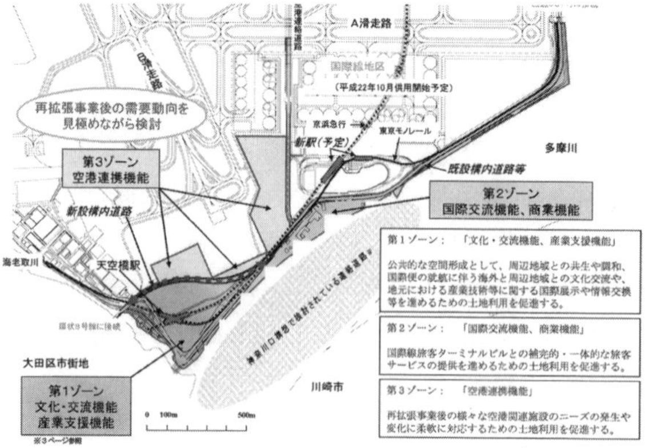

多摩川沿いの跡地整備

羽田空港における跡地を利用した施設整備はまだ始まったばかりですが、これらの施設群が全て完成すると、空港と市街地を結ぶ素晴らしいエリアが出現することでしょう。

外国には、空港と一体となった大規模な商業、宿泊、アミューズメント、ビジネスなどの施設が作られている空港があり、それがその空港の価値を高めています。しかし日本の空港においては、特に国管理空港においては、様々な制約からそのような空港づくりが積極的には行われてきませんでした。羽田空港における空港と周辺施設を一体的に整備する手法は、今後の日本における豊かで活気のある空港づくりに大きな方向性を与えることになるのだと思います。

羽田空港跡地第１ゾーン整備事業
出典：事業会社 HP

羽田空港跡地第２ゾーン整備事業
出典：航空局 HP

【数字・欧文】

【ア 行】

【カ 行】

【サ行】

【タ 行】

【ナ 行】

【ハ 行】

【マ行】

【ヤ・ユ・ヨ】

【ラ 行】

唯野邦男 (Kunio Tadano)
（技術士：総合技術管理部門、建設部門）
技術士事務所空港研究センター

1950 年 埼玉県生まれ
北海道大学工学部建築工学科
北海道大学大学院修士課程（建築工学専攻）
運輸省東京航空局東京国際空港整備室長
佐賀県建設推進局差が空港課長
関西国際空港㈱工務部次長
運輸省航空局地域航空施設計画官
（東京国際空港沖合展開事業担当）
運輸省大阪航空局飛行場部長
関西国際空港㈱計画部長／施設管理部長
国土交通省成田国際空港長
空港環境整備協会審議役
港湾空港総合技術センター審議役
2015 年より現職
著書：『世界の空港事典』（共著・成山堂書店）

表紙を含め、たくさんの写真を傍士清志氏からご提供いただきました。その他、多くの方に写真掲載のご協力をいただいています。
皆様に深く感謝申し上げます。

航《こう》空《くう》機《き》と空《くう》港《こう》の役《やく》割《わり》

航空機《こうくうき》の発展《はってん》とともに進歩《しんぽ》する空港《くうこう》

定価はカバーに表示してあります。

2020年3月18日　初版発行

著者　唯野邦男《ただのくにお》
発行者　小川典子
印刷　三和印刷株式会社
製本　東京美術紙工協業組合

発行所　**株式会社成山堂書店**
〒160-0012　東京都新宿区南元町 4 番 51　成山堂ビル
TEL：03 (3357) 5861　FAX：03 (3357) 5867
URL：http://www.seizando.co.jp
落丁・乱丁本はお取り換えいたしますので、小社営業チーム宛にお送りください。

ISBN978-4-425-86331-0

交通ブックス310
飛行機ダイヤのしくみ
杉江 弘［著］

鉄道ダイヤと異なる飛行機ダイヤ。運航ダイヤと乗務ダイヤ、ダイヤはいかにして組まれるのか、条件とは何かなど、その特異性解き明かす。

四六判／180p／定価 本体1,800円

交通ブックス 312
航空無線と安全運航
杉江 弘［著］

航空無線の仕組みやルール、実際について元 JAL のパイロットが基礎から解説。また、事故事例を通して安全運航に対しても提言。

四六判／ 164p ／定価 本体1,800円

パイロットのための
ICAO 航空英語能力試験教本
Simon Cookson・Michael Kelly［共著］

国際パイロットの資格要件（ICAO 航空英語能力証明試験）に対応したテキスト。レベル 4 以上のキャリアアップに最適。CD-ROM 付き

B5 判／ 112p ／定価 本体3,000円

世界の空港事典
岩見宣治・唯野邦男・傍士清志［編著］

地球上にあまねく広がる航空ネットワーク。その拠点たる世界各国の209空港と日本の97空港を航空分野のプロフェッショナルが解説。

B5判／816p／定価 本体9,000円

交通ブックス 307
空港のはなし【2 訂版】
岩見宣治・渡邉正己［著］

全国各地の空港の紹介のほか、滑走路やエプロンなど施設、建設や管理、法律、歴史まで空港のすべてがわかる入門書。

四六判／ 238p ／定価 本体1,800円

航空法【改訂版】
国際法と航空法令の解説
池内 宏［著］

パイロットだけではない！　整備士や多くの航空従事者に必要かつ重要な法律を解説。航空法の学科試験にも対応、出題問題も解説。

B5 判／402p ／定価 本体5,000円

航空ブックス 311
航空安全とパイロットの危機管理
小林宏之［著］

パイロット（機長）が安全運航のために実施しているさまざまなリスクマネジメントを豊富な経験、経歴による事例を交えて解説。

四六判／ 256p ／定価 本体1,800円

航空法入門
池内 宏［著］

パイロットを目指す人を対象にわかりやすくシンプルな構成で紹介。法令に書かれている内容について何を理解すればよいのかを重点に解説したもの。

B5 判／ 192p ／定価 本体3,000円

※定価はすべて税別です

成山堂書店の航空図書